旅游消费行为学

杜 炜 著

南开大学出版社
天 津

图书在版编目(CIP)数据

旅游消费行为学 / 杜炜著. —天津：南开大学出版社，
2009.2(2023.8 重印)
ISBN 978-7-310-03080-4

Ⅰ.旅… Ⅱ.杜… Ⅲ.旅游－消费者行为论－研究
Ⅳ.F590

中国版本图书馆 CIP 数据核字(2009)第 009264 号

版权所有　侵权必究

旅游消费行为学
LÜYOU XIAOFEI XINGWEIXUE

南开大学出版社出版发行
出版人：陈　敬
地址：天津市南开区卫津路 94 号　　邮政编码：300071
营销部电话：(022)23508339　　营销部传真：(022)23508542
https://nkup.nankai.edu.cn

天津泰宇印务有限公司印刷　全国各地新华书店经销
2009 年 2 月第 1 版　　2023 年 8 月第 12 次印刷
787×960 毫米　16 开本　16.25 印张　295 千字
定价:48.00 元

如遇图书印装质量问题，请与本社营销部联系调换，电话:(022)23508339

前 言

随着旅游业的不断发展和人们生活水平的日益提高,旅游消费对许多国家和地区的国民经济发挥了越来越重要的作用,也日益成为人们生活的必要组成部分。旅游消费行为既遵循一般消费行为的基本规律,又有其自身的特点,为此,需要展开专门的研究,以便为旅游经营者和相关研究者提供更有意义的参考。

旅游消费行为学是研究旅游活动过程中旅游者消费心理和行为产生、发展及变化的科学。它以心理学、社会学、经济学、人类学、行为科学等多种学科为基础,针对旅游者在旅游消费活动中的消费行为特点和规律展开研究。

本书从以下几个方面展开论述:旅游消费行为学的基本问题——基本概念、要素、研究框架、研究方法和意义;决定和影响旅游消费行为的个体心理因素——动机、感知、学习、态度、个性;影响旅游消费行为的环境因素——参照群体、信息传播、家庭、社会阶层、文化、旅游营销刺激等;以及旅游消费购买过程——旅游需求识别、旅游信息搜寻、旅游购买方案的选择、旅游经历、旅游后行为。在每章后提供适当的案例和评析,以方便学生和相关读者参考使用。所提供的思考题便于讨论和进行模拟实践练习。

本书的写作一方面得益于笔者在旅游消费行为学课程教学和相关科研活动中的不断积累,另一方面,笔者参阅了大量的国内外专家学者的著作和论文(见参考文献),他们的观点和材料对本书的写作有很大的启迪和帮助,在此基础上形成本书的研究框架和整体思路,为此,向各位尊敬的作者表示衷心的感谢。

笔者要特别感谢南开大学出版社的孙淑兰老师,孙老师临近退休之际,仍为出版和旅游事业不辞辛劳,其敬业精神令人敬佩,正是孙老师的不断支持和鞭策,才使本书得以顺利完成。

全书的大纲、写作和定稿由南开大学商学院旅游学系副教授杜炜完成。

书中如有疏漏不当之处,敬请广大读者不吝赐教。

杜 炜

2008 年 10 月

于南开大学

目 录

第一章 绪论 …………………………………………………………… (1)
   第一节 旅游消费行为要素 ………………………………………… (1)
   第二节 旅游消费行为学的理论基础 ……………………………… (13)
   第三节 旅游消费行为学研究框架与核心内容 …………………… (19)
   第四节 旅游消费行为学研究的意义和方法 ……………………… (22)

第二章 动机与旅游消费行为 ………………………………………… (26)
   第一节 动机的形成机理和功能 …………………………………… (26)
   第二节 旅游消费行为的动机类型 ………………………………… (32)
   第三节 不同旅游细分市场需求的特点 …………………………… (39)
   第四节 旅游消费行为动机的激发 ………………………………… (47)

第三章 感知与旅游消费行为 ………………………………………… (54)
   第一节 感知过程和作用 …………………………………………… (54)
   第二节 知觉的一般规律 …………………………………………… (59)
   第三节 旅游感知与旅游购买决策 ………………………………… (66)

第四章 学习与旅游消费行为 ………………………………………… (73)
   第一节 学习的本质和作用 ………………………………………… (73)
   第二节 认知学习与旅游消费行为 ………………………………… (75)
   第三节 实践学习与旅游消费行为 ………………………………… (80)
   第四节 旅游消费者学习的内容 …………………………………… (85)

第五章 态度与旅游消费行为 ………………………………………… (89)
   第一节 态度的本质和功能 ………………………………………… (89)
   第二节 情感的特性和作用 ………………………………………… (95)
   第三节 态度与旅游消费决策 ……………………………………… (100)

第六章 个性与旅游消费行为 ………………………………………… (112)
   第一节 个性的含义和相关理论 …………………………………… (112)
   第二节 旅游消费者的个性与行为表现 …………………………… (116)
   第三节 旅游消费者个性差异比较 ………………………………… (123)

第四节　旅游消费者个性测定和研究意义⋯⋯⋯⋯⋯⋯⋯⋯⋯(129)
第七章　参照群体和信息传播对旅游消费行为的影响⋯⋯⋯⋯⋯(137)
　　第一节　参照群体对旅游消费行为的影响⋯⋯⋯⋯⋯⋯⋯⋯⋯(137)
　　第二节　信息传播对旅游消费行为的影响⋯⋯⋯⋯⋯⋯⋯⋯⋯(142)
第八章　家庭群体的旅游消费行为⋯⋯⋯⋯⋯⋯⋯⋯⋯⋯⋯⋯⋯(151)
　　第一节　家庭形态及生命周期⋯⋯⋯⋯⋯⋯⋯⋯⋯⋯⋯⋯⋯⋯(151)
　　第二节　家庭群体旅游购买决策⋯⋯⋯⋯⋯⋯⋯⋯⋯⋯⋯⋯⋯(156)
　　第三节　家庭旅游消费行为的特点和影响因素⋯⋯⋯⋯⋯⋯⋯(161)
第九章　社会阶层与旅游消费行为⋯⋯⋯⋯⋯⋯⋯⋯⋯⋯⋯⋯⋯(169)
　　第一节　社会阶层的概念与决定因素⋯⋯⋯⋯⋯⋯⋯⋯⋯⋯⋯(169)
　　第二节　社会阶层对旅游消费行为的影响⋯⋯⋯⋯⋯⋯⋯⋯⋯(177)
　　第三节　不同社会阶层旅游消费行为特点⋯⋯⋯⋯⋯⋯⋯⋯⋯(180)
第十章　旅游消费行为中的文化因素⋯⋯⋯⋯⋯⋯⋯⋯⋯⋯⋯⋯(191)
　　第一节　文化、亚文化的概念和特性⋯⋯⋯⋯⋯⋯⋯⋯⋯⋯⋯(191)
　　第二节　文化价值观对旅游消费行为的影响⋯⋯⋯⋯⋯⋯⋯⋯(198)
　　第三节　跨文化旅游消费行为中的文化冲击⋯⋯⋯⋯⋯⋯⋯⋯(203)
第十一章　营销刺激对旅游消费行为的影响⋯⋯⋯⋯⋯⋯⋯⋯⋯(213)
　　第一节　新时代下的旅游产品设计与旅游消费行为⋯⋯⋯⋯⋯(213)
　　第二节　广告刺激对旅游消费者的心理影响⋯⋯⋯⋯⋯⋯⋯⋯(217)
　　第三节　情感服务对旅游消费行为的影响⋯⋯⋯⋯⋯⋯⋯⋯⋯(219)
　　第四节　价格策略与旅游消费决策⋯⋯⋯⋯⋯⋯⋯⋯⋯⋯⋯⋯(222)
第十二章　旅游消费行为过程⋯⋯⋯⋯⋯⋯⋯⋯⋯⋯⋯⋯⋯⋯⋯(228)
　　第一节　旅游需要识别阶段⋯⋯⋯⋯⋯⋯⋯⋯⋯⋯⋯⋯⋯⋯⋯(228)
　　第二节　旅游信息搜寻阶段⋯⋯⋯⋯⋯⋯⋯⋯⋯⋯⋯⋯⋯⋯⋯(232)
　　第三节　旅游购买方案选择阶段⋯⋯⋯⋯⋯⋯⋯⋯⋯⋯⋯⋯⋯(238)
　　第四节　旅游经历和旅游后阶段⋯⋯⋯⋯⋯⋯⋯⋯⋯⋯⋯⋯⋯(243)
参考文献⋯⋯⋯⋯⋯⋯⋯⋯⋯⋯⋯⋯⋯⋯⋯⋯⋯⋯⋯⋯⋯⋯⋯⋯⋯(251)
后记⋯⋯⋯⋯⋯⋯⋯⋯⋯⋯⋯⋯⋯⋯⋯⋯⋯⋯⋯⋯⋯⋯⋯⋯⋯⋯⋯(253)

第一章 绪论

旅游消费行为学是研究旅游活动过程中旅游者消费心理和行为产生、发展和变化的科学。它以心理学、社会学、经济学、人类学、行为科学等多种学科为基础,针对旅游者在旅游消费活动中的消费行为特点和规律展开研究。在绪论中,我们首先介绍和分析旅游消费行为的构成要素以及旅游消费行为学研究的理论基础,这是旅游消费行为研究的出发点,也是本书研究框架的支点。

第一节 旅游消费行为要素

旅游消费行为是指个体在收集有关旅游产品的信息进行决策和在购买、享用、评估、处理旅游产品时的行为表现与相关活动。旅游消费行为是消费行为的一种类型,故旅游消费行为具有一般消费行为的所有特征;但旅游活动又有其特殊性,因而,旅游消费行为存在其特殊性的一面。我们在探讨旅游消费行为问题的时候,不可能脱离一般消费行为研究所总结出的基本规律和共性的问题,与此同时,我们更需要针对旅游消费行为的特点展开研究,以便使相关研究更切合旅游消费行为的实际状况,从而为旅游业的经营实践提供有价值的参考。因此,对旅游消费行为构成要素的界定和分析是对旅游消费行为特殊性进行研究的必要前提。

旅游消费行为要素包括旅游消费行为的主体、客体、过程和环境。

一、旅游消费行为主体:旅游者

(一)关于旅游者的界定

旅游是人们离开常住地的一种空间移动,旅游活动的主体就是旅游者,旅游者也就是旅游消费行为的主体。在现代商品社会,人们外出旅游离不开消费活动,即按照一定的价格来满足某种需要的交换活动。几乎所有的旅游者都是消费者。从这个意义上说,旅游消费者与旅游者在很大程度上指的是同一类群体,只是旅游消费者这一概念的使用强调的是从旅游消费活动的角度观察和研究旅游者。因此,关于旅游者概念的理解乃是研究旅游消费行为的一个必要前提,因为,旅游消费行为研究是立足于旅游消费者的角度展开的,对于旅游消费者的了解和把握是旅游消费行为研究的出发点;另一方面,旅游者也是旅游经营者提供产品和服务的对象,由旅游消费者所构成的旅游市场无论从理论角度还是实践角度都有不可忽视的意义。

按照一般语言工具书的解释,旅游者泛指那些出于消遣性目的而外出旅行的人。但是,这样的解释难以解决旅游研究、旅游统计以及旅游实务所面临的问题。旅游研究和旅游实践都需要对旅游者有一个更为确切的、有助于调研和统计的技术性定义。

对于国际旅游者,1937年国际联盟统计专家委员会将外国旅游者界定为"离开自己的居住国,到另一个国家访问至少24小时的人"。这个定义将旅行的时间及在外居住作为划分旅游者的重要标准。按照这个标准,旅游者主要包括:为了消遣、家庭事务以及健康方面的目的而出国旅行的人;为了出席会议或作为公务代表而出国旅行的人;为了工商业务原因而出国的人以及在海上巡游过程中登岸访问的人。可见,该定义对旅游者的界定并非以人们的旅行目的为标准。

1963年,联合国在罗马召开的一次国际旅游会议上,对国际旅游者作出了新的定义,通常称之为"罗马定义",该定义将旅游者界定为"除为获得有报酬的职业以外,基于任何原因到一个不是自己常住的国家访问的人"。按照这个定义,国际旅游者主要由两类人构成:一类是过夜旅游者,即到一个国家作短暂访问至少停留24小时的游客,主要包括出于娱乐、度假、疗养、宗教、学习和体育目的的消遣者以及为了工商业务、家事、公务出使、出席会议的非消遣者;另一类是一日游游客,即到一个国家作短暂访问,停留时间不超过24小时的游客。显然,这一界定标准主要涉及了三项因素:居住国、访问目的、停留时间。

1968年,国际官方旅游组织联盟确认了这一定义,之后,又根据这一定义作了更为具体的规定。1976年,联合国统计委员会就国际旅游统计问题专门召开了一次国际会议,研究并批准了1963年的"罗马定义"。

为了推进旅游统计工作的规范化,世界旅游组织于1991年在加拿大的渥太华再次召开国际会议。其重点是制定旅游统计中的有关定义和分类,力求使这些定义和分类能够为世界各国所通用。这次会议对旅游活动的定义是:旅游是一个人前往其惯常环境之外的某地开展的一整套活动,在该地的停留时间短于一年,并且主要访问目的不是从事某种从该到访地区之内获取报酬的活动。这一定义涵盖了包括国内旅游在内的所有类型的旅游活动。根据这一定义,从事符合上述条件之活动的人便可界定为旅游者,在旅游统计中称之为"游客"。游客可划分为国际游客和国内游客,国际游客和国内游客又都可以进一步划分为旅游者(指过夜者)和一日游游客(指不过夜者)。定义对"惯常环境"、"停留时间"、"获取报酬"这些影响界定标准的概念一一作出了解释。

目前,世界各国对国际旅游者的界定已基本达成共识。我国对国际旅游者的统计解释也基本是根据世界旅游组织的定义进行的。但是,对于国内旅游者的界定或统计标准,仍然存在着不同程度的认识分歧。国内旅游与国际旅游的根本区别在于,后者是跨国界开展而前者是在常住国境内进行的。但是由于各国的具体情况存在差异,对国内旅游的界定尚未实现统一。如美国国家旅游资源评审委员会的定义是:旅游者是为了出差、消遣、个人事务,或者出于工作上下班之外的任何原因而离家外出、单程旅行至少 50 英里的人。加拿大政府的定义是:旅游者是离开其所居社区边界至少 50 英里以外的地方去旅行的人。英国对旅游者的定义是:基于上下班以外的任何原因,离开居住地外出旅行过夜至少一次的人。我国对于国内旅游者的统计定义是:国内旅游者是指任何因休闲、娱乐、观光、度假、探亲访友、就医疗养、购物、参加会议或从事经济、文化、体育、宗教活动而离开常住地到我国境内其他地方访问的本国居民,并且其访问目的不是通过所从事的活动获取报酬。对此,又将国内旅游者分为国内旅游者和国内一日游游客。尽管各国对国内旅游者的定义有所不同,但是,大都考虑了两个基本标准:一个是根据过夜在外居住来定义国内旅游者;一个是根据旅行距离界定一日游游客。

(二)旅游消费者的概念

关于旅游者概念的界定可以作为界定旅游消费者的基本依据。从广义的角度来说,旅游消费者是指为了满足外出旅游和在旅游过程中的需要而进行消费的人。这种宽泛的解释主要为了便于我们对于旅游消费行为主体的范围,也就是旅游消费行为研究所要考察的主要对象有一个基本的把握。当然,旅游消费行为学在研究的过程中需要对旅游消费者作出进一步的分类,以便展开更多角度、更多层面、更为具体的研究。这些分类无论对于旅游消费行为研究者展开有针对性的研究还是旅游经营者进行分析以便制定具体策略都是非常必要的。人们可以根据研究的目的或者经营工作的实际需要,选择不同的划分标准。

如:根据地理范围,可将旅游者划分为国内旅游者和国际旅游者;根据组织形式可以将旅游者划分为团队旅游者、散客或自由行旅游者;根据旅行距离可以将旅游者划分为远程、中程和短程旅游者;按照活动内容可以将旅游者划分为观光旅游者、度假旅游者、差旅旅游者等;按照旅游目的可划分为消遣旅游者和商务旅游者等。

二、旅游消费行为客体：旅游产品

(一) 旅游产品的概念

我们之所以要特别使用旅游消费者这一名词，在很多时候是要提示大家考虑其相对应的客体，即旅游产品，因为消费是指对产品和服务的选择、购买、使用和处置。不考虑旅游产品，也就没有必要使用旅游消费者这一专门概念。

旅游消费者和旅游经营者是旅游产品的交易双方，因此，对于旅游产品概念的认识有必要从旅游消费者和旅游经营者两个角度进行。

从旅游经营者角度来看，对旅游产品可以从两个层次加以理解，这是由旅游活动的特殊性所决定的。其一是整体旅游产品的概念，其二是单项旅游产品的概念。

整体旅游产品是指旅游经营者凭借着旅游吸引物、交通和旅游设施，向旅游者提供的用以满足其旅游活动需求的全部服务(林南枝，2000)。整体旅游产品是由多种成分组合而成的混合体。整体旅游产品除了向旅游者提供各类旅游吸引物外，还包括旅游消费过程中需要凭借的交通、住宿、餐饮等保证旅游活动顺利进行的各种设施和服务。从这一角度看，旅游目的地所销售的就是整体旅游产品。旅行社所提供的包价旅游则是根据旅游消费者在旅游过程中的全部需要所设计的，集食、住、行、游、娱、购于一体的"一条龙"产品和服务，是典型的整体旅游产品。

在整体旅游产品中的个别单项服务就是单项旅游产品。大部分旅游企业经营的是单项旅游产品，如酒店宾馆所提供的住宿、饮食服务，旅游交通部门所提供的航空、铁路、游船、观光大巴等，旅游目的地的各个景点企业提供的风景点、古迹游览、公园娱乐等设施和服务都属于单项旅游产品。旅游企业根据自己的资源和企业能力选择经营整体旅游产品或单项旅游产品，如集团化的旅游企业可以通过下属企业的资源整合向旅游者同时提供整体旅游产品和单项旅游产品。

然而，在旅游消费者一方看来，他通过一定价格的支付而获得的一次旅游的全程经历就是他所购买的旅游产品。旅游消费者通常不会、也难以要求他们将在旅游目的地消费的具体单项旅游产品加以区分，他们往往是将其整合为在旅游目的地所体验的整体感受，并将这种感受作为判断其旅游消费是否物有所值的主要标准；换言之，"旅游产品就是旅游者从离家外出开始，直至完成全程旅游活动并返回家中为止这一期间的全部旅游经历的总和"(李天元，2002)。因此，在旅游者看来，其购买的旅游产品就是一次旅游经历。旅游者在旅游目的地的体验是通过旅游经营者提供的服务以及旅游目的地居民和相关参与者所营造的氛围来实现的。这些要素在很大程度上不是以物态的形式保存下来，而是存留在旅游者的记忆中。所以,旅游产品不像一般物质产品那样可以多次使用、反复鉴别。这是旅游产品与其他产品的一个突出的不同点,也是影响旅游者进行消费决策和旅游消费评价的一个重要因素。

在旅游消费行为研究中,通常所提到的"旅游产品"这一名词,既可以是整体旅游产品,也可以是旅游活动诸要素中的某一单一产品。需要说明的是,就单一旅游产品而言,事实上,其消费主体常常既有旅游消费者也包括当地居民消费者,如旅游者使用的酒店设施,当地居民也可以在酒店举办婚宴、庆贺生日;主题公园里既有很多外地游客,也有很多当地居民在此娱乐休憩;一些著名的餐馆也常常是海内外宾客满座。在经营实践中,虽然旅游消费者与当地居民消费者存在消费需求上的差异,但是具体的旅游企业不会将其经营对象拘泥于理论意义上的旅游消费者市场,而是尽量使市场做大、做精。在本书的旅游消费行为研究中,相关分析是针对旅游消费者对旅游产品的需求而言的。

(二)旅游产品的特殊性

旅游消费行为之所以被单独提出来并进行专门的分析,是因为它与其他一般物质产品的消费行为是有区别的。这种区别的关键在于旅游产品的特殊性。其特殊性主要表现为以下两个突出性质:

1.旅游产品的服务性质

不可否认,旅游产品包含各种物质要素,如物化形态的旅游资源、交通、住宿、休闲娱乐设施等,这些物质要素的状况和标准直接影响到旅游消费决策。但从本质上说,旅游产品的核心是旅游服务。对旅游服务性质的理解是研究旅游消费行为问题的重要前提。

(1)旅游服务的无形性

实物产品是由某种材料制作而成的,具有一定的重量、体积、颜色等物理性质。而服务产品则是无形的,是服务者借助一定的设施或条件提供的,消费者在消费之前是不能看到、听到或触摸到的。正是服务的这种特性,使得消费者在决定购买某一服务之前难以对其进行检验和客观的评价,同时也决定了服务产品的生产者只能通过提供印刷品、其他可视资料或模拟环境来帮助消费者了解服务产品。

旅游服务的无形性对旅游消费者在购买过程中作出决策产生巨大的影响。这种无形性和旅游活动的高花费性使消费者的决策过程具有很高的风险。购买决策过程中巨大风险的存在,决定了消费者将会对整个决策过程产生浓厚的兴趣,并积极地参与其中。例如,旅游者在外出度假前,会从他们的朋友、家庭、旅游代理商、电视节目以及各类相关网站那里获取信息和意见。

(2)旅游服务的生产与消费的同步性

一般物质产品总是先经过生产过程,然后再进入流通领域进行消费,生产与消费是两个环节,并且具有一定的时间间隔。然而,服务则与之不同,服务的生产过程与消费过程同时进行。在同一时间内,旅游消费者消费服务产品的过程,也就是旅游企业生产和交付服务产品的过程。这种生产和消费的同步性,意味着服务人员的一言一行、一举一动,乃至服务人员衣着仪表和情绪情感状态都会对产品的质量和顾客的满意程度产生影响,从而决定了质量控制以及旅游服务人员的良好素质在服务企业经营中的重要性。

(3)旅游服务的不可贮存性

服务是一种在特定时间内的需要,生产产品的企业可以先生产产品,然后将其贮藏在仓库里等待销售,但服务却不能贮存起来等待消费。当消费者购买服务时,服务即产生,而当没有消费者购买服务时,服务的提供者就无法生产服务。

服务不可贮存,也容易消失。服务的效用是不能积存起来留待日后出售的。服务在可以利用的时候,如果不被购买和利用,它就会消失。当新的一天来临时,它将体现新的价值。无论是航空公司还是饭店,只要有一天的闲置,所造成的损失就将是永远无法追补回来的。

(4)旅游服务的差异性

差异性是指服务的构成成分及其质量水平经常发生变化而产生的差别、高低、优劣。这既与服务人员的自身因素(如心理状态、技能等)有关,同时由于顾客直接参与服务的生产和消费过程,因而与顾客本身的因素(如知识水平、兴趣与爱好等)也有关系。

2.旅游产品的文化性质

旅游活动是社会现象、文化现象、经济现象、政治现象等多种现象的综合体现,这已是旅游研究领域的共识。在研究旅游消费行为问题时,尤其需要强调旅游活动的文化性质。旅游者到旅游目的地旅游有多种目的,其中增加对目的地社会文化等方面的了解、体验异乡风情、获得一种美好的旅游经历是旅游者所共同期待的。旅游目的地的接待工作就是要满足旅游者的这种需要,旅游者在旅游目的地逗留期间所接触到的一切都是他们了解当地文化的一个过程,也是旅游者常住地背景文化和当地文化交融的一个过程。旅游者通过接触认识一个国家或地区及其民族的历史文化、传统风俗、生活方式和现代文明,进而了解其精神面貌、价值观念和道德水准,从而对目的地的社会文化和精神风貌有了切身的体验。因此,在旅游消费者看来,旅游产品应该承载更为丰富的文化内涵,如旅游酒店不应仅仅具备提供住宿、饮食的功能属性,还应成为帮助人们透视或体验当地文化的窗口或平台,具有更多的文化属性。旅游者与服务人员交往也不仅仅是为了满足某种特定的功能性需求,而是进一步想在与之交往的同时了解当地的民风、民情。云南丽江古城有一家卖 T 恤衫的小店备受消费者的欢迎,那是因为普通 T 恤上的寥寥数笔留下了东巴文化的特有象形文字,形象、风趣、简洁、妙不可言,这样的商品才是旅游消费者想要的旅游纪念品,因为它充满了文化趣味。

随着旅游者消费能力和消费水平的提高,旅游者对旅游产品的文化诉求也在不断提高。因此,旅游产品不同于一般产品,除了必须具备的功能属性之外,它还必须具备文化属性。旅游产品的文化色彩越浓厚、越有特色,越会受到旅游消费者的欢迎。在旅游消费决策中,旅游产品的文化性成为越来越重要的影响因素。从这个意义上来说,旅游产品的消费就是一种文化消费。

(三)旅游产品的复杂性

与一般物质和服务产品比较,旅游产品在构成、种类、购买方式、购买者类型、质量评价方面都是比较复杂的。这决定了旅游消费决策的复杂性。

1. 旅游产品是多层次的。它不仅包括有形部分,还包括无形部分。旅游者对旅游产品的体验是多层面的。例如,旅游者在饭店住宿后,他对这一天的住宿体验是由饭店的建筑外观、内部装饰、色彩、背景音乐、服务人员的仪表仪态这些可见可闻的要素以及饭店的待客氛围、服务人员的态度、服务效率等无形要素共同构成的。对于整体旅游产品而言,这种多层次表现得更为突出。对于一个旅游目的地的旅游经历,除了对旅游企业所提供的产品和服务的体验之外还包括当地居民的态度、当地环境等诸多外部性因素。旅游者在旅游消费决策时会考虑到旅游产品的多个层次、多个侧面,所以,旅游购买决策影响因素更为复杂,通常需要花费较多的时间。

2. 旅游产品种类丰富,范围极其广泛,既可以是在主题公园的一日游,也可以是环球 12 天,而且各有特点和具体的要求,旅游者对每一种旅游的期待是有差异的。仅从旅游目的角度划分,旅游业市场存在的旅游类型就有:探亲访友旅游、商务旅游、宗教旅游、健康旅游、社会旅游、修学旅游、文化旅游、观光旅游、享乐旅游、娱乐旅游、特殊兴趣旅游等。旅游活动中食、住、行、游、娱、购诸要素的每一要素又包括多种类型,如住宿就有各种星级的酒店、旅社、度假村等等。

3. 就整体旅游产品而言,旅游者购买的是整个旅游经历而不是某个单一的消费品。这与购买有形的物质产品有很大不同。例如,在购买日用品时,我们可以很快地作出决策。而旅游经历是一个过程,它包括旅游开始之前的预期阶段、旅游期间的消费阶段以及旅游之后的回忆阶段。通常,购买一段旅游经历需要一个较长的决策过程,旅游消费过程持续的时间也较长,少则一天,长则数日甚至数月。

4. 购买旅游产品的主体既可以是单独的个体,也可以是由若干相识或不相识的人员组成的团体,如家庭群体、同学友人、报名参加旅游的不相识者,他们可以选择团体或散客旅游,还可能组织自助游;旅游产品的购买者还可以是机构,如学校、公司组织旅游活动。旅游产品购买者的多样性使旅游者更容易受到参照群体的影响。

5.与单一产品或一般物质产品相比,旅游产品质量的评价受更多因素的影响。旅游消费者虽然是购买者,但是从旅游产品就是旅游经历这一角度来说,旅游者的旅游体验是旅游产品生产过程的重要组成部分。旅游者对其旅游经历的感受和评价不仅取决于旅游产品,还会受到旅游者的态度、心情和预期的影响。旅游者本身的行为也将直接影响与其同行游客的旅游经历,这与我们日常购买的用品有很大区别。此外,旅游者的经历在很大程度上还会受到外界不可控因素的影响,如天气、灾害等。

旅游产品的复杂性决定了旅游消费者行为的复杂因素,英国学者约翰·斯沃布鲁克和苏珊·霍纳(1999)在《旅游消费者行为学》一书中指出其复杂因素包括:购买决策的高度参与性和对消费者的高度承诺;与旅游产品无形性相关的高度不安全性;大量的感情因素;容易受到别人影响;长时间的决策以及高度的信息搜寻。

三、旅游消费过程

旅游消费是一个过程,过程中的各个环节又是紧密联系的。旅游消费行为是旅游消费者在贯穿于整个消费过程中的心理和行为表现。旅游消费过程可以分为消费前、消费中、消费后三个阶段。

(一)消费前

不是所有的人都会有旅游的欲望,也不是在任何时候人们都想出去旅游。旅游消费的欲望是在具备一定条件的前提下才会产生的。

通常情况下,人们想要外出旅游的一个基本前提是人们可自由支配收入达到一定水平,有了一定的余暇时间。在旅游欲望产生的过程中,人们会对旅游目的地和旅游产品进行选择,并会有意无意地通过各种途径获得各种旅游产品的感知和相关信息。这些都会影响到他将选择怎样的旅游目的地、怎样的旅游方式。人们的旅游消费决策会受到其收入、时间、目的地的距离、旅游体验、旅游风险等诸因素的影响,而且具体到旅游消费者个体,其表现不尽相同。

在这个阶段,媒体或旅游企业对产品的广告宣传、策划以及旅游消费者的口碑,都会对潜在旅游者的消费选择产生很大的影响。

(二)消费中

这个阶段是旅游消费者购买旅游产品和旅游企业销售产品、提供产品的过程。在这个阶段,旅游者希望能以适当的价格购买到更好的产品和服务。在消费过程中,旅游者会把实际消费的产品和服务与购买前形成的感知和获得的信息进行比较。其比较的结果会直接影响到旅游者的后续消费。如果旅游者在实际旅游活动中参加的项目、获得的服务和心理体验比预期感知的多而且好的话,旅游者就会获得更大的满足感,甚至会刺激旅游者在本次旅游活动中增加计划外旅游产品的购买和消费,也为其今后的旅游消费决策提供很好的借鉴。更为重要的是,他们很可能成为该旅游产品的义务推销员,至少会影响到其亲朋好友的旅游选择。

在这个阶段,旅游企业和工作人员应尽可能地把最好的产品展示给旅游者,将最好的服务提供给旅游者,从而提高其满意度。

(三)消费后

旅游者在旅游活动后会对整个经历加以回顾和总结。如果这次经历给他留下美好的记忆,会促使其购买下一次的旅游产品,甚至是购买同一旅游目的地或旅游企业的产品乃至重复购买同一种产品。如果消费的结果与旅游经营者所进行的宣传或其预期相去甚远,旅游者会拒绝再次购买该企业的产品,有时还会导致其通过投诉维护自己的消费者权益,甚至在一定时期内影响其旅游购买意愿。

在这个阶段,旅游经营者无论是面对成功还是失败,都有必要了解旅游消费者的真实感受,建立旅游消费者的信息反馈机制,以最快的速度掌握充分的旅游消费者反馈信息,改进经营,维护产品形象和企业声誉。

四、旅游消费环境

任何行为都是在一定的环境中进行的。我们每个人都生活在一定的环境之中。旅游消费行为与环境的关系尤为密切和直接。与处在同一环境中的日常消费行为不同,在旅游消费过程中,旅游消费者所处的环境是不断变化的、流动的,从旅游者的常住地、经过旅途再到旅游目的地是旅游者完成旅游经历的一个必然过程。在这个过程中,无论就消费者整体还是个体而言,旅游者长期居住的环境状况、旅游目的地的环境状况、途中环境的状况以及旅游者在各个环境之间的转换都会对其旅游消费行为带来直接或间接的影响。

旅游消费环境包括经济环境、社会文化环境、政治环境和自然环境。

(一)经济环境

1.国民收入水平

可自由支配收入水平与闲暇时间是旅游消费者能否出行的先决条件。国民收入水平的高低是决定一个国家能否成为有吸引力的旅游客源市场的重要因素之一。收入水平高,则购买力也高。通过对国民收入水平的分析,可以计算市场潜在的旅游需求。对国民收入的分析通常包括国民生产总值(GNP)、人均国民收入和收入分布情况三个方面。国民生产总值可以反映一个国家的经济发展水平和市场销售潜力。人均国民收入是衡量一个国家居民生活水平及市场商品需求的重要指标。

旅游者的消费决策、消费水平、消费能力与其所在国或地区的国民收入水平有直接关系。旅游者对旅游目的地的选择同样也受到目的地国家或地区国民收入水平的制约,因为,国民收入水平较高的国家或地区一般物价水平和消费水平也较高。因此,假设旅游资源水平相当,大多数情况下,国民收入水平较高地区的旅游消费者向国民收入水平相近或较低地区的流动较大,反之较小。因为旅游消费者需要更大的投入才能完成向国民收入水平高出很多的地区流动,如发展中国家游客前往发达国家或地区的出境游。

2.人口

人口结构往往决定市场产品结构、消费结构和市场需求类型。主要体现在:

(1)人口与市场规模有直接联系。一般情况下,一个国家的市场规模与其人口总数成正比。

(2)人口的年龄结构是构成细分市场的因素之一。不同年龄段的人口构成不同的细分市场,使细分市场具有一定的特征。

(3)人口性别结构直接影响购买动机和消费模式。由于男性和女性的购买动机和购买行为有所不同,给市场需求带来一定的差别。

(4)家庭是消费的基本单位,家庭户数的多少、家庭规模的大小和家庭决策方式对市场需求的影响很大。

(5)人口的地理分布和人口密度会直接影响企业的市场策略,从而影响旅游者的消费决策。

3.基础设施

包括交通、运输、电力、通讯和各种商业基础设施(如金融条件、广告公司、分销渠道、市场调研组织等),这些对市场消费需求有很大影响。如果一个国家或地区基础设施完备,那么旅游活动效率就会相对较高。

4.城市化程度

城市化程度越高,消费水平越高,条件就越完善,经济就越活跃,对旅游的需求就越高。

(二)社会文化环境

1.物质文化水平

物质文化是指人们在生产过程中所使用的技术、知识、工具、方法以及生产的产品和产品的分配、消费方式。一个国家或地区的物质文化水平越高,其技术就越先进,经济越发达,对商品质量的要求就越严格。由于各国的物质文化水平差异很大,所以,需求结构和商业习惯也不尽相同。掌握这些情况,有利于科学地分析旅游消费需求的基础,设计适当的旅游产品。

2. 教育水平

一国的教育水平越高,该国居民对新产品的认识、鉴别能力就越强,购买时的理性程度就越高,就越容易接受文字的宣传介绍;反之,教育水平、居民文化水平不高,在选择和使用某些产品时就会出现盲目性。因此,社会的教育水平直接决定着居民的消费需求结构和购买行为的产生。

3. 宗教信仰

世界很多国家和地区的居民都有自己的宗教信仰,有的甚至以宗教立国,教旨、教义高于一切。宗教对于人们的价值观、消费行为和生活方式具有深刻的影响。一方面,宗教禁忌限制了教徒对一部分产品的需求;另一方面又往往会促进替代产品的需求。所以,企业在拓展国际业务、制定经营策略时,一定要调查对象国及地区的宗教信仰特征,在传播方式的选择、产品标志的设计、广告宣传的口号、营销活动的安排等方面应避免产生因宗教信仰而引起的文化冲突,以免给旅游者和旅游经营活动带来负面影响。

4. 语言、文字、图画

语言、文字、图画是文化的符号。在旅游消费活动的过程中,语言、文字、图画是旅游者及旅游工作人员和当地居民交流的媒介,是旅游目的地及企业与旅游消费者进行信息沟通的主要工具。拓展国际国内市场、洽谈各种业务、进行产品介绍、根据顾客的意见和要求调整和改进产品等,都需要选用一定的语言文字、图画标记。在旅游消费者的眼中,这些符号都赋予了特定的文化内涵和象征。而且,生活在不同文化环境背景下的人们对这些文化符号的理解存在差异。因此,不同文化背景的旅游消费者在搜寻和处理这些信息时会受到这些因素的影响和制约,进而影响其消费行为。

5. 审美观和价值观

审美观是指消费者对产品的"美、新、特"的基本看法;价值观是人们在社会生活中形成的对各种事物总的态度和看法。由于人们的审美观和价值观不同,所以购买动机和购买行为就有很大差异。只有掌握目标市场居民的审美观和价值观,企业在开展跨国、跨地区经营时,才能在式样、造型、色泽、标志、包装等方面的设计上更有针对性。另外,审美观和价值观还会直接影响到旅游消费者对旅游目的地和旅游产品的评价。

6. 风俗习惯

风俗习惯包括人们在一定的社会物质生产条件下长期形成的风尚、礼节、习俗、惯例、行为规范和禁忌、避讳、偏好等。这些习俗主要体现在人们的饮食、服饰、居住、婚丧、节日、道德伦理、行为方式和生活习惯等方面。旅游者外出旅游大都想了解和体验目的地国家和地区不同的风俗习惯,但在某些环节,旅游消费者又希望能按照自己习惯的方式生活。例如中国人喜欢喝热水、热茶,很多西方人却只喝凉水,甚至是冰镇水,即便换了环境也不愿意改变这个习惯。高品质的旅游服务就是能够恰到好处地满足旅游者真正的需要。

7. 社会结构

社会结构主要包括居民的家庭结构、社会阶层结构等。不同社会阶层的消费者在产品的选择和使用上,在休闲活动方式的选择上,在信息搜寻和信息处理上,在购物方式以及与媒体的接触上都会有所不同。

8. 信息流

现代社会是一个信息社会,信息的传播手段丰富,既有人际传播,又有非人际传播,包括电视、广播、报纸、杂志、网络等等,传播的范围广、速度快。旅游消费者生活在信息爆炸的时代、生活在网络时代,其价值观、信念、认知、态度、生活方式等都会受到信息流的直接影响。如,自助游的旅游者在很大程度上是通过网络实现自己的设想的。

(三)政治、法律环境

旅游活动开展的状况与政治、法律环境有直接关系,国际旅游活动尤其如此。客源国(地区)和目的地国(地区)的政治和法律因素会直接影响到国际旅游的开展,也会给旅游消费行为带来直接影响。例如我国居民在内地和港澳台地区之间的旅游首先就受到有关政策的影响。对于大多数旅游消费者而言,他们特别注意以下方面:

1. 目的地国家(地区)的政治稳定性

对象国的政治环境稳定与否是影响旅游消费者目的地选择的一个重要因素。目标市场的政治气氛、政局的稳定程度以及治安状况是旅游消费者对安全感知的主要依据。无论是在客源地还是在目的地,一旦发生政治动荡或者暴力活动,旅游者的人数就会急剧下降。

2. 与旅游活动相关的法律法规

法律环境,主要是指各种经济立法,如专利法、商标法、广告法、竞争法、投资法、商品检验法、环境保护法、反倾销法、关税征收法,以及保护消费者权益的种种法令。便于旅游者出行以及保护旅游消费者权益的法律法规越完善,越会对旅游消费行为产生积极的推动作用。

(四)自然环境

包括自然资源、地形、气候条件等。旅游者外出旅游通常会对自然环境的变化作出比较。生活在大都市的人们对乡村、山野的绿色生机有无限的向往，生活在嘈杂纷乱环境中的人们希望变换环境放松、休闲；而生活在偏远地区的人们则会对现代化的摩天大厦、琳琅满目的商店充满好奇。气候条件也常常是激发旅游动机的重要诱因，"避寒"、"避暑"的度假产品更能吸引有这方面需求的旅游消费者。目的地和客源地自然条件的不同，对旅游者的流向也会产生影响。

第二节 旅游消费行为学的理论基础

研究消费者行为学需要多学科的方法，其中，心理学、社会学、人类学、经济学、行为科学等科学是旅游消费行为研究的主要理论来源和基础。

一、心理学

心理学作为一门独立的学科，经过一百多年的发展，已经形成了很多分支。心理学是对个体的研究，包括人的动机、知觉、态度、个性、情绪、学习过程等。所有这些都可以用来帮助我们理解消费者行为。运用心理学的方法，有助于了解很多消费者行为与现象。有助于我们理解人们的需要，对各种旅游产品、产品特点和产品信息的反应，以及人们的个性特点、以往的经历对人们作出各种选择及各种决策的影响方式。

(一)普通心理学

普通心理学是心理学的主干分支学科，其研究对象是一般正常人的心理现象及其基本规律。普通心理学的具体研究内容包括：心理动力、心理过程、心理状态和个性心理四个方面。

1.心理动力

心理动力系统决定着个体对现实世界的认知态度和对活动对象的选择与偏好。它主要包括动机、需要、兴趣和世界观等心理成分。

人的一切活动，无论是简单的还是复杂的，都是在某种内部驱动力的推动下完成的，这种引起并维持个体活动，并使之朝向已定目标和方向进行的内在驱动力就是动机。个体在动机的作用下，产生行为并使其朝向已定目标，在行为进行过程中不断调节行为的强度、持续时间和方向，使个体最终达到预定目标。

动机的内在心理基础是需要,需要是个体缺乏某种东西的一种主观状态,它是对客观需求的反应,这种需要既包括人体内的生理需要也包括外部的社会需要。兴趣是对一种对事物进行深入认知的需要,是需要的体现。世界观则是人对需要进行调解和控制,并由此确定个体对客观世界的总体看法与基本态度。

2. 心理过程

心理过程是指人的心理活动发生、发展的过程,即客观事物作用于人脑并在一定的时间内大脑反映客观现实的过程,包括认知过程、情感过程和意志过程,三者合在一起简称为"知情意"。认知过程是指人获取各种知识和经验所表现出来的心理活动过程;情感过程是指由客观现实引起的、以各种情绪或情感表现出来的态度体验;意志过程是指人为实现预定的目的有意识地支配和调节自己的行动心理活动过程。认知、情感和意志三个过程相互联系、相互促进、相互影响,构成心理活动的整个过程,其中,认知是基础,情感和意志是动力。这三部分都是人的内部主观活动,是人所共有的。

3. 心理状态

心理状态是介于心理过程与个性心理之间的既有暂时性又有稳固性的一种心理现象,是心理过程与个性心理统一的表现。人的心理活动总是在睡眠状态、觉醒状态或注意状态下展开的。在睡眠状态下,脑功能处于抑制状态,心理激活程度极低,人对自己的心理活动意识不到。从睡眠到觉醒以后,人开始能意识到自己的活动,并能有意识地调节自己的行为。觉醒状态存在不同的性质和水平,如振奋状态使人的心理活动积极有效,疲惫状态则相反。注意状态使人的心理活动积极有效,是意识活动的基本状态,它使人的心理活动指向和集中在一定的对象上。

4. 个性心理

个性心理是显示人们个别差异的心理现象。由于每个人的先天因素不同、生活条件不同、所受的教育影响不同、所从事的实践活动不同,因此心理过程在每一个人身上产生时又总是带有个人特征,这样就形成了每个人的兴趣、能力、气质、性格的不同。如不同的人在兴趣广泛性、兴趣的中心、广度和兴趣的稳定性方面会有不同;在观察力、注意力、记忆力、想象力、思考力方面会有差异,有的能力高,有的能力低;各人的情感体验的深浅度、表现的强弱以及克服困难的决心和毅力的大小也不同。所有这些都是个性的不同特点。人的心理现象中的兴趣、能力、气质和性格,称为个性的心理特征。

心理现象的各个方面并不是孤立的,而是彼此互相联系着。不仅在认识、情感、意志过程之间,而且在个性心理特征和心理过程之间也存在着密切联系。没有心理过程,就无法形成个性心理特征。同时,已经形成的个性心理特征又制约着心理过程,在心理过程中表现出来。例如具有不同兴趣和能力的人,对同一首歌、同一幅画、同一出戏的评价和欣赏水平是不同的;一个具有先人后己、助人为乐性格特征的人,往往表现出坚强的意志行动。

事实上,既没有不带个性特征的心理过程,也没有不表现在心理过程中的个性特征。二者是同一现象的两个不同方面。因此,要深入了解人的心理现象就必须分别对这两个方面加以研究,在掌握一个人的心理全貌时,也需要将两方面结合起来进行考察。

心理过程及其机制、个性心理特征的形成过程及其机制、心理过程和个性心理特征相互关系的规律性是普通心理学研究的核心内容。

(二)社会心理学

人不是孤立存在的,作为社会的人,彼此之间必然要发生一定的联系,进行社会交往。交往既存在于个人与他人之间,也存在于群体之间。人需要作为社会的一员发挥作用,因此,研究人的心理离不开对社会环境和社会群体的考察和分析。社会心理学是研究人的社会或文化行为发生、发展、变化的过程及其规律的科学。社会心理学主要研究以下内容:

1.社会化

从社会心理学的角度看待社会化问题,它关心的是自然的人如何变成社会的人,以及在这个过程中为什么个体形成了独特的人格特征。

社会化的基本途径是社会教化和个体内化。社会教化即广义的教育,包括家庭、学校、社会团体、大众传播媒介以及法庭、监狱和劳动教养所等。个体内化是指个体通过学习、接受社会教化,将社会目标、价值观、规范和行为方式等转化为自身认定的人格特质和行为反应模式的过程。社会化的主要内容有政治社会化、道德社会化以及性别角色社会化等。

2.社会认知

社会认知是指对人及其行为的认知,而不是对物对事的认知。社会认知的结果影响着人的社会行为。社会认知包括感知、判断、推测和评价等社会心理活动。对人的知觉、印象、判断以及对人的外显行为原因的推测和判断,是社会认知活动发生和进行所经历的几个主要过程。

社会认知的途径主要是对他人的言谈举止、神情仪表以及行为习惯等方面的观察和了解。社会认知的内容包括社会知觉、社会归因等。社会知觉又称对人的知觉或人际知觉,它是社会认知的第一步。社会归因指的是根据所获得的信息对他人的行为进行分析,从而推断其原因的过程。社会归因的结果直接影响到人的社会行为,所以了解社会归因的规律有助于认识和预测他人的社会行为。

3.社会沟通

广义的社会沟通,是指人类整个社会的互动过程,即人们交换观念、思想、知识、兴趣、情感等过程。社会沟通是社会赖以形成的基础。社会沟通主要有语言沟通和非语言沟通两种。

4.社会态度

社会态度是社会心理学的基本内容之一。态度是指个人对某一对象所持有的评价与行为方向。人们对一个对象会作出赞成或反对、肯定或否定的评价,同时还会表现出一种反应的倾向性,这种倾向性就是心理活动的准备状态。所以,一个人的态度会影响到他的行为取向。

5.人际关系

人际关系是人与人之间心理上的关系、心理上的距离。这种关系,是人与人之间发生社会性交往和协同活动的条件下产生的,是具有普遍意义的现象,在小群体中体现得尤为明显。人际关系的形成包含认识、情感和行为三方面的心理因素,其中情感因素起主导作用,制约着人际关系的亲疏、深浅和稳定程度。

此外,社会心理学还研究社会动机、个人行为、自我意识、团体心理、群体性社会现象等。

普通心理学和社会心理学是旅游消费行为研究中关于旅游消费者心理和行为规律研究的理论基础。

二、社会学

社会学是研究社会结构及其内在关系与社会发展规律的学科。它侧重于对社会组织、社会结构、社会功能、社会变迁、社会群体等的研究。社会学研究涉及人类与社会的需要、社会心态、社会意向等现象,这些社会现象反过来影响参与其中的个人或群体的行为。所以,社会学的一些理论和原理,对于考察、分析旅游消费者行为是非常有借鉴价值的。例如,关于文化和亚文化对旅游消费者的影响、不同社会阶层的消费差异、社会阶层等参照群体对旅游消费者个体的影响等都是与社会学相关研究有紧密联系的。此外,对社会角色的研究也是社会学的一项重要内容,在针对旅游消费者的研究中,也需要从分析角色的角度入手,分析社会角色对旅游消费者行为的影响。社会学可以将旅游消费行为的研究放在一个更为广阔的社会文化背景中进行,从而使相关研究从对旅游消费者个体的层面上升到一个更为广阔同时也更贴近现实的空间。

三、人类学

人类学是用历史的眼光研究人类及其文化的科学。它包含对人类的起源、种族的区分以及物质生活、社会构造、心灵反应等的原始状况的研究。人类学的主旨在于研究横跨整个地球和贯穿整个历史的所有人类,研究他们的躯体和文化的各方面。

人类学对旅游消费行为研究的价值主要体现在两方面:其一是其研究方法,其二是关于神话、宗教、民间传说、民俗等方面的研究。人类学最常用的方法是跨文化研究。旅游活动是一种典型的跨文化现象,是两种甚至多种文化的交融现象,这种文化的交融如何影响旅游消费者行为是需要探究的,人类学在这方面提供了很好的借鉴。人类学常常通过调查方法如自然探寻法、痕迹判断法等来了解人类真实、自然的事件和活动。要了解旅游消费者的真实体验和民俗、宗教感受,这种方法是值得借鉴的。自然探寻法就是在平常的生活、工作和娱乐环境下,研究人员通过观察、记录等方式,甚至通过自身的直接参与,了解所要研究的事件和活动。痕迹判断法则是通过观察活动主体的某些外显行为,推断其内隐行为,即导致其行为的真正内因。这些方法在旅游消费者行为的研究中非常有意义。

人类学关于神话、宗教、民间传说、民俗等方面的研究对分析旅游消费者的行为有直接的运用价值。特别是不同民族的信仰、禁忌在旅游者的消费行为中会直接表现出来,比如对饮食的选择、对旅游纪念品图案的选择、对房间号码的选择、对出行日期的选择等等,都可以看到这些因素对旅游消费决策的直接影响。某些时候,这些因素的影响程度甚至超过经济因素。因此,要了解影响旅游消费决策的真正因素,必须首先有针对性地了解不同文化群体的核心信仰、价值观念、风俗习惯,乃至其产生的背景和传承的状况。

人类在发展过程中所不断形成的新的信仰、价值观、理念也是人类学所观察的重要内容。例如,当代社会人们通过多次教训而体会出来的"环保"理念、"绿色"理念、"人文"价值等都会对旅游消费行为和购买决策带来直接的影响。

四、经济学

经济学是研究国民经济各个方面问题的学科。事实上,微观经济学是涉足消费行为学研究的最早学科。早在19世纪中叶,经济学的效用学派便开始了对消费行为的研究,提出"最大边际效用"理论,即消费者总是想要以产品的消费来最大限度地获取产品的效用。该理论认为,在消费水平和产品价格一定的情况下,消费者通过各产品的边际效用相同的购买方法来实现效用的最大化。这一研究在早期为建立消费者行为研究模型打下了基础,但有明显的局限性。也就是它与现实有一定的距离:其一,在消费者可自由支配收入达到一定水平后,消费者的决策标准并不在于效用的最大化,而在于满意程度。例如,你可能宁愿用20元钱喝1杯香浓的咖啡,也不愿用20元钱买20碗淡茶水。其二,该模型假设消费者掌握的有关购买决策方面的知识或信息是充分的,并且消费者把这些完整的知识或信息完全运用在其购买决策上。但现实中往往并非如此,或者消费者获得的信息原本就不充分,或者消费者并不一定在充分掌握有关产品的知识或信息的情况下去购买产品。

虽然人类不是单纯根据理性行为来掌握全部信息,但经济因素的支配仍然是不容忽视的。相对而言,经济性因素的分析是一种理性的相对静止的分析。在分析旅游消费行为这种比较复杂多变的消费行为时,仅仅作一种静态分析是不够的,需要结合其他非经济因素进行综合分析和判断才能使相关研究更趋近合理。收入、价格、利息率、汇率等都是直接影响旅游消费决策的经济性因素。随着旅游消费者经济收入水平的提高,比如,当可自由支配收入已经达到相当水平,从而不足以从根本上影响旅游消费者的决策时,消费者个体的动机、态度、个性、家庭、参照群体、文化背景等非经济因素对消费决策的影响程度会越来越大。这也是为什么从20世纪初出现了从心理学和社会学角度展开对消费者行为的研究的根本原因之一。

不容否认的是,经济学的一些原理在帮助经营者制定产品价格、评价影响某种特定产品供需状况的各种因素以及制定促销策略等方面都有很大的价值,经济学方法仍然是不可缺少的。

五、消费者行为学

自20世纪70、80年代以来,对于消费者行为的研究有了不断的发展,主要形成了三种研究范式。

1. 信息处理范式

这一研究范式目前已经成为消费者行为研究领域的主流。这一研究范式将消费者看作合理解决问题的人或合理的购买决策者。其研究的前提是,消费者是为了评价产品的特性或技能性的利益而搜寻或利用信息的。它将消费者的购买决策过程划分为认识问题、搜寻信息、评价方案、购买行为、购买后行为五个阶段。该研究范式以认知心理学、实验心理学和部分经济学原理为理论基础,主要采取实证主义研究方法。

2. 经验主义范式

这一研究范式的焦点在于消费者行为的主观性和象征性,把研究的重点放在产品提供的情感性利益上。认为消费者有时不一定经过合理的购买决策过程而购买产品,而是为了获得情绪或情感上的快乐感、兴奋感来购买产品,包括寻求多样性的购买。消费者为消除厌恶或者得到新鲜感而改换品牌的时候就会寻求多样性的购买决策。该研究范式认为以休闲产品为代表的购买行为具有浓厚的体验色彩,其购买目的在于获得情感性的快乐。这一研究范式的理论基础来自动机心理学、社会学以及文化人类学,主要采用阐释主义方法论。

3.行为主义范式

行为主义范式是一个新的研究范式。它的前提是,消费者购买产品的时候不仅受到情感或信念方面因素的影响,而且还受环境方面的影响。消费者在环境的影响下购买产品的时候就不一定经过合理的决策过程或者一定以情感来购买产品。这时消费者的购买行为直接受文化、社会群体、经济等环境因素的影响。这一研究范式主要采用实证主义研究方法。

以上三种消费者行为研究范式侧重点不同,各有特点。通过整合三种研究范式的优点,针对旅游消费行为特点展开更为具体、深入的研究是必需的也是切实可行的。

第三节 旅游消费行为学研究框架与核心内容

旅游是随着社会经济文化的发展而产生的一种综合性活动,这种活动不仅是一种经济现象,还涉及社会、环境、文化等多个方面。因此,对于旅游消费行为的研究必须采取综合性的研究方法,才能从根本上了解、分析和把握旅游消费行为的基本规律,为旅游经营者提供有价值的参考。

一、旅游消费行为研究的两个基本模式

旅游消费行为的研究可以从多个角度展开。不同学者研究的焦点也不尽相同。最有代表性的研究模式有两个:一个是以格尔伯特(Gilbert,1991)为代表的"需要—动机—行为"模式,另一个是以米德莱顿(Middleton,1994)为代表的"刺激—反应"模式。

1."需要—动机—行为"模式

该模式以旅游者的需要、动机以及行为构成旅游消费行为的周期。当旅游者产生旅游需要而未得到满足时,就会引起一定程度的心理紧张。当出现满足需要的目标时,需要就会转化为动机,动机推动旅游者进行旅游购买。当旅游者的需要通过旅游消费活动得到满足时,心理紧张感就会消失。购买及消费结果又会影响到新的需要的产生,于是开始一个新的循环过程。

该研究认为旅游者的旅游需要受社会因素(社会阶层、相关群体、家庭、地位和角色)、文化因素(文化、亚文化)以及经济因素(经济周期、通货膨胀率、利率

等)等外部宏观因素以及个人人口统计因素(年龄、健康状况、常住位置、性别及职业)和个人心理因素(动机、知觉、学习、态度及人格)的影响。

在从旅游动机到行为产生的过程中,旅游者会主动搜寻信息,并同时接收来自旅游目的地及企业的信息,以供决策使用。这时,旅游行为的产生受到旅游营销活动的影响。旅游者的心理因素也限制着外界信息的输入与加工,最终影响到旅游购买行为。最后,旅游购买行为会对旅游营销活动以及旅游者新的旅游需要发生作用,影响下一次旅游购买活动。

2."刺激—反应"模式

该模式是建立在行为主义心理学关于人的行为是外部刺激作用的结果这一基本理论的基础上的。该理论认为,行为是刺激的反应,当行为的结果能满足人们需要时,在这样的刺激下,行为就倾向于重复;反之,行为则趋向于消退。因此,从一定意义上说,本次行为是上次行为得到强化的结果。

研究者认为,经过对个体决策及影响决策的各种要素的考察,就可以得到一个解释旅游购买行为的修正的"刺激—反应"模式。在该模式中,市场上的各种产品通过广告、个人推销等手段成为影响旅游者购买的刺激因素。另外,诸如朋友、家庭等相关群体也以自身的看法和评价影响旅游者的购买决策。旅游者通过个体的学习、知觉以及经验对所接受的信息进行吸收和加工。经过加工的外部刺激通过旅游者个体的态度等心理因素以及人口统计、经济和社会等因素共同影响到旅游需要及动机,并最终促成购买行为的产生。购买者购买后的满意程度则直接形成购买消费经验,购买经验又在新一轮购买行为中产生影响。

以上两个模式虽然研究的切入点和焦点有所不同,但互有交融,所涉及的影响旅游消费行为的要素基本是一致的。

二、本书的研究框架和核心内容

基于前文对旅游消费行为诸要素和旅游消费行为理论基础的分析,在此提出本书的研究框架,如图 1-1 所示。

本书以旅游消费活动的主体旅游消费者作为研究的轴心,探讨影响其消费行为的相关因素及其作用的动态过程,并对旅游消费行为的各种现象和基本规律加以归纳和总结。

影响旅游消费者的因素有些是外显的,可以直接观察得到,但一些却是内隐的、复杂的、微妙的,需要一步步探究,才能发现其中的机理。

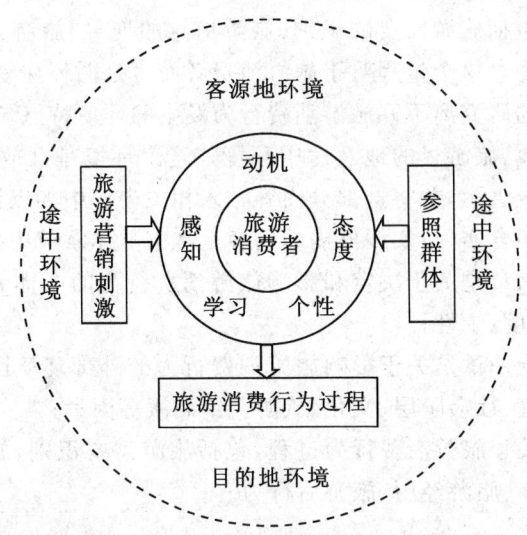

图 1-1 旅游消费行为研究框架图

旅游消费者行为是内部因素和外部因素共同作用的结果。心理学研究表明，行为是心理活动的结果和外在表现。内部因素包括旅游消费者一系列的心理活动过程，主要有动机过程、感知过程、学习过程、态度过程和个性因素。这些因素各有其特定的心理机能，其结果直接作用于旅游消费者的大脑并相互影响、相互作用，构成旅游消费者的心理活动，最终表现为每一个旅游消费者所具有的、区别于他人的心理过程和结果，这些因素和作用结果进一步影响其行为决策，从而产生不同的行为表现。我们也将这些因素称为影响旅游消费行为的主观因素。

旅游消费者都是社会人，他们无时无刻不受到外界环境的刺激和影响。这里笔者将外部环境刺激的来源分为两大类，一类是来自于旅游经营企业的直接营销刺激，这些刺激是商业性的，目的性强、针对性强，是旅游经营者所能控制的，这些刺激往往对旅游消费者带来直接的影响。另一类来自消费者的参照群体。参照群体可以有微观和宏观之分。从微观角度来看的参照群体来自旅游消费者所处的小环境，主要有家庭、亲朋好友、同事同学等；从宏观角度来看的参照群体来自旅游消费者所处的社会阶层和文化圈。参照群体的行为和传播的信息是给予旅游消费者的重要刺激，虽然刺激的强度各有不同，但这些刺激对旅游消费者来说是非商业性的、无特定目的和非功利的，通常是旅游消费者更乐于信赖和接受的，因此，这些因素形成对旅游消费行为极为重要的影响。

要素的分析不能仅仅停留在静态分析上，因为这些因素对于旅游消费行为的影响是一个动态过程。本书将这些静态要素置于旅游消费行为的整个过程中加以考虑，并探讨在这个过程中旅游消费者所表现的外在形式、行为结果和一般规律。这个过程包括旅游需要的识别、旅游信息的搜寻、旅游方案的选择、旅游经历和旅游后行为。这个过程对于旅游消费者而言是循环往复的。

对以上问题的研究离不开旅游消费行为发生的环境特点。其环境的空间范围包括旅游客源地、旅游目的地及途中环境。这个环境是开放的、不断变换的，故而在图中以虚线表示，并将这部分内容融入相关内容中加以讨论，以便使相关问题的阐述更加切合实际；实线框内的内容是本书具体章节中探讨的主要内容：

第二章～第六章是关于决定和影响旅游消费行为的个体心理因素，包括动机、感知、学习、态度、个性；

第七章～第十一章是关于影响旅游消费行为的外部环境因素，包括参照群体、信息传播、家庭、社会阶层、文化、旅游营销刺激等因素；

第十二章是关于旅游消费行为过程，包括旅游需要识别、旅游信息搜寻、旅游购买方案的选择、旅游经历、旅游后行为。

第四节 旅游消费行为学研究的意义和方法

一、旅游消费行为学研究的意义

研究旅游消费行为学既具有理论意义也具有现实意义。

第一，从宏观角度讲，旅游消费行为的研究对宏观经济和社会各方面具有积极的意义。随着经济的发展和人民生活水平的提高，旅游消费已成为人们生活中很重要的一部分。旅游业的良性发展不仅会给一个国家和地区带来经济效益，而且会为之带来社会效益。目前，中国已成为世界上旅游消费增长最快的国家之一。据国家旅游局 2008 年 9 月发布的《2007 年中国旅游业统计公报》，2007 年，我国旅游业发展势头良好，三大市场保持稳定增长。全年共接待入境游客 13 187.33 万人次，国内旅游人数 16.10 亿人次，中国公民出境人数达到 4 095.40 万人次。旅游业总收入 10 957 亿元人民币，比上年增长 22.6%。旅游消费者是旅游业发展的核心要素，对旅游消费行为的研究有利于更好地发挥旅游业在拉动国民经济和提升国民生活品质方面的积极作用。

第二，从旅游业经营的角度讲，旅游消费行为研究有助于旅游业的整体发展和服务质量的提高。旅游消费者日趋成熟，他们不仅重视旅游设施，而且越来越重视服务质量和旅游体验。旅游企业必须关注旅游消费者的需求和行为特征，采取有针对性的营销策略和管理措施，切实提高服务质量和服务水平，满足消费者不断变化的要求。这迫切要求我们加快旅游消费者行为理论研究和培养相关管理人才。一个旅游企业赢得旅游者的多少是衡量该企业是否兴旺发达的重要标志。"得人先得心",旅游消费行为研究对旅游消费者的心理和行为特征的探索,可以帮助旅游经营者和工作者更好地把握旅游消费者的心理和行为特征,清楚地了解旅游消费者的需要和要求,进而提供令其满意的服务。

第三,旅游消费行为研究为旅游企业经营者的经营决策提供依据和分析方法,如为旅游营销策略的制定提供直接的参考和依据,包括旅游产品的开发、组合、定位,旅游广告的设计,旅游信息的传播,旅游促销活动的安排等。在市场经济中,旅游企业要想立于不败之地,必须能够很好地了解和把握市场,对市场进行科学的预测,及时地调整经营方针,改善经营措施,制定经营策略。旅游消费行为学研究旅游者的需要、动机、个性、学习、态度、兴趣、感知等心理要素变量及影响旅游消费行为的外部环境,这些可以帮助旅游企业科学地分析旅游消费者的心理和行为趋向,针对旅游者的心理和行为特点开展有效的宣传和营销活动,设计满足旅游消费者需要和兴趣的旅游产品,制定受欢迎的经营战略和营销策略,提高经营效果。

第四,旅游消费行为研究有利于科学合理地开发旅游资源和安排旅游设施。旅游资源和旅游设施是旅游业生存和发展的基础,也是旅游消费者直接感知、体验的对象。旅游设施的安排和旅游资源的开发都必须以满足旅游者的需要、获得旅游消费者的认同为前提。要做到这一点就需要对旅游消费者及其行为有更为深入具体的理解。旅游风景区的设计和开发首先要考虑是否对旅游消费者产生吸引力,在开发和利用过程中,要依据旅游消费者的心理特点,充分考虑其兴趣爱好、感知认知规律、知觉特点、审美习惯等。旅游资源经济价值的实现有赖于旅游消费者的光顾,旅游消费行为研究为旅游资源的开发和利用提供科学依据。

第五,旅游消费行为研究有利于建设和培养高素质的旅游企业员工队伍。旅游事业的发展和服务质量的提高必须有一支高素质的旅游企业员工队伍,包括高素质的服务人员和管理人员。旅游消费行为学作为一门学科,研究的是旅游者在旅游活动中的消费心理和行为规律。旅游工作者掌握这门学科的基本理论和方法,可以正确认识和进一步了解自己工作和服务的对象,把握工作对象的心理特点和差异,提高自身的素质和工作水准。

二、旅游消费行为研究的主要方法

旅游消费行为研究不是为研究规律而研究规律,而是力图通过掌握规律性来提高对旅游消费行为的预测和引导能力,特别是在对旅游者的旅游消费行为准确预测的基础上,采取相应的措施和方法,以引导旅游经营者及相关参与者朝着有利于旅游业发展和满足旅游者需求的方向发展。

旅游消费行为的研究需要在实践中不断发展和完善。在研究过程中应遵循客观性原则、发展性原则、联系性原则。客观性原则要求根据旅游消费者所想所说、所作所为去研究旅游消费者的心理活动和行为表现，对旅游消费者的状况进行调研并采用科学的方法进行分析，得出合理的结论；发展性原则要求不仅研究旅游者已经形成的消费心理，还要阐明潜在的、呈现新的发展趋势的心理和行为特点，不仅了解旅游消费者已经形成的消费习惯，还要看到其发展前景，用发展的眼光去观察、分析和判断旅游消费行为的发展变化；联系性原则要求将影响旅游消费者的各种因素进行综合的分析，要联系起来看问题，而不能将各要素孤立割裂开来，这也是研究旅游消费行为的难点所在。

在具体研究过程中，需要针对研究的主题，选择最为适用的一种或多种研究方法。在后面的章节中我们会有进一步的介绍。无论采用何种方法进行研究，其步骤都应依次进行，以取得客观有效的结果。其基本步骤如下：选择和确定研究的问题和对象；制定研究计划或方案；收集和整理研究材料，分析材料，从中得出科学的结论。

通常采用的具体研究方法有以下几种：

(一)观察法

观察法是指通过感官或仪器按行为发生的顺序进行系统观察、记录并分析的研究方法。观察法又有自然观察与实验室观察之分。自然观察是指在自然行为发生的自然环境中进行观察，对行为不施加任何干预。实验室观察是指在实验室内，在人为控制的某些条件下进行观察。

观察法的优点在于方便易行，可涉及相当广泛的内容，且观察材料更接近于生活现实。其缺陷在于只能反映表面现象，难于揭示现象背后的本质或因果规律。因此，此法最好与其他方法结合使用。

(二)调查法

调查法是指通过事先拟定的一系列问题，针对某些心理品质及其他相关因素，收集信息、加以分析的方法。比如，要想了解旅游者对某一景点的需要、兴趣、评价，就可以采用调查法。调查法包括访谈调查法和问卷调查法。

访谈调查法是通过调查人员面对面地与调查对象进行交谈、收集口头资料的一种调查方法。这种方法具有直接性、灵活性、适应性、回答率高、效率高等特点。当然，访谈人员的访谈技巧、人品气质、性格特征会直接影响调查的结果。因此，需要选择合适的访谈员，并加以培训。

问卷调查法简称问卷法，是指根据研究的要求，由调查者设计调查表，由被调查者填写，然后汇总调查表，进行整理、分类、分析的方法。问卷法可将调查的目的和内容通过调查表清楚地反映出来。问卷调查法的优点是能同时进行群体调查,快速收集大量资料,而且简明的问题也方便人们回答。但调查法不大适于针对行为,而且对涉及态度问题的回答未必完全真实,故而所得材料的价值要打折扣。

(三)测量法

测量法是指采用标准化的心理测验量表或精密的测量仪器,对有关心理品质或行为进行测定、分析的方法。能力测验、性格测验、人才测评等,都是旅游心理学中常用的测量法。

(四)个案研究法

个案研究是对个体、群体或组织以各种方法收集各方面可能的资料以供分析的方法。比如,通过研究一个饭店的历史来了解其管理方法及成效,就是一种个案研究。开展个案研究,多半需要通过对个案背景材料的分析以了解其经历,因此,也称个案历史法。

个案法针对性强,对解决特定环境下的具体问题颇有帮助。但由于它过于具体,普遍性自然较差,其结论不宜随意推广。

旅游消费行为的研究可以借鉴许多相关学科的研究方法,尤其是在量化研究方面,如调研方法、统计学方法。但是,需要说明的是,由于其研究对象的复杂性和不确定性,实际操作中仍存在不少困难,有待于我们共同去探索解决的方法。

困难一:行为的主观性很强,而每一个人的主观感知和认识与他人存在很大差异,例如在质量标准和旅游者满意度上的差异,因此仅靠主观推断容易导致结果与事实的较大偏差,往往需要将客观、主观分析相结合。

困难二:旅游消费行为不仅受多种变量因素的影响,而且有些变量是无法直接观察到的,甚至是随时变化的,例如天气、时间、情绪等情境因素。因此,为避免研究结论出现偏差,需要对不确定变量加以合理的考量。

思考题

1. 旅游消费行为的构成要素有哪些?如何解释旅游消费者这一概念?
2. 如何理解旅游产品?其服务性和文化性对旅游消费者和旅游经营者意味着什么?旅游消费的复杂性表现在哪些方面?
3. 结合自己的旅游体验,说明环境与旅游消费行为的关系。
4. 旅游消费行为研究的核心内容是什么?
5. 用实例说明旅游消费行为研究的意义。

第二章 动机与旅游消费行为

当今旅游已经趋于大众化,并且逐渐成为一种生活方式。那么,人们为什么会外出旅游?不同的人都抱着什么样的目的出游?人们为什么会选择不同类型的旅游产品?他们的旅游需求有什么特点?从旅游者的主观方面来说,这就涉及旅游动机的问题。本章将首先介绍一般的动机理论,主要包括动机的含义,动机的特点以及动机形成的机理,接着在此基础上分析旅游动机的类型和特点,进而阐述不同旅游动机驱动下的旅游者的消费行为特点,最后从发展旅游业的角度提出旅游动机的激发策略。

第一节 动机的形成机理和功能

一、动机概述

(一)动机的含义

人的一切活动和行为都是受一定的内部力量支配的,这种内部的驱动力就是心理学上所说的动机,动机驱使人们从事某项活动,回避某项活动,或者停止某项活动,动机是人们行为的直接内因。

那么什么是动机呢?心理学界对动机有着不同的解释,有的学者认为动机是指导行为的力量,并且使得这些行为具备持久性和一定的强度;有的学者认为动机是为实现目标而行动的原因;有的学者认为,动机是由需要推动的,是满足这种需要并达到一定目标的行为动力。综合上述几种意见,笔者认为,动机是由内部需要引起的,促使行为产生并使其持续指向特定目标的内在驱动力。

(二)动机的特征

动机是行为产生的内在驱动力,是推动行为的心理动因。从动机和行为关系的角度来看,动机具有以下特点:

1.动力性

动力性主要是指动机能起到激发、维持、调节和支配行为的作用。动机的动力性主要表现在两个方面:一是动机对行动的激发作用,能够推动人们产生某项活动。二是动机对于某项活动起着维持的作用,即动机的维持性。当人的某项活动产生后,活动能否维持仍然受到动机的支配。在行为的结果和个体的目标相一致的情况下,动机就得到强化从而活动也就继续下去,反之,当行为的结果与个体的目标相背离时,动机就得不到强化,主体的积极性会大大降低,甚至放弃这项活动。

2.隐蔽性

动机是一种心理过程,一般情况下个体不会表现出来,即使表现出来也很难被他人观察到,只有根据个体所处的环境及其行为表现推测其行为背后的动机。由于这种推断难免带有主观性,以及个体动机外在表现的不明确性,因此很难断定个体的真正动机。例如:有的旅游者到西安的兵马俑旅游可能是想借助兵马俑的举世闻名炫耀自己的社会地位,但也有可能是基于对与兵马俑相关的历史文化的极大兴趣。对于旅游经营者而言,有可能对旅游者到兵马俑旅游的真正动机判断失误而对企业经营产生一定的影响。

3.复杂性

动机的复杂性是指影响动机产生因素的多重性及动机对行为调节的多样性。即一种动机可能引发多种行为,或者一种行为背后可能有多种动机。动机的产生是由内外部多重因素共同作用的结果。内部因素如个体内部的生理结构、心理的认知能力、情绪、个性特征等。外部因素如自然环境、社会传统、风俗习惯、文化价值观、民族心理等。在很多情况下,个体的某一种行为是出于多种动机,也就是说一个动机的组合激发了一种行为。商务旅游就是典型的例子。商务旅游是旅游者出于获得经济利益、扩大业务、加强同行之间的交流以及游览目的地优美风光等多重动机而进行的旅游活动。

另外,还有一种情况是由于不同的人所处的社会环境以及自身各项条件的差异,因此同一种动机对于不同的个体会引起多种不同的行为。例如,同样是出于摆脱烦杂的日常生活和工作压力的动机,有的人可能选择利用闲暇时间和家人朋友团聚的形式放松心情;有的人可能选择在当地参加一些自己感兴趣的文化娱乐活动而暂时逃脱日常的生活、工作压力;有的人可能会选择参加旅游团到自己向往的旅游目的地旅游,通过感受异地的优美风光和不同的社会文化达到放松身心的目的;有的人因为收入的限制而待在家中休息。

再者,同一种动机在不同的情境下,可能会使一个人产生不同的行为。例如,饥饿动机在一种场合下可能引起狼吞虎咽地吃,在另外一种场合下也会产生吃的行为,但是会表现得非常有节制。这表明特定的动机不一定就会驱动特定的行为,这一过程受到具体环境和个体认知的影响。

4.指向性

指向性是指动机是具体的,是与个体的行为密切相关的,是具有一定的指向的,是针对相应目标和对象的。一旦动机形成,个体必定和一定的对象建立联系从而产生相应的行为。例如,旅游者产生了到山东泰山旅游的动机,必然在行为上表现为搜集各种与泰山相关的旅游信息以及注意事项,制定出游计划,这些行为都是和泰山相关的,是具有明确指向性的。由此可见,动机在实践中指引人们的行为而达成目标。

二、动机的形成机理

心理学认为动机是促使个体产生行为的内在驱动力。这种驱动力来自于内部和外部的刺激。动机产生的内部条件主要是个体对于事物的渴求,而外部的条件主要指外界环境对个体动机的激发。

(一)动机产生的内部条件——需要

需要是动机产生的起点,是指个体在生理和心理上对于外部客观事物的某种要求,是个体在不平衡的状态下产生的,是有机体得以健康成长的必要条件。需要作为动机产生的内部动因,是一种心理上和生理上的匮乏状态,当这种状态达到一定程度,就会打破个体内部的平衡机制,个体就会产生对某种客观事物的需要。最著名的需要理论是美国人本主义心理学家亚伯拉罕·马斯洛(Abraham Maslow,1908—1970)的需要层次理论。他认为人的需要是有层次的,人的需要是不断地由低层次向更高层次发展的过程,当最基本的需要得到满足之后,人们会追求更高一层次的需求。马斯洛将人的需要划分为五个层次:

1.生理的需要

生理性的需要是人最基本的需要,是人的自然属性的表现。生理性需求主要是对食物、水、氧气等维持人基本生存条件的因素的需求。只有生理需要满足后人才能进一步追求更高层次的需求。一个温饱问题还没有解决的人一定不会产生高层次的精神文化方面的需求。

2.安全的需要

安全的需要是指个体对于稳定性、独立性、警戒性以及从恐惧和焦虑中解放出来的需求。具体表现在:生命安全、财产安全、心理安全、安定有序的社会环境、稳定的工作等,安全的需要与生理的需要密切相关,是生理需求得以满足的保障。

3.爱和归属感的需要

爱和归属感的需要是指人们与他人交往,或者融入某一团体的需要。人是社会的人,不可能脱离社会而存在,人们希望和他人处于情感的联系之中或者成为集体中承担责任的一分子,并希望能得到他人的理解和支持。主要表现在:情人之间的爱情、家庭成员之间的亲情、朋友之间的友情等。

4. 尊重的需要

尊重的需要主要包括自我尊重和受到他人尊重两个方面的需要。自我尊重的需要主要表现在:希望获得独立、自由、成功;受到他人尊重是指希望获得声誉和地位,从而得到他人的尊重、认同和赞赏。但是有强烈尊重需要的人想获得成功的愿望较为强烈,一旦这种愿望得不到实现可能会产生自卑和无能等不良心理。

5. 自我实现的需要

自我实现的需要属于最高层次的需要,主要是指个体希望尽最大可能发挥自身的潜能和特长,实现自己的理想、抱负和信念。由于潜能和特长因人而异,各人的信念和理想也有很大的不同,所以其结果也是不同的。有的人在音乐方面有特长,在努力的条件下可能会在音乐方面上获得事业的成功,而有的人则可能会在学术方面取得很高的造诣。

马斯洛还指出,较低层次的需要,如生理需要、安全需要可以通过外部条件的改善得到满足,而较高层次的需要,如归属和爱的需要、尊重、自我实现的需要,则是从内部使人感到满足,而且越是得到满足对其行为就越具有激励作用。

需要说明的是,马斯洛在其晚年在上述分类的基础上又增添了认知和审美两种需要。认知的需要产生于人们对未知事物的好奇心和对客观世界的探索欲望。审美的需要是出于人类爱美的天性,表现为对美好事物的追求和向往。虽然马斯洛并未指出这两种需要具体归属于哪个层次,但是显然它们应该伴随于生活的物质和精神两个侧面。这一点对旅游需要是一个很好的诠释。

需要虽然是产生动机的直接内部原因,但并不是产生动机的唯一原因,个体有了某种需要并不意味着相应动机的产生。例如:饥饿促使个体产生觅食的行为,但是当没有饥饿的需求时,有的人看见丰盛的佳肴也会产生进食的行为。这说明动机的产生在很大程度上也依赖于外部的刺激。当只有需求时并不一定会产生动机,需求是个体内心对某种事物的渴求,当这种渴求没有达到一定的强度时就不会有动机的产生,只有当这种渴求进一步强化,个体的平衡机制被打破,个体产生紧张感和不平衡感时才可能产生动机。同时,需求只是个体的一种内心的不平衡状态,不具有目标指向性;而动机是具有目标指向性的,所以动机的产生还应该有一个外部的条件。

(二)动机产生的外部条件——诱因

诱因是能够引起个体动机的外部刺激。当个体在生理上和心理上对某种事物产生渴求时,只是内心的一种意识,个体并不真正知道自己缺乏的是什么,在外部刺激下,个体出现了唤醒和紧张的状态,这种状态产生的内部驱动力量推动人们去实现自己的需要。

动机的形成经历了需要意识、驱力状态、有目的的行为和目标实现这几个阶段。个体内心对事物的匮乏状态,产生了需求的意识,在内部需求意识和外部刺激的共同作用下,会产生一种紧张感,即所谓的驱力状态,在内驱力的推动下,个体会明确自己需要的对象,从而产生了相应的行为去达到目标。如果目标没有实现,则个体的紧张感就不会消除,仍然会产生相同的动机,直到目标得到实现;如果目标实现,个体又会产生新的需要,进而又进入一个新的动机形成过程。(如图2-1所示)

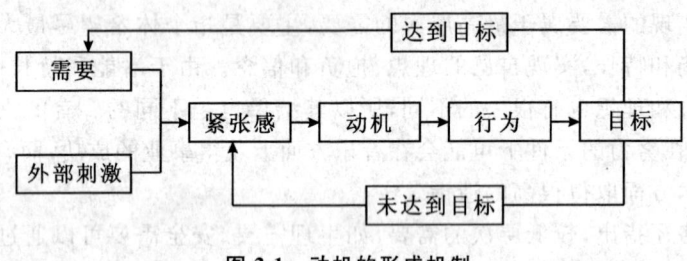

图 2-1　动机的形成机制

三、动机的主要功能

(一)激励行为

因为动机具有指向性的特点,当个体具有某种动机时,在这种内部驱动力的作用下,个体会积极地为目标的实现采取行动。为实现特定目标,每个人所付出的努力程度是不同的。例如:人们为了消除长期工作带来的压力并且能够在假期外出消遣娱乐,会参加旅游团外出旅游接触新鲜事物,结交新的朋友。所以他们会利用各种渠道搜集有关旅游目的地的信息,为实现出游做好前期准备。

(二)决定行为方向

动机不仅能激励行为,还能将行为指向特定的目标和对象。在消费者行为中,这一功能表现为消费者会在多种消费需求中确认基本的需求,然后,将促使基本需求具体化,进而发展为对某种商品或服务的具体购买意图。在指向特定商品或服务的同时,动机还会影响消费者对选择标准或评价要素的确定。动机可以促使消费者在多种需求的冲击中进行选择,使购买行为朝需求最强烈、最迫切的方向进行,从而求得消费性行为效用的最大化。例如,一个平日工作繁忙的人需要利用度假放松心情,他会集中于休闲度假地和休闲旅游项目进行选择和比较,而避开人群嘈杂的目的地。

(三)维持和强化行为

动机的作用是一个过程。人们在追求目标实现的过程中,动机将贯穿始终,不断激励人们努力采取行动,直至目标实现,这是动机的维持功能。动机还可以对行为产生正强化或负强化的作用。使人满意的动机结果能够维持和巩固行为,即为正强化功能;反之则为负强化功能。因此,旅游者对其旅游经历满意与否直接会影响到其今后的旅游购买决策。

四、动机冲突

个体同时产生多种动机时,会出现一种难以避免的现象,即所谓的动机冲突。动机冲突是指个体面临两种或者两种以上的动机时,动机对个体驱动力方向相反而发生冲突。动机冲突常常使个体产生矛盾心理。本书主要探讨消费者面临的三种动机冲突:

(一)双趋冲突

双趋冲突是指个体面临两种或两种以上的产品或服务的选择,而又必须选择其一时所产生的动机冲突。在这种情况下,如果备选目标的吸引力相当,动机冲突就更强烈。例如消费者获得年终奖金后,面临在出国旅游还是为家里添置一套新家具这两个事情上做出选择,此类情况都是双趋冲突的表现。

(二)趋避冲突

趋避冲突是指个体想趋近某一目标但又想避开而造成的动机冲突。被选择的目标既有令人动心的特征,又有某些不如人意的地方,这样趋避冲突由此产生。例如,在旅游旺季时,旅游者既想外出旅游放松身心,但是又担心旅游目的地拥挤的状况会降低此次旅游的质量。这就需要旅游经营企业提供优质的旅游服务,并加强旅游景区的游客管理,消除旅游者在自身体验方面的顾虑。

(三)双避冲突

双避冲突是指个体有两个或两个以上希望逃避的目标但又必须选择其中之一时面临的冲突。如一些人一方面害怕出现虫牙,一方面又不敢去看医生,此种矛盾心理反映的就是双避冲突。

在这些诱导方向相反的动机中,强度较大的动机便成为主导动机,强度较小的便成为辅助动机。因此,旅游企业在经营活动中需要对消费者行为进行深入分析,区分出旅游者的主导动机和辅助动机,针对旅游者的主导动机开发、促销旅游产品来满足市场需要。

第二节 旅游消费行为的动机类型

一、动机的一般性分类

动机是一种复杂的心理活动,针对不同的研究角度动机有着不同的分类标准,常见的分类标准主要是从动机的性质上、来源上以及动机在行为中的作用进行的分类。

(一)生理性动机和社会性动机

这是从动机的性质上进行的划分。

1. 生理性动机

生理性动机是建立在人的自然属性基础上的动机。生理性动机主要是为了满足个体的生理性需要而促使人们产生行为的内部驱动力。由于人是社会中的元素,人的生理性需求的满足以及满足的手段必然会打上所在社会的烙印。生理性动机主要有饥饿动机、渴的动机、睡眠动机、吸烟动机等,鉴于本章要探讨的是关于旅游消费行为的动机,对于自然性动机在这里就不再赘述。

2. 社会性动机

社会性动机是以个体所生活的社会为基础的,社会中的人受到周围社会环境、文化的影响会产生对权力的需要、社会交往的需要、成就的需要、认识的需要,因而相应地产生了权力的动机、社会交往的动机、成就的动机等社会性的动机。社会性动机对于研究人的行为具有重要的作用。社会性动机主要有:

(1)兴趣

兴趣是指个体对某种事物或者某种活动的心理倾向,它以认识或探索外界需要为基础,是推动人们认识事物,探求真理的重要动机。[①] 兴趣可以激发人们以更加积极的心态从事活动。

(2)成就动机

成就动机是推动个体从事对自己来说具有挑战性的活动,并在活动中获得成功,赢得竞争胜利和别人尊重的内部驱动力。成就动机能够激发人们向着更高的目标迈进,最终赢得社会认同和他人的尊重。

---

① 郭德俊.动机心理学.北京:人民教育出版社,2005年.第13~14页.

(3) 权力动机

权力动机是推动个体通过自己的活动影响或支配他人和周围环境的内部驱动力。权力动机分为个人权力动机和社会权力动机。具有个人权力动机的个体着眼点在个人,目标主要是树立自己在社会中的威信,得到他人的尊重,获得自身的某些利益。具有社会权力动机的个体着眼点在社会,主要的目标是为了他人和社会,希望通过自己的行为为他人和社会作出一定的贡献。

(4) 交往动机

交往动机是个体出于归属感的需要,结交朋友、参加某个团体,从而获得依靠感、安全感和归属感的内部驱动力。

(二)主导性动机和辅助性动机

这是根据动机在行为中的作用进行的划分。主导性动机是引起行为的主要推动力量,在所有的动机中占支配地位,而辅助性动机对于行为的产生虽然也起着一定的推动作用,但是在所有的动机中处于受主导动机支配的地位。

(三)内在动机和外在动机

这是根据动机是否出于个体的自主意识进行的划分。内在动机是指以个体自身的情绪、兴趣等内部力量为主要驱动力的动机,是为了追求个体内在利益的满足,如从事自己感兴趣的工作,希望自身得到发展和成功,实现自己的理想。相反,外部动机的主要驱动力来源于外部的刺激、激励或者奖赏。外部动机主要是为了追求个体外部利益的满足。如取得较高的社会地位、赢得他人的尊重和认同。人的行为受到内在动机和外在动机共同推动,内在动机是行为产生的主要驱动力,外在动机通过作用于内在动机促使行为的产生。

(四)远景动机和近景动机

这是根据动机与目标的远近进行的划分。远景动机以实现长远目标为驱动力,近景动机则以近期的目标为驱动力。例如,在外语学习上,有的学生是为了通过临近的考试,而有的学生则是为了将来出国深造或者能够进入外企工作。

二、旅游动机的类型

(一)国际上关于旅游动机的分类

1.托马斯关于旅游动机的分类

约翰·A.托马斯是研究旅游动机较早的学者之一。1964年在其《是什么促使人们旅游》一文中,托马斯提出了十八种旅游动机类型:

(1)文化教育方面的旅游动机。这方面的动机主要包括:人们想通过旅游了解异地人们的生活及工作的环境和状况;观赏当地的风景名胜;参加当地的节庆活动;对于新闻界报道的事件要到当地亲身体会从而加深对旅游目的地的进一步了解。

(2)休息和娱乐方面的旅游动机。这方面的动机主要包括：摆脱日常生活、工作中的繁琐和压力；尽情地享受和娱乐，充分地放松身心；抓住与异性接触的机会获得浪漫的情感体验。

(3)种族传统方面的旅游动机。这方面的动机主要包括：瞻仰自己的祖先；拜访亲朋好友曾经去过的地方等等。

(4)其他方面的旅游动机。这方面托马斯列举了天气、健康、运动、经济、冒险、胜人一筹的本领、追赶时髦、参与历史盛事以及了解世界的愿望等因素促使人们产生了旅游的动机。

2.日本学者关于旅游动机的分类

日本的田中喜一先生和今井省吾先生在《日本的旅游事业》一书中关于旅游动机的分类见表2-1和表2-2。

表2-1 田中喜一关于旅游动机的分类

心理动机	精神动机	身体动机	经济动机
思乡心、交游心、信仰心	对知识的需要，扩大见闻的需要	保养和健身的需要、运动的需要	购物的目的、商业的目的

资料来源：杜炜.旅游心理学.北京：旅游教育出版社，2005年.第25页。

表2-2 今井省吾对现代旅游动机的分类

消除紧张的动机	发展自我的成就动机	社会存在的动机
改变环境，从日常的繁杂中解脱出来，接触自然	对于未来的向往，了解外部未知的世界	朋友之间的友好交往，家庭的团聚，从众心理等

资料来源：孙喜林.旅游心理学.广州：广东旅游出版社，2002年.第80页。

3.麦金托什对于旅游动机的分类

美国著名学者麦金托什(Robert McIntosh)将旅游动机划分为四大类：

(1)生理因素诱发的动机：主要是指旅游者希望通过旅游活动锻炼身体，娱乐身心，消除内心的压力和紧张。出于这种动机的旅游者会选择参加体育旅游活动、洗温泉、药浴等旅游项目。

(2)文化因素诱发的动机：主要是指旅游者希望通过出游了解目的地国家或地区的历史文化、风土人情、文学艺术、宗教信仰等社会文化知识，从而扩大视野和知识面。因此旅游者可能选择去有特色的人文景点了解该地的历史文化、参加当地节日庆典，感受当地的民族风情和艺术等。

(3)地位和声望诱发的旅游动机：旅游者希望通过旅游赢得他人的尊重和注意，并且获得良好的声誉。出于这种旅游动机的旅游活动包括：商务旅游、会议旅游、奖励旅游以及修学旅游。

(4)社会交往的动机：旅游者希望通过旅游结识新的朋友，或是加深同他人之间的人际交往。主要是包括祭祖寻根游、探亲访友、商务旅游等。

4. 美国学者赫德曼(Lioyd E. Hudman)对旅游动机的分类

(1)健康的动机:通过旅游让身心得到调剂和保养;

(2)出于好奇的动机:对文化、政治、社会风貌和自然景色等的体验和观赏;

(3)体育的动机:包括两种,一种是亲身参与,如登山、狩猎、滑冰、游泳等;一种是观看体育赛事,如观看世界杯、奥运会等大型体育比赛;

(4)娱乐的动机:游乐、音乐、舞蹈、绘画、赌博等;

(5)精神寄托的动机:宗教集会、宗教朝圣、参观宗教圣地等;

(6)公务或商务的动机:科学考察游、修学旅游、会展旅游、商务旅游以及奖励旅游等;

(7)探亲访友的动机:寻根祭祖游、回国以及家庭联系等;

(8)自我尊重方面的动机:前往举世闻名的游览胜地的旅游活动等。

5. 推拉理论下的旅游动机分类

1977年,美国学者丹恩(G. Dann)提出了旅游动机的推拉理论。他认为旅游行为受到两个基本因素即推动因素和拉动因素的影响,推动因素是指旅游者内心对于旅游的主观愿望,拉动因素是指旅游资源的特色吸引旅游者到目的地旅游的动力,主要强调外部刺激对旅游者作出旅游决策的影响。

丹恩在旅游动机评价中提出了七种旅游动机:

(1)旅游是缺失和欲望的反应,是为了寻找日常生活中缺少但又渴望得到的事物。现代社会人情淡漠,人们希望通过旅游结识更多的朋友。

(2)因旅游目的地的吸引而产生的旅游动机,是指在主观意愿和外部拉力的共同作用下产生的旅游动机。

(3)因幻想产生的旅游动机。旅游动机可能是由于旅游者可以在旅游目的地从事一些自己常住地不认同的活动。例如:赌博在我国内地是违法的,但是在澳门赌博是合法的活动,因此吸引了众多的旅游者。

(4)分类动机。丹恩认为由于物以类聚,人以群分的原因,具有共同爱好和目的的人通过旅游聚到一起,即所谓的专项旅游。如修学旅游、科学考察旅游、特种旅游等。

(5)与旅游者类型相关的动机。不同类型旅游者的旅游动机不同,如向往大自然的旅游者希望在旅游中放松身心,而另一类的旅游者则为了追求刺激和新奇的体验。

(6)与旅游者经历相关的动机。人们通常希望到自己没有去过的地方得到新的体验,由于旅游者经历的不同,从而所追求的旅游体验也会有很大的差异。

(7)追求深层次自我认知的动机。人们希望在旅游中寻找自我,发挥自己的潜能,体验挑战极限的乐趣。

(二)现代旅游消费动机的主流

如以上介绍,研究者从不同的角度对旅游动机有多种分类。通过分析社会的变迁和现代人的生存环境,并结合当今旅游者消费行为的种种表现,笔者认为现代旅游消费动机的主流主要有以下类型:

1. 回归自然的动机

人类文明的发展,科学技术的进步使许多现代人摆脱了经济上和政治上的束缚,摆脱了繁重的体力劳动。但也正是如此,人们与自然的距离变得越来越远。从生活环境方面来看,越来越多的人聚集在城市中,居住在钢筋水泥建造的丛林里。环境恶化,污染严重,人们清晨听不到鸟鸣,看不到蔚蓝色的天空,嗅不到清新的空气。回归自然、感受大自然环境的清新成为人们的渴求。而到森林、海滨、河流、山川、郊外去旅游休闲正好能够满足人们回归自然、回归本性的愿望,甚至成为一种单纯的旅游动机。

2. 健康的动机

健康动机由来已久,人们很早就有健康、长寿的愿望。健康不仅包括身体的健康,也包括精神上的放松。当今社会繁忙的生活、紧张的节奏,使得人们对于身心健康更加重视。为了缓解身体和精神上的紧张、疲劳,他们乐于外出旅游,在优美的自然风光中,享受阳光浴、温泉浴、海水浴,在各种各样的娱乐活动中放松身心,以恢复和维持自己的生理和心理健康。

3. 消遣、娱乐的动机

当代生活节奏加快,社会竞争激烈,人们日常生活和工作的压力越来越大,希望参加一些旅游娱乐项目放松身心。人们会通过旅游活动欣赏大自然的优美风光,亲身体验一些旅游娱乐项目,让自己暂时逃避日常工作、生活和人际交往中的繁杂琐碎,获得心理上的安宁。同时,旅游者为了娱乐身心会在旅游过程中选择性地参加一些娱乐项目。

4. 好奇探索的动机

这一动机是指旅游者的旅游活动是出于寻求刺激,追求新奇、冒险的需要而产生的。目的地与客源地的差异唤起了人们的好奇心,促使人们去访问未曾到过的国家和地区,体验不同的自然和文化环境。受这种动机驱使的旅游者多以散客为主,他们所到之处多为旅游开发还不成熟甚至还未开发的地区,因此旅途存在一定的危险性,但是他们也往往会成为新旅游地的开拓者。

5. 文化动机

文化差异是促使旅游者到异地旅游的主要因素。人们希望到目的地学习、体验不同的文化,以丰富自己的人生阅历。例如,人们喜欢到一些民族旅游地,主要就是想领略少数民族的音乐、舞蹈、美术、宗教,希望亲身体验当地人的生活方式、风俗习惯、传统节庆活动。再如,国内外大量旅游者前往丽江旅游就是想领略当地多民族的独特文化。文化动机的另外一个表现是人们为了接受更好的教育,学习新知识而外出旅游。最典型的是修学旅游、科学考察旅游。例如,近年来兴起的以学习、交流为目的的中学生到国外的夏令营、冬令营活动,对于参加者来说主要就是受到文化动机的驱使。

6. 经济动机

主要是指旅游者的旅游活动是受到经济利益的驱使。人类最初的旅行活动远不是什么消遣或度假活动,而是人们出于现实主义目的,特别是出于经商贸易、扩大对其他地区的了解和接触的需要,所促发产生的一种经济活动。[①] 在当今的商业活动中,企业为了长远发展,经常派遣相关人员参加展销会、交易会等。因经济活动而外出的旅游活动已经很广泛,商务旅游是旅游企业的一个高端客源市场。

7. 社会交往的动机

通常我们所说的探亲访友、结识新朋友、寻根访祖、商务公务旅游,个人、团体以至政府之间的访问,为参加各种文化艺术交流活动而进行的旅游,都可以归为受社会交往动机驱使的旅游活动。具有这种旅游动机的旅游者,在旅游活动中常常表现出比较明显的与人交往的愿望。通过接触新的人际环境、发生人际交往来实现自己的旅游活动。

8. 追求声望、地位和自我实现的动机

旅游是一种较高层次的消费,当人们有足够的可自由支配收入和闲暇时间时才会产生旅游的愿望,所以旅游者主要集中在社会的中上阶层。从这个意义上讲,旅游成为一个极富象征意义的事物,它可以带给人们地位、声望和被尊重的感觉。同时,旅游是人们前往异地的旅行和逗留活动,旅游者在陌生的环境中可以完全抛开同事、朋友的看法,充分发挥自己的潜力,尽情展现自我、实现自我和超越自我。

三、旅游动机的特点

(一)多重性

多重性主要是指旅游者参加某项旅游活动不仅仅出于一种动机而是出于多种动机,想满足多种需要。例如,城市旅游者参加乡村旅游是为了观赏农村的自然风景,品尝农家饭,或是参与农事活动,体验到在城市无法获得的经历。这一

---

① 李天元.旅游学概论(第五版).天津:南开大学出版社,2003年.第5页.

旅游活动的动机就不止一种，有逃避城市喧嚣环境的动机、感受乡村宁静的动机，有逃避日常工作的繁琐和压力的动机，也有和家人一起感受田园生活的动机。总之，旅游者这些旅游动机组成了一个动机系统，共同驱使人们的旅游行为。在这些动机中，驱动力最强的动机为主导性动机，其他动机为辅助性动机。

主导动机和辅助动机共同影响旅游者的度假项目选择。虽然旅游者想要选择的旅游项目满足自己所有的需要，但是一般很难实现，旅游者会在主导动机的驱使下选择某些旅游产品，而那些辅助性的旅游动机则转变成为潜在动机，在一定情况下可能会转化为主导动机。

（二）共享性

大众旅游的出游形式多是参加旅游团或者是亲朋好友集体出游，团体中的旅游者的动机难免会受到同伴出游动机的影响，在多数情况下团队旅游就意味着所有的参与者之间达成一种妥协，即旅游者的旅游动机具有共享性。例如：对于一个已婚妇女来说，她的旅游动机会随着旅游同伴的不同而不同。当她和孩子、丈夫一起出游时，让孩子得到最大的快乐是他们出游的共同动机；而当她和同事一起出游时，购物休闲则可能成为他们共同的动机。

（三）隐蔽性

动机的隐蔽性包括两种情况：一种情况是旅游者认为自己的旅游动机不被社会和他人认可，而不愿意说出自己旅游的真正动机。例如，一些出境旅游者真正的旅游动机是想借出国旅游炫耀自己的富有和社会地位，但是当别人问起时则说是为了开阔眼界，领略异国风情。另外一种情况是，旅游行为受到潜意识的支配，旅游者自身也不能准确表达自己的真正动机。例如，旅游者的冲动购买行为，这时候的行为旅游者自己也解释不清楚，往往是潜意识的一种外在表现。对于这类旅游动机，旅游企业仅通过询问旅游者是不可能了解的，需要对旅游者的消费行为进行深入分析。

（四）复杂性

旅游动机的复杂性表现在以下两方面：

其一表现为一种旅游活动出于多种动机或者一种旅游动机促使产生多种旅游活动。即相似的旅游活动未必有相似的旅游动机，相似的旅游动机也未必导致相似的行为。例如，入境旅游者来中国旅游，有人出于感受东方文化魅力的动机，也有人出于领略自然景观之美的动机；同样是为了了解中国的历史和文化，有的人选择北京作为目的地，而有的人则可能选择上海，还有的人会选择西安。

其二表现为旅游动机的冲突。一些情况下，旅游者会有驱动力相当但是方向相反的多种动机，这样就会产生动机冲突。例如，旅游者在假期又想去自然旅游景区观赏大自然的风景，又想到香港去购物，两种动机的诱惑力对旅游者都很大,但类型却有很大不同,旅游者只能选其一。对于旅游者来说,动机冲突往往会产生矛盾心理。

（五）学习性

旅游动机的学习性是指旅游动机是可以随着旅游者学习和经验的积累不断变化而获得的。最初的旅行活动并不是出于消遣的需要,而是人们出于外出经商易货的需要而自发开展的一种经济活动。随着社会经济文化的发展,人们接触信息的增多,旅游活动的动机变得极富多样性,旅游者越来越侧重文化和精神方面的需要。由此可见,随着旅游者旅游经历和生活阅历的丰富,以及旅游者学习和日常积累的增多,他们对陌生环境的恐惧感将会降低,同时对外部世界的认知也会发生变化,从而会产生更高层次的旅游需求,激发新的旅游动机的形成,其旅游消费行为势必会发生新的变化。

第三节　不同旅游细分市场需求的特点

一、旅游细分市场

（一）旅游市场

同一般的市场相比,旅游市场是在经济有了相当发展的基础上产生的,是社会进一步分工的产物。"狭义的旅游市场是指旅游产业交换的场所,而广义的旅游市场是指旅游产品交换过程中所反映的各种经济现象和关系,它不仅局限于旅游产业交换的场所,而且涉及到一定范围内旅游产品交换中供求之间关系的总和。"[1]鉴于本书主要是对旅游消费行为的研究,这里的旅游市场主要是指:在一定时期内,有意愿出游并且具备旅游消费能力的现实旅游者,同时也包括虽有旅游的欲望但是还不具备外出旅游条件的潜在旅游者。

（二）旅游细分市场

根据旅游者旅游需求的差异性,把一个整体旅游市场划分为若干个旅游消费者群体,这一过程称为旅游市场细分。这些具有相似旅游需求的消费群体,被称为旅游细分市场。每一个旅游企业的产品不可能满足所有旅游者的需求,只能针对一个或者几个细分市场提供旅游产品,开展促销活动,所以旅游企业在经营过程中进行市场细分,然后找准自己的目标市场是十分重要的。

---

[1] 林南枝主编.旅游市场学(修订版).天津:南开大学出版社,2000年.第71页.

二、旅游细分市场的划分标准

旅游市场细分主要考虑两方面的因素：从旅游者方面来说，主要从人口统计特征和社会心理方面进行细分；从旅游市场与旅游目的地关系来说，主要是从客源市场与目的地远近、目的地旅游资源对于旅游者吸引力程度方面进行市场细分。旅游市场细分的标准主要归纳为以下几种：

（一）地理分类标准

1. 根据旅游客源集中地的不同进行的旅游市场细分。世界旅游组织把世界旅游客源分为六大区域，即：欧洲旅游区、美洲旅游区、东亚及太平洋旅游区、南亚旅游区、中东旅游区、非洲旅游区。其中欧洲和美洲旅游区的旅游市场最繁荣，东亚及太平洋旅游区的旅游市场更具有发展潜力。

2. 根据旅游客源地与旅游目的地距离的远近，可以把旅游市场划分为远程旅游市场和近程旅游市场。一般情况下，对远程旅游市场而言，旅游客源属于收入较高的那部分人群，旅游者的游览逗留时间较长，在旅游过程中的花费较多；对近程旅游市场而言，旅游客源主要集中在一般收入水平的人群，旅游者游览逗留的时间较短，旅游过程中的花费较少。根据旅游需求距离递减原理，近程旅游市场占整个旅游市场的大部分，并且具有很大规模，是各国旅游企业的主要目标市场和营销对象。因此在入境旅游方面，边境旅游具有很大的发展潜力，旅游目的地政府应该尽量简化邻国进入本国的手续，旅游企业也应该提供相应的旅游产品和配套服务。

3. 按照旅游者的流向把国际旅游市场划分为一级旅游市场、二级旅游市场以及机会旅游市场。一级旅游市场是指目的地国家接待的旅游者在所接待的所有旅游者中占最大比重的两三个国家或地区的旅游市场，一般比例在40％到60％之间。旅游企业在制订企业旅游营销战略时应该首先分析一级旅游市场需求特点。二级旅游市场是指具有很大潜力，但由于旅游设施等外部环境的限制以及企业缺乏必要的营销，还未形成现实需求的那部分市场。机会旅游市场是指一个旅游目的地计划开拓的市场。

4. 根据气候因素进行的市场细分。旅游者对那些与自己居住地气候差异性较大的旅游目的地通常产生很大的兴趣，尤其是那些以优越气候条件为主要旅游资源的目的地。例如，北欧各国赴地中海地区的旅游热潮。因为北欧各国气候寒冷，日照时间较短，他们会把寻求阳光、温暖作为旅游的主要目的，故选择到地中海沿岸的西班牙、法国、意大利等国的旅游胜地，享受温暖的气候和日光浴。在我国也有相似的情况，北方人冬季旅游大多会选择海南而不会选择哈尔滨，而南方人则更倾向于去哈尔滨体验冰雪艺术节。

5. 按照人口密度和城市化水平进行的市场细分。无论是出境游还是国内游,客源地的人口密度很大程度上影响着客源地的出游人数,例如在韩国、日本等国家,人口密度高,其每年外出旅游人次占总人口的比例相对就较高。另外,城市化水平高的国家或地区的居民出游率明显高于城市化水平低的国家或地区。因为城市居民的收入较高,有机会享受到带薪假期,希望借旅游逃避城市喧闹的环境,他们出游的机会更多。

(二)人口特征分类标准

这种划分标准着眼于旅游者自身因素,是市场细分中最常用的标准。根据人口统计因素进行的划分,主要的变量包括:人口的年龄、性别、家庭周期、受教育程度和职业等因素。

1. 按照旅游者的年龄划分

主要根据人的年龄段或者生命周期把旅游市场划分为:儿童旅游市场、青年旅游市场、中年旅游市场和老年旅游市场。

(1)儿童旅游市场

由于儿童天性活泼好动,对周围的事物充满了好奇,他们在选择旅游产品时更加倾向于参与性和娱乐性强的旅游项目,例如他们喜欢去主题公园亲自体验各种娱乐设施,而且很多情况下是家长和孩子一起玩。在中国尤其是在中国城市,大部分家庭只有一个孩子,由于父母的宠爱,儿童的旅游倾向直接影响到家庭的旅游决策。儿童旅游应该受到旅游企业的重视。

(2)青年旅游市场

青年人充满活力,富有朝气,具有冒险精神,是热衷旅游的人群。青年人通常会选择处于开发初期或者尚未开发的旅游目的地,他们的旅游方式多以自助游和背包游为主。但是,由于青年人的收入一般较少或者没有收入来源,他们的旅游消费水平不高。

(3)中年旅游市场

中年旅游者是旅游市场的主体部分,他们工作稳定,有固定的或者更加丰厚的收入,对旅游设施的要求比较高,通常选择一些开发比较成熟的旅游目的地的旅游休闲项目,这部分群体对价格比较敏感,要求旅游企业提供物有所值的旅游服务和产品。

(4)老年旅游市场

老年人尤其是享有养老金或退休金的老年人属于有钱有闲的市场群体,有较多的可自由支配收入和充足的可自由支配时间,旅游需求比较旺盛,旅游的愿望比较强烈。他们倾向于选择休闲类的旅游项目,喜欢较慢的旅游节奏,重视食宿条件和交通条件。他们经常避开旅游高峰出游,一定程度上弥补了淡季旅游市场。这是近年来银发市场得到旅游企业重视的重要原因。由于老年人身体方面的原因,他们对于食宿条件和交通条件比较重视,健康意识较强,因此优质的旅游产品和旅途中周到的服务是旅游企业应当关注的重点。

2.按照性别划分

按照性别划分为男性旅游市场和女性旅游市场。形成两个市场各自特点的原因不是男女性别本身,而是男性和女性在社会中承担的社会角色的不同。两者相比,男性出游的机会明显多于女性。但是随着女性社会地位的提高,加上市场上针对女性市场的产品日益增多,女性的出游规模逐渐超过男性,以2005年为例,国内城镇居民旅游抽样调查显示,男性旅游者占出游总人数的47.4%,女性占52.6%。在农村由于受传统观念的影响,男性旅游者占总出游人数的比重要高于女性,但是随着农村社会经济的发展,女性旅游市场呈上升趋势。

3.按照家庭生命周期进行的市场细分

家庭生命周期大体上可分为七个阶段:(1)单身家庭,主要是指那些年轻、有经济收入的单身人士。(2)新婚家庭阶段,主要是指那些刚刚结婚无小孩的夫妇。(3)满巢一阶,主要是指小孩在六岁以下的年轻家庭,孩子的出生减少了家庭的旅游支出。(4)满巢二阶,主要是指孩子在六岁以上但还未成年的阶段。这一阶段家庭将时间、精力和财力大量投入到孩子教育问题上。(5)满巢三阶,是指夫妻步入中年,孩子已经长大独立但仍住在家的阶段。这个阶段的夫妻在事业上有所建树,子女经济上已经独立,家庭收入增加,进入家庭消费的高峰期。(6)空巢阶段,指夫妻步入老年,子女不在身边的阶段。他们有充分的可自由支配的时间和收入,从而构成了银发旅游市场。(7)鳏居阶段,是指夫妻中一人单独生活的阶段。各个阶段具体的旅游消费行为特点见表2-3。

表2-3 不同家庭周期的旅游消费行为特点

家庭生命周期	旅游消费行为特点
单身家庭	经济独立,无负担,好冒险,乐于选择自助游,要求产品和服务的个性化
新婚家庭	年轻无小孩,经济独立,追求浪漫,倾向选择蜜月旅游产品
满巢一阶	孩子较小,经济负担加重,出游频率减少,倾向选择"合家欢"旅游产品
满巢二阶	孩子教育费用增加,旅游意愿减少,倾向选择对孩子有教育意义的旅游产品
满巢三阶	子女独立,家庭经济宽裕,旅游的意愿较强烈
空巢阶段	希望外出旅游,注重旅游过程的精神享受,对旅游服务质量要求高
鳏居阶段	健康状况较差,缺少出游的伴侣,旅游动机很小

资料来源:杜炜.旅游心理学.北京:旅游教育出版社.2005年.第86～88页。

4.按照受教育程度和职业进行市场细分

旅游是人们离开常住地前往异国他乡的旅行逗留活动,在一定程度上是在陌生环境中的一种生存体验。一般而言,文化程度高的旅游者接触到的外界信息较多,渴望亲身体验,他们会选择距离常住地较远的目的地,感受异地的文化和自然风景。文化程度较低的旅游者由于接触到的外界信息较少,对陌生环境有一种恐惧感,通常会选择较近的目的地或传统的旅游热点地区。

另外,受教育程度的影响,受教育程度低的人,工作多是体力劳动,工作环境较差,收入有限,通常旅游的意愿不是很强烈。而受教育程度高的人,工作多为脑力劳动,工作环境较好,可自由支配收入较多,旅游意愿强烈并且选择高消费的旅游项目。

(三)购买行为分类标准

购买行为包括购买动机、购买频率、品牌忠诚度等,根据这些变量可将旅游市场划分为不同的细分市场。(见表2-4)

表2-4 旅游购买行为的划分变量及细分市场

细分变量	细分市场
旅游动机	消遣性旅游市场、商务旅游市场、探亲访友旅游市场、探险旅游市场、文化旅游市场、体育旅游市场
旅游方式	团队旅游市场、散客旅游市场
旅游时间	淡季旅游市场、平季旅游市场、旺季旅游市场
旅游频率	一次性旅游市场、多次性旅游市场、经常性旅游市场

资料来源:林南枝.旅游市场学.天津:南开大学出版社,2000年.第83页.

1.根据旅游动机进行市场细分

根据上一节对旅游动机的表述,旅游动机包括:娱乐和消遣性动机、文化动机、经济动机、健康动机、社会交往动机、寻求刺激、冒险性动机等。相应的,旅游市场可细分为:观光旅游市场、度假旅游市场、商务旅游市场、体育旅游市场、探亲访友旅游市场等。

2.根据旅游者出游方式进行市场细分

根据旅游者的出游方式可以将旅游市场划分为团队旅游市场和自助旅游市场。在旅游发展的初期阶段,旅游多是以团体旅游为主。随着旅游者经验的增多和旅游设施的逐步完善,自助旅游日益成为市场的主体,而且自助旅游的形式更加多样化,主要有自驾车旅游市场、背包旅游市场、徒步旅游市场等。

3.根据旅游者出游时间的集中程度进行市场细分

根据旅游时间的集中程度,可将旅游市场划分为淡季旅游市场、平季旅游市场和旺季旅游市场。受旅游者闲暇时间和旅游目的地季节、气候的影响,旅游者出游时间主要集中在集中的假期以及气候比较适宜出游的八、九、十月份。

4.按照旅游者到同一个目的地的频率进行市场细分

按照出游频率的大小可以把旅游市场划分为一次性的旅游市场、多次性旅游市场和经常性旅游市场。以观光为目的的旅游者一般属于一次性的旅游市场,以度假、商务为旅游目的的旅游者一般属于多次性旅游市场或者经常性旅游市场。

(四)心理因素细分标准

按心理因素标准细分市场主要是根据旅游者的性格、生活方式、价值观等变量进行细分。

1.按照旅游者的个性心理的差异进行市场细分

不同的个性心理特点影响旅游者对旅游目的地的选择,美国学者斯坦利·C.帕洛格(Stanley C.Plog)把旅游者划分为五种心理类型:自我中心型、近自我中心型、中间型、近多中心型、多中心型。五种心理类型在旅游目的地选择上存在很大差异。自我中心型旅游者行为比较谨慎,不爱冒险,喜欢熟悉的环境,他们倾向于选择传统的旅游热点地区。相反,多中心型旅游者思想比较开放,爱冒险,喜欢有巨大文化冲击力的地方,因此他们会避开选择大众化的旅游目的地,比较喜欢有特色的或民族性的旅游地,这些旅游目的地处于开发初期或者还未开发,多中心型旅游者通常成为这些目的地的开拓者。中间型的旅游者则处于两者之间,这部分旅游者数量最多。

2.按照旅游者生活方式的不同对旅游市场进行细分

生活方式是人们长期形成的社会生活形式,在数量特征上表现为收入水平、消费水平等,在质量特征上表现为生活习惯、活动兴趣、社会态度以及利用闲暇时间的方式。1978年,著名的应用研究机构SRI International开发了一种VALS(价值 Values,态度 Attitude,生活方式 Life Style)的多变量分类方式,将人群分为九种类型。

(1)赤贫型:极度贫困,远离主流文化,不合群,这类人群一般没有出游计划。

(2)温饱型:生活在贫困线边缘,为生活奔波,没有用于旅游的可自由支配收入。

(3)保守型:崇尚传统,喜欢稳定的生活状态,这部分人群倾向于选择传统的旅游目的地和历史积淀丰厚的旅游景区。

(4)奋斗型:比较年轻,富有朝气,易冲动,这部分人群外出旅游的可能性很大,且倾向于选择新开发的旅游目的地,喜欢冒险和刺激。

(5)成功型:中青年,富有,自信,成熟,事业成功,这部分人群偏爱度假旅游产品以及内涵丰富的旅游项目。

(6)自我中心型:不稳定,冲动,非常活跃。比较喜欢探险旅游,多为背包旅游或者自驾车旅游。

(7)经验主义型:年轻,寻求直接经验,以人为中心,有审美能力,极度追求内心的满足,这类群体注重旅游中的文化内涵。

(8)社会意识型：有使命感，某个观点的领导者，成熟，成功，外出旅游的可能性大，且多倾向于团队旅游，希望通过旅游结交朋友。

(9)完整型：心理成熟，视野开阔，宽容且善解人意，适应性强，对外界信息了解较多，旅游动机强烈。

三、不同购买动机下的旅游细分市场需求特点

根据旅游消费者的购买动机，可以把旅游市场细分为观光旅游市场、度假旅游市场、探亲访友旅游市场、商务旅游市场、体育旅游市场、文化旅游市场。不同的细分市场中存在不同的旅游需求特点。

(一)观光旅游市场

主要是指出于观光、游览的目的前往异国他乡观赏自然风光、人文景观以及民俗风情的那部分旅游者。观光旅游者由于在日常生活中活动范围狭小，接受外部刺激过于单一和缺乏，而当这种外部刺激缺乏达到一定极限的时候，心理紧张就会逐渐达到产生动机的临界点，这时他们就需要通过一定的外部活动来接受更多的外部刺激，而观光旅游恰是一种较为理想的活动。

观光旅游市场的需求特点主要有：

1.观光旅游者倾向于长距离旅游，因为长距离意味着差异的增加，旅游者可获得更多的外部刺激满足内在的需要；

2.观光旅游者在旅游地停留时间比较短，他们希望在有限的时间内游览更多的旅游景点，获得更多的外部信息；

3.观光旅游者旅游是为了满足对外界的好奇心，当这种好奇心满足之后就很难产生再次到同一目的地旅游的动力，因此观光旅游市场的重游率很低；

4.观光旅游者不愿意将时间浪费在信息收集和整理上，所以团队旅游往往是观光旅游的主要形式；

5.由于观光旅游多以团队旅游的形式，因此对于景点质量、导游服务、交通便利程度要求较高；

6.这部分旅游者主要是自费，对于价格比较敏感；

7.旅游者多为一般的社会公众，受可自由支配时间的限制，使得这部分市场具有显著的季节性；

8.旅游者多选择比较知名的旅游目的地，因此旅游活动地理集中度高；

(二)度假旅游市场

主要是指为了消遣休闲、缓解工作生活压力，进行身体和精神放松而外出旅游的那部分旅游者。度假旅游者与观光旅游者的动机有很大差异，相对于观光旅游者而言，度假旅游者由于长期受到外界刺激过多而造成心理紧张，当心理平

衡被打破,他们需要通过外部活动来释放平时所积累的刺激。

度假旅游市场的需求特点是:

1.度假旅游者喜欢就近度假。度假者旅游的目的在于释放刺激,缓解压力,他们更愿意将时间花费在度假活动中,而不是旅途上。尽管度假旅游中也有相当一部分是长距离度假,但这种长距离度假的在途时间在整个度假时间中所占的比例相对是很小的。

2.度假旅游者在旅游地逗留时间较长。度假者希望在一个度假地尽情舒缓压力,不会在一次度假的过程中频繁更换假地。

3.度假旅游者重复购买同一旅游产品的可能性大。当旅游者在一次度假中需求得到满足时,就已经为下一次购买奠定了基础。

4.度假旅游者不喜欢旅行社压缩饼干式的旅游方式,他们的目的在于减缓生活节奏,所以他们喜欢自己搜集度假地的信息,倾向于选择散客旅游的方式。

5.旅游者的目的是放松身心,因此他们对旅游设施、环境、餐饮、娱乐的要求较高。

6.由于度假旅游者选择的目的地多为气候比较宜人的海滩、度假村、森林公园等,旅游资源的季节性决定了该旅游市场的季节性特点。

(三)探亲访友旅游市场

是指为了家庭团聚、朋友聚会而到家人或者朋友的居住地进行旅游活动的那部分旅游市场。探亲访友旅游市场的需求特点主要是:旅游者通常住在亲友家中,节省了住宿的费用,但是在旅游景点的花费仍然不会有较大的降低,只不过是消费的主体转变为游客的亲友而已;由于出游的主要目的是亲友团聚,因此季节性不强;旅游者在旅游消费上对价格比较敏感;因为所到的旅游目的地是其亲朋好友的居住地,所以旅游者在旅游目的地的选择上没有较多的自由。

(四)商务旅游市场

主要是指那些为了发展企业异地业务,或者参加各种交易会、商品洽谈会而外出旅游的那部分旅游市场。商务旅游市场的主要需求特点是:旅游者人数相对较少,但是出游次数较为频繁,这是他们被很多旅游企业所重视的主要原因之一;由于他们的出行是由于工作或是业务的需要,因而不受季节的影响,或者说没有季节性;也是因为工作的原因,他们对于目的地没有太多的选择余地,因此各个目的地在这一细分市场上基本不存在竞争;商务旅游者外出多由公司出资,同时出于业务的需要,他们对旅游的时间和目的地没有选择的自由,无论旅游的价格多么昂贵,他们仍要前往;由于工作的需要,旅游者可能会多次被公司派遣到同一目的地,因此商务旅游的重游率很高。

(五)体育旅游市场

是指为参加体育活动或者观看体育赛事而外出旅游的那部分细分市场。对于为了参加体育活动而外出旅游的那部分市场而言,他们的主要活动有登山旅游、森林旅游、水上旅游等,因此他们的需求具有很强的季节性特点;旅游形式多为自助游,因此对旅游设施要求很高。对于观看体育赛事的旅游者来说,赛事的举办时间一般是比较固定的,因此其旅游需求也具有很强的季节性;旅游者多是一些体育爱好者,因此他们在目的地的逗留时间相对较长,旅游花费较高;而且,如果该地再次举办类似赛事,他们重返的几率很高。

(六)文化旅游市场

主要是指那些深度旅游者,他们旅游的目的主要是领略异国他乡的风土人情、文化瑰宝以及亲身体验当地的生活方式。他们旅游的需求特点主要是:要求旅游产品有丰富的文化内涵;更青睐具有文化差异性的产品;希望体验当地的风俗传统和生活方式,因此对参与式的旅游产品需求旺盛;在旅游目的地的停留时间较长,喜欢购买当地特有的旅游纪念品,对旅游商品的消费很高;由于受当地节庆的影响,旅游需求有一定的季节性,但不明显;因为不同文化的吸引力,文化旅游市场的重游率相对较高。

第四节 旅游消费行为动机的激发

一、研究旅游消费行为动机对旅游业发展的启示

旅游消费是人们在生存和发展需求得到满足的条件下产生的,属于享受性的消费类型,旅游者的消费行为主要出于自己内在的需要。旅游业作为以旅游者为服务对象的行业,其发展依靠旅游客源地和目的地之间的人流、物流和信息流,旅游者的消费行为直接影响着目的地旅游业的发展。因此,旅游业要想获得长远的发展,就必须对旅游者的消费动机及其影响因素进行调查、分析和预测,从而为其决策提供科学依据。对旅游动机的研究可以给我们以下启示:

(一)了解现有市场消费者的旅游动机,为游客提供满意的旅游产品

旅游动机的产生受到内在需要和外在刺激的共同影响,并且旅游动机具有隐蔽性和复杂性的特点。这就需要旅游企业经营者了解旅游者真正的旅游动机,根据旅游者的偏好和消费行为特点开发适销对路的旅游产品,为旅游者提供满意的旅游设施和服务。

(二)激发旅游者的旅游动机,开发新的旅游市场和旅游产品

由于旅游动机具有隐蔽性和复杂性,有时旅游者也不能意识到自己真正的动机是什么。旅游企业需要有发现新市场和新产品的眼光,在已有产品的基础上开拓新的旅游市场,在已有市场基础上引导旅游者新的需求,从而保持旅游业的长期可持续发展。

(三)预测旅游行为

旅游动机是旅游行为产生的主要驱动力,直接影响旅游者的旅游消费决策。因此,通过分析旅游者的旅游动机,可以预测旅游者将会选择何种类型的旅游目的地、旅行方式、游览内容以及期望得到的服务质量等,从而使旅游企业的营销活动做到有的放矢。

(四)有利于目的地旅游主管部门对旅游业的正确引导

研究旅游者的消费行为动机,有利于旅游目的地的旅游主管部门把握当地旅游业发展的总体思路而不偏离市场需求的大方向;有利于旅游主管部门开发适应市场需求的旅游资源;有利于目的地在旅游者心中树立美好形象,并有针对性地开展旅游促销工作。例如,随着社会经济的发展和人们旅游经验的丰富,旅游者不再是走马观花式的旅游,他们越来越注重旅游的深度,希望深刻体验旅游目的地的自然、社会、文化环境,大众化的观光旅游正逐渐向度假休闲旅游转变。因此,目的地的旅游主管部门需要改变过去粗放型的开发旅游资源的方式,挖掘当地旅游资源的文化内涵,创造更多的旅游精品线路。

二、旅游消费行为动机的激发策略

上面我们提到了旅游动机对旅游企业的启示作用,显然,激发旅游动机对旅游业具有现实意义。激发旅游动机是指将人们已经形成的旅游愿望和需要调动起来,促使他们变成现实的旅游者。要激发旅游者的旅游动机就必须创造能够满足旅游者需求的各种条件。旅游动机的激发策略主要有以下几个方面:

(一)提升旅游资源的吸引力

人们外出旅游的目的之一就是要通过游览名胜古迹、自然风景、宏伟建筑以扩大知识面,满足身心需要。而这些需要的满足首先取决于旅游资源的吸引力。要使旅游资源具有吸引力,需要做到:

1.突出旅游资源的个性

独到的特色和鲜明的个性是旅游资源的吸引力所在。因此,在开发上要尽力突出该旅游资源的特色,并要强化和渲染这种特色,以增加它的魅力。比如:人人向往的"神话世界"九寨沟,它的美就在于其山水之原始古朴,这也正是它的个性所在。

2.突出民族特色

越是民族的就越是世界的。因此,保持某些旅游资源的传统格调,突出民族性,有助于提高旅游资源的吸引力。

3.在旅游资源的开发上保持其原真性

为满足旅游者求真实的心理,要尽可能地保持旅游资源的原始风貌以及文化的原汁原味。对旅游设施、旅游景点的任何过分的修饰甚至全面毁旧翻新都是不可取的,同时还要避免旅游地文化的过度商品化,造成游客心理上的厌烦情绪。

4.确保旅游资源的可持续利用

旅游资源是旅游目的地吸引力的关键因素。旅游资源的可持续利用关系到旅游者对目的地的选择。在旅游资源开发过程中要充分考虑到资源的可承载力,尤其是那些不可再生的遗产性旅游资源。旅游管理部门要采取必要的游客管理和景区管理措施,避免由于游客超载而造成的资源损坏。

(二)配备完善的旅游设施

完善的旅游设施能够为游客带来旅游活动中的便利,起到降低旅游者的旅游阻力,提高旅游地对旅游者的引力的作用。旅游设施应具备以下条件:

1.保证旅游设施的数量和规模

合理数量的旅游设施是保证旅游活动顺利开展的基本条件。对于旅游过程中的住宿设施、交通设施以及景区的游览设施,必须做到"进得来,住得下,游得开,出得去"。

2.旅游设施的多样性

旅游设施的建设应该考虑到不同旅游者的需求,能够让不同层次、不同旅游目的的旅游者都得到周到、优质的旅游服务,树立旅游地在游客心中的良好形象。

(三)加强旅游企业管理,提高服务质量

提高旅游企业管理人员和服务人员的管理水平和服务水平,为游客提供尽善尽美的服务,这是激发旅游动机的重要前提。因此,旅行社在旅游产品设计和旅游线路安排上要合理、新颖;导游人员的素质如母语水平、外语水平、导游技巧要高;酒店的接待人员服务态度要好,且能够为旅游者提供标准化和个性化的服务。

(四)加强旅游宣传,为旅游者提供真实有效的旅游信息

一方面,旅游宣传能够给旅游者提供情报信息,使旅游者对目的地有所了解,产生对目的地的美好印象,引发其旅游兴趣,激发其旅游动机。世界上一些主要的旅游目的地国每年都花费大量的资金到主要的旅游客源国,采取展览、参

加旅游交易会、召开新闻发布会等形式招徕游客。在我国,很多省市都采用了旅游大篷车的形式到客源地进行旅游宣传。例如,西安临潼已经举行了三次旅游大篷车促销活动,途经甘肃、宁夏、青海、内蒙、山西、山东、河北及河南、湖北、安徽等周边11个省区30多个中心城市,喷绘着临潼美景和有关临潼景点的宣传口号的旅游大篷车出现在这些城市的大街小巷,一时间引起了巨大的轰动,成为宣传临潼景区景点的一道靓丽的风景线,吸引着人们好奇的眼光,也激起人们来临潼一睹为快的热情。

另一方面,旅游宣传可以降低旅游者的风险知觉,增强旅游者的安全感知,促使旅游者作出倾向性的购买决策。一些国家的旅游企业利用各种媒体进行宣传,它们在街头、机场、宾馆、景区、游乐场以及其他公共场所张贴宣传画、设置电子显示屏、分发旅游宣传手册,对旅游产品进行宣传促销;有些旅游企业还在主要的客源国派遣常驻代表或者设立办事机构以招徕境外客源。

(五)营造有利于旅游发展的政策环境和社会环境

旅游需求的多样性决定了旅游业的关联性和带动性。因此,旅游业的发展离不开国家政策以及社会环境的支持。在改革开放初期,我国为了增加外汇收入大力发展旅游业,随着我国经济社会的发展,旅游逐渐成为一种生活方式,旅游的社会功能更加凸显。政府支持旅游业具有发展经济和促进社会全面进步的双重目标,一个国家或地区的旅游发展政策在一定程度上影响着人们的旅游动机和需求导向。我国每年的"黄金周"就体现了国家政策及社会环境对人们出游动机的影响。我国现在又确定了从旅游大国发展为旅游强国的目标,这将在客观上刺激国民旅游活动的进一步发展。

总之,人们的旅游动机在很大程度上受到旅游政策环境、旅游资源吸引力、旅游服务质量和旅游宣传的影响。因此,旅游经营者应该认真研究开发什么样的旅游资源、提供什么样的旅游服务和设施、采用什么样的旅游宣传方式以激发旅游者的旅游动机,提高企业的营业绩效。

案例 1
吸引中日女性整容游客,首尔启动整容旅游事业

由于越来越多的日本、中国等亚洲各国女性为整容来到韩国,针对这一旅游市场需求,首尔市从2008年开始将启动为"外国整容游客"联系首尔整容外科医院的项目。在地方自治团体中,首尔市将开创设立整容美容支援中心,积极吸引来韩国整容的外国旅游者。首尔市将设立"首尔美丽医疗旅游综合支援中心"(暂称)并于2008年正式启动。

中心将安排精通外语的向导,向外国旅游者介绍整容外科和皮肤科医院。而且还将设立介绍整容医疗旅游和医院的网站,用日文、中文和英文积极宣传。在有外国患者就诊的整容医院将安排翻译学院毕业的外语专业人才。首尔市正在与市内30多家整形容科联系,计划建立医疗机关协会,在首尔建立医疗服务中心、住宿设施、健康管理中心等设施齐全的医疗旅游综合园区。首尔市观光宣传科科长金泰均表示:"目前,韩国的医疗技术水平非常发达,费用也低廉,所以具有国际竞争力。长期目标是建立达到世界水平的医疗旅游综合园区。"

资料来源:郭守根.吸引中日女性整容游客,首尔启动整容旅游事业.中国侨网 http://www.chinaqw.com/2007年12月6日

案例分析

旅游动机具有学习性的特点,随着社会的发展、旅游者旅游经验的丰富以及社会时尚的影响,旅游者会不断产生新的动机。本案例中的整容旅游,是社会潮流影响下的一种新的动机,韩国的旅游部门针对旅游者这种新的旅游动机开发出了一系列的旅游产品,并且启动了相关的辅助措施,客观上刺激了旅游者为整容而外出旅游的动机。从这个案例中可以看出,旅游企业在经营过程中要了解旅游者的新的旅游需求,加快产品的更新换代,率先抢占新的市场。

案例 2
如家快捷酒店的成功秘诀

从2000年开始,中国国内旅游总人次超过了60%的全国总人口,国内城市居民已进入大规模休闲度假旅游消费阶段,中小型商务客人日益增多。以往,高星级饭店是商务客人的主要选择,现在随着私有经济的发展,以及一些公司对差旅经费的限制,人们在进行商务活动的同时更加注重性价比的选择。

2001年,携程创始人季琦对携程网上订房数据情况做了分析,发现国内酒店的现状是豪华的不够经济,经济的不卫生、不实用。于是,利用携程的销售网络和行业优势整合经济型酒店资源,建立一个在中国处于主导地位的酒店业连锁品牌的想法跃入季琦的脑海。2002年6月,携程携手首都旅游集团(首旅集团相对控股)催生了如家。

传统的酒店行业,三星追四星、四星追五星,而且三星之间、四星之间、五星之间都在为追赶竞争对手而制定竞争策略,导致传统的高星级酒店失去了自身的独特性,传统的高星级酒店千篇一律的餐饮、灰白色的房间内饰、豪华的大厅。如家和传统星级酒店的最大区别就在于,传统酒店讲究提供更多的服务,而如家

则把自己的定位明确锁定在一点上——住宿。在如家看来,出差的商务人士业务繁忙,传统星级酒店提供的许多空间和服务他们都无暇享受,他们需要的是充足的睡眠,不希望花费太多的金钱在住宿上。对他们而言最重要的东西只有两个:床和卫生间。所以床品和卫生间就是如家有所为的重点所在。卫生上达到甚至超越传统酒店的卫生条件,保持叫早服务,同时在房间的颜色上增添变化,增加温馨感。

如家在细节上下了很多功夫。如家的客房墙面以淡粉色、淡黄色为主色调,地毯及室内用品与墙面相映衬。铺上花台布的精致小圆桌、简洁实用的床头柜,以及床上用品、窗帘、装饰画的色调和图案也都透出家居的风韵情调,有如家庭主妇精心布置的一样。在如家酒店客房的书桌上,常常为客户摆放几本书,开展"书适如家"的活动,如家给每一个房间提供几本书籍,文学的、历史的、旅游的都有,客人可以随意阅读。一盏家用普通台灯,提供免费上网等,在细节上极尽可能营造出家的温馨。

尤其值得称道的是,季琦在运作如家的过程中充分融合了网络的力量,从开始就将网络基因植入其中。比如,如家快捷酒店在2005年针对会员推出了"6+1"促销活动(凡是一个月内消费满六夜的顾客就可以享受一次周日免房费服务),由于有一套成熟的客户管理系统,如家通过数据库就能取出满足条件的客户资料,既快捷又节约了成本。

经过5年的发展,如家成就了中国经济型酒店的第一品牌,成为众多中国商旅的住店首选。

资料来源:
1. 飞扬新锐.如家为什么5年成就经济型酒店第一品牌?.http://www.flyu.com.cn/2006年10月30日
2. 如家酒店:成功营销的秘密是什么.美食娱乐网 http://www.msyl.net/2006年12月16日

案例分析

案例中如家经济型酒店的成功主要在于:在目标市场选择上,现在的旅游者越来越看重客房的实用性和舒适性,不再仅仅追求豪华的酒店大厅以满足自己的虚荣心,他们希望在酒店有一种像在家一样的温馨感。如家将市场锁定在中低商务人士和休闲旅游人士。在产品质量上,如家细节化的贴心服务满足了客人内在的需要。在产品的宣传上,网络营销提供快捷的网络查房,节省了客人的时间和酒店的成本。在产品特色上,在酒店家具、摆设以及色调上做出了与星级饭店的差异。因此旅游设施要在细节上做足功夫,并且旅游业也要善于利用网络宣传的手段,激发旅游者的旅游动机。

思考题

1. 动机具有哪些特点？说明其形成机制。
2. 旅游动机是怎样形成的？旅游动机具有哪些特点，分别给出相应的例子加以说明。
3. 结合自己或者他人的旅游经历，说明旅游消费行为中的动机冲突。
4. 旅游动机具有内隐性的特点，你认为旅游企业应该采取什么策略激发旅游者潜在的旅游动机？
5. 你认为按照不同的旅游动机可以把旅游市场细分为哪几种？各种细分市场有哪些需求特点？
6. 假如你是一位旅行社总经理，针对一个特定的旅游细分市场，你会怎样开展旅游产品的市场营销工作？

第三章　感知与旅游消费行为

行为科学研究表明，人的行为始于心理活动，认知活动是心理活动的基础。感知是认知活动的开始，也是我们了解旅游消费行为的重要线索和起点之一。感知是"我们如何感受外部世界"。虽然个体面对的外部世界是相同的，但其感知结果却存在差异，这是因为尽管感知的对象是一种客观存在，但是感知的主体情况却各不相同，这导致人们在识别、选择、组织和理解的感知过程中有强烈的主观性。一个重要的问题是，人们的行为在很大程度上并不依据客观的事实，而是依据自己感知中的事实。旅游消费者所感知的事实才真正会影响他们的消费行为。因此，本章探讨旅游消费者在旅游活动过程中的感知规律以及影响旅游感知的诸因素，以便对旅游消费者及其行为有深入的了解，从而采取有针对性的旅游经营策略，更好地为旅游者服务。

第一节　感知过程和作用

感知过程贯穿于旅游消费行为的始终，从旅游消费前阶段对营销刺激的感知，到消费中阶段对旅游活动及各种设施服务的感知，再到旅游消费后阶段对旅游经历的评价，无不与旅游消费者的感知相关。

人们对客观世界的感知过程，是人们获得各种知识和经验所表现出来的心理活动的过程，它是心理活动的基础和起步，这一过程是通过感觉、知觉、注意等心理机能的活动完成的。

一、感觉

（一）感觉的定义和种类

感觉是人脑对直接作用于感觉器官的事物的个别属性的反映。感觉是认知过程的起点。外界的任何一种事物都有许多个别属性。比如一个苹果，它是青色的，有光滑的表皮，酸甜的滋味等等。苹果的这些客观属性，作用于我们的眼、耳、鼻、舌等感觉器官时,就会产生各种感觉。感觉除了可以反映客观事物的各种不同属性之外,还可以反映自己身体内所发生的变化,了解自身各部分的状态,如身体的运动和位置等。

根据感觉反映事物个别属性的特点,可以把感觉分为两大类:外部感觉和内部感觉。外部感觉接受外部刺激,反映外界事物的属性,包括视觉、听觉、嗅觉、味觉和皮肤感觉。内部感觉接受体内刺激,反映身体的位置、运动和内脏器官的不同状态,包括肌肉运动感觉、平衡感觉和内脏感觉等。

(二)感觉的心理作用

感觉是人们对客观世界认识的最简单形式,是一切复杂心理活动的基础。人们只有在感觉的基础上,才能对事物的整体和事物之间的联系作出更复杂的反映,获得更深入的认知。如酒店大堂内的色调、明亮度、背景音乐、气味、装饰物的质感都会直接影响到客人对整个酒店的感知。

1.嗅觉

嗅觉的刺激是气味。感知心理学研究表明,一切感觉中独立最早的是嗅觉。虽然对于某些气味的感受个体之间存在差异,但在一般情况下,某些气味对人的作用是有普遍性的,也就是说,对某些气味,人的心理感受相差不多。在公共社交场合人们常选用一些香水、香气以营造特有的氛围,如在酒店客房使用薰衣草、在卫生间选用菊花或柠檬香,都能让人产生愉悦之感。从充满汽车尾气的市区到空气清新的郊外的人们,常常首先会情不自禁地深深呼吸泛着草香的大自然气息。

2.听觉

听觉的刺激是声音。由于声波波动的力量、振动的速度和长短声波的混合程度不同,人们能感受到各种各样的声音。振动规则的乐音能激起人们的愉快感觉,而不规则的噪音则能把人的神经扰乱,使人体力减弱、精神萎靡、心情烦躁。因此,高雅的餐厅选播的通常是优雅舒缓的背景音乐,而快餐厅则多选用节奏明快、轻松的乐曲,因为前者需要营造高雅的氛围,后者则是利用听觉的作用提高顾客的进餐速度和周转率。

3.视觉

视觉的刺激是光线。颜色对人的心境和情绪具有很大的调节作用。颜色的差异来自色调、明度和纯度三方面。

色调有暖色系和冷色系之分。红、橙、黄等暖色系的色彩给人以温暖的感觉,可以发挥活跃情绪的作用;而蓝、绿、白等冷色系的色彩则给人以寒冷的感觉,对情绪有镇静作用。明度高的色彩伴有明快、爽朗的气氛,使人感到轻松,而明度低的色彩则会引起阴沉、抑郁和沉重的感觉。纯度高的色彩常伴有新鲜、华丽、轻薄的感觉,纯度低的色彩则焕发朴素、雅致、厚重的感觉。

此外,颜色常常呈现的还不仅仅是单一颜色,而是多种颜色调和的色彩。在自然界里,颜色都是调和色,调和色形成五彩斑斓甚至超乎想象的美丽色彩,如四川九寨沟的水就以其绚丽的色彩闻名于世。

人对色彩的偏爱受多种因素影响,尤其与一个人的审美观和生活经历有很大关系。如居住在偏远地区、生活单调的人偏爱刺激性强的浓重颜色,而生活在喧闹、嘈杂的商业发达地区的人则偏爱安静、平和的淡颜色。

感觉对于人们心理的作用不仅直接影响到人们对外部世界的感受,而且,就旅游消费者而言,他对旅游营销刺激的感受也受到这些基本规律的影响。如广告的设计如果能够针对目标市场的特点,对声音、色彩甚至气味加以巧妙应用,往往能够起到事半功倍的效果,更容易引起消费者的注意和好感。酒店、旅游景点、游览娱乐场所也应遵循感觉的基本规律,营造旅游者所喜爱的环境和气氛。

(三)感觉阈限

感觉是人对客观事物的主观反映。人的感觉必须依赖人的大脑、神经和各种感觉器官的正常机能,同时受到人的机体状态的明显影响。所以,不是所有的刺激都能引起主体的反映,只有在一定的适宜刺激强度和范围内,才能产生感觉,这就涉及感受性和感觉阈限的问题。对刺激物的感觉能力叫感受性。凡是能引起感觉的、持续一定时间的刺激量,称为感觉阈限。绝对阈限是指能够引起个体感觉的最小强度,它是使个体区分某个刺激"有"或"无"的临界点。差别阈限是能够使个体觉察出两个刺激强度之间的最小差别。由于主体的精神状态和知识经验是有差异的,所以感觉阈限是因人而异的,因而感受性也有所差别。

二、知觉

(一)知觉的本质

知觉是人脑对直接作用于感觉器官的事物整体的反映。任何事物都是由许多个别属性组成的,它们的个别属性与其整体总是不可分割的。一个苹果是由一定的颜色、形状、滋味等属性组成的,我们感觉到这些属性,并将它们相互联系、综合,在头脑中就会形成"苹果"这样一个具体映像。这就是我们对苹果这一具体事物的知觉。

感觉和知觉都属于认知过程的感性阶段,它们都是对事物的直接反映。但感觉和知觉又是不同的心理过程。感觉是对事物个别属性的反映,知觉是对事物的各种不同属性、各个不同部分及其相互关系的综合反映,即对事物的整体的反映。知觉和感觉不同的另一个重要特点是,知觉不仅受感觉系统生理因素的影响,而且极大地依赖于一个人过去的知识和经验,受人的各种心理特点,如兴趣、需要、动机、情绪等的制约。

(二)知觉的种类

知觉是由多种分析器联合活动的结果。在多种分析器的联合活动中,总有一种或两种分析器的活动起主导作用。根据知觉中起主导作用的分析器的活动,可以把知觉分为视知觉、听知觉、味知觉、嗅知觉、触知觉等。

根据知觉所反映的事物特征,可以分为空间知觉、时间知觉和运动知觉。空间知觉反映事物的空间特征,如距离、大小、形状等;时间知觉反映事物的连续性和顺序性;运动知觉反映物体在空间的位置移动。

根据知觉对象的不同,又可以把知觉分为物体知觉和社会知觉。社会知觉是指个体对社会环境中有关个人和社会群体特征的知觉。

根据知觉映像是否符合客观实际,又可以把知觉区分为正确的知觉和错觉。

(三)知觉的意义

知觉虽然是我们对客观事物的简单认识,但却是我们各种心理活动的基础。我们对客观事物的认知、情感、意志就是从这里开始的。

知觉能促使人们产生需要,并为满足需要进行实践活动。在旅游消费活动中,旅游者只有对某种旅游产品掌握一定的知觉材料,才可能进一步通过思维去认识旅游产品,并随着对旅游产品知觉程度的提高,形成对产品的主观态度,从而确定相应的购买决策。

三、注意

(一)注意的本质

注意是心理活动对一定对象的指向和集中。指向性和集中性是注意的两个基本特征。指向性,首先指认识活动的选择性,对认识活动的对象进行有意的和无意的选择,并且还表现在对这些事物比较长久的保持。集中性,不仅指心理活动离开无关事物,而且也抑制无关活动。这样,注意的对象就能够得到鲜明和清晰的反映。例如,旅游者在游览苏州园林时,他不能同时注意到园林里的一切事物,而只能看清少数几个,比如亭子、回廊或者是一座假山。

注意的对象既可以是外部的,也可以是内部的。我们可以全神贯注地欣赏美丽的景色,也可以陶醉在自己精神世界的快乐之中。由于心理活动对一定对象的指向和集中,这些少数对象就被清晰地认识出来,而同时作用的其他对象,就没有被意识到或被意识得比较模糊。所以一个人注意到某一些对象,他同时便离开了其他对象,集中注意的对象是注意的中心,其余的对象有的处于"注意的边缘",多数处于注意范围之外。

注意本身并不是一种独立的心理过程,而是感觉、知觉、想象、思维等心理过程的一种共同特性。任何心理过程的开端,总是表现为我们的注意指向于这一心理过程所反映的事物。在心理过程开始后,注意仍然伴随着心理过程,维持心理活动的指向,使之不断深入。

(二)注意的种类

根据产生和保持注意有无目的和意志努力的程度,可以把注意分为无意注意、有意注意和有意后注意三种。

无意注意也叫不随意注意,是事先没有预定的目的,也不需要作意志努力的注意。无意注意往往是在周围环境变化时产生的,在某些刺激物的直接作用下,人就不由自主地把自己的感觉器官朝向刺激物,并且试图认识这些事物。例如,我们在浏览报纸时,偶然看到一行红色的大号字"××一日游惊爆价85元",我们可能就会继续看一下是哪家旅行社的广告,这就是无意注意。

引起无意注意的原因可以分为两个方面:一是刺激物的特点,包括刺激物本身的特征如大小、形状、颜色,刺激物的强度,刺激物之间的对比关系,刺激物的活动和变化,刺激物的新异性;二是人本身的状态,包括人对事物的需要、兴趣和态度,人当时的情绪和精神状态,人的知识经验等。

一般来说,大的刺激物比小的刺激物更容易引起注意;彩色画面比黑白画面更容易引起注意;物体处于视野的正中位置比处于边缘位置更容易被注意,报纸左上角的信息比右下角的信息更容易被注意,这是因为我们的阅读习惯使然;隔离物有助于吸引注意力,如报纸栏目的边框;相对于那些与背景融为一体的刺激物,能够与其背景形成强烈反差的刺激物更容易被注意;简单、直接的信息呈现方式比复杂的方式容易被注意;动感的刺激物比静止的刺激物更容易被注意。这些规律在营销刺激手段中常常被应用。

2.有意注意

有意注意是有预定目的,在必要时还需作一定意志努力的注意。有意注意是一种主动地服从于一定的活动任务的注意,它受人的意识的自觉调节和支配。例如,在打算外出旅游时,我们会特别注意相关的旅游信息。当我们在饭店点菜时,在菜单上寻找符合自己口味的菜品,如果自己喜欢吃鱼,则会注意跟鱼有关的菜名,这些都是有意注意。

3.有意后注意

有意后注意也称随意后注意,是事前有预定的目的,不需要意志努力的注意。有意后注意是心理活动对于个人认为有意义、有价值的对象的指向和集中。在一定条件下有意注意会转化为有意后注意。例如,我们参观一个历史博物馆,开始有一种陌生感,可能并不很感兴趣,但是我们有学习知识、开阔视野的动机,于是经过一定的意志努力把注意力保持在各种展品上,经过一段时间的参观和讲解员的生动讲解后,我们对这些展品和历史背景都熟悉了,对它们产生了兴趣,想更多地了解它们,这时就可以不需要意志努力而继续保持注意,此时有意注意就转化为有意后注意。有意后注意不同于无意注意,因为这种注意仍然有自觉的目的;有意后注意也不同于有意注意,因为这种注意不需要用意志努力来维持。

(三)注意的功能

注意具有明显的选择功能、保持功能和调节功能。选择功能表现在它能选择有意义的、符合需要的、与当前活动一致的各种影响,而避开或抑制其他非本质的、附加的、与之相争的各种影响;保持功能表现在它使注意能长时间集中于一定的对象,并一直保持到完成行动动作、认知活动和达到目的为止;调节功能表现在它对活动所进行的调节与监督,在同一时间内,把注意分配到不同的事物上。所以,注意使人的心理活动处于一种积极的状态之中,保证人们感知的形象清晰而完整,获得良好的记忆效果,从而更好地进行思维活动和意志行动,提高实践活动的效率。

在旅游经营活动中,积极、正确地发挥注意的心理功能,对引发旅游消费需求,增加客源量和提高旅游企业知名度等有重要意义。

第二节 知觉的一般规律

个体对于感觉器官所获得的外来刺激都要经过主观的解释和组合,才能形成知觉。人们的知觉过程常有一些规律和定势可循,了解其规律和影响因素对于我们了解和预测人们的知觉结果是很有帮助的。

一、知觉的特性

知觉本身有很多特别的性质,这些特性使我们在知觉事物时总是遵循某些规律,这些规律和刺激物本身的特点,如大小、颜色、形状、结构等都是影响我们知觉的客观因素。

(一)知觉的选择性

知觉的选择性是指知觉在一定的时间内并不感受所有的刺激,而仅仅指向能够引起注意的少数刺激。

在日常生活中,作用于我们感觉器官的客观事物是多种多样的。但是在一定时间内,人并不感受所有的刺激,而仅仅感受能够引起注意的少数刺激。此时,被知觉的对象好像从其他事物中突出出来,出现在"前面",而其他事物就退到"后面"去。前者是知觉的对象,后者成为知觉的背景。在一定的条件下对象和背景可以相互转换,如图 3-1 所示,这组图像既可以被知觉为兔子,也可以被知觉为鸭子。知觉的结果取决于知觉主体的选择。

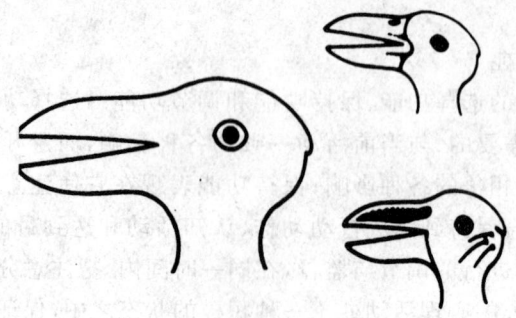

图 3-1 双关图:是兔还是鸭?

影响知觉选择性的因素,从客观方面来看,有刺激的变化、对比、位置、运动、大小程度、强度、反复等。一般说来,强度较大、色彩鲜明、具有活动性的客体容易成为被选择的对象,客体本身组合规律如简明性、对称性和规律性也使其容易成为被知觉的对象。

从主观方面来看,有期望、经验、情绪、动机、兴趣、需要等。人们经常觉察自己所期望的东西,而期望的东西一般总是建立在自己熟悉或先前经验的基础上。期望会推动一个人去知觉他所追求的东西,经验会影响他所知觉的事物的内容、速度和准确性。动机、兴趣和需要对知觉的选择性也有很大影响,这在旅游消费过程中表现得十分明显。例如,经常处于紧张工作的人们有放松身心的需要,他们认为度假旅游是最好的休闲方式;而那些希望扩大视野、增长知识的人也许认为度假旅游是在浪费时间,观光旅游似乎对他们更有吸引力。

(二)知觉的整体性

知觉的整体性指人在过去经验的基础上把由多种属性构成的事物知觉为一个统一的整体的特性。

如前所述,知觉是对当前事物的各种属性和各个部分的整体反映。当我们知觉一个熟悉的对象时,只要感觉了它的个别属性或主要特征,就可以根据以前的经验而知道它的其他属性和特征,从而整个地知觉它。如果知觉的对象是没有经验过的或不熟悉的话,知觉就更多地以知觉对象的特点为转移,将它组织成具有一定结构的整体。这种现象叫做知觉的组织化。

知觉在组织整合的过程中,通常遵循以下原则:

1.接近原则(proximity)

在知觉刺激中,相互接近的刺激物容易被知觉为一组而成为知觉对象。这种接近既可以是空间上的接近,也可以是时间上的接近。

图 3-2　知觉的接近原则示意图

观察图 3-2 中的笑脸,我们很快就会按距离的接近把它们知觉为两组。

在对旅游目的地的知觉中,人们往往把空间上接近的几个旅游目的地知觉为一组。比如:人们常把新加坡、马来西亚、泰国、印度尼西亚等视为东南亚游览区,将英国、法国、德国、意大利、西班牙等视为欧洲游览区。在国内,北京、天津被看作京津地区,黑龙江、吉林、辽宁被整体看作东北地区。

对于旅游者而言,距离目的地越远,越容易将目的地邻近的地区知觉为一个整体。旅游者常常会认为这些邻近的地区没有太大差异,因此,在选择目的地时容易选择知名度上更有优势的地方,而对其周边地区则视而不见。

(2)相似原则(similarity)

在知觉各种刺激物的时候,彼此相似的刺激物比彼此不相似的刺激物更容易组合在一起,而成为知觉对象。

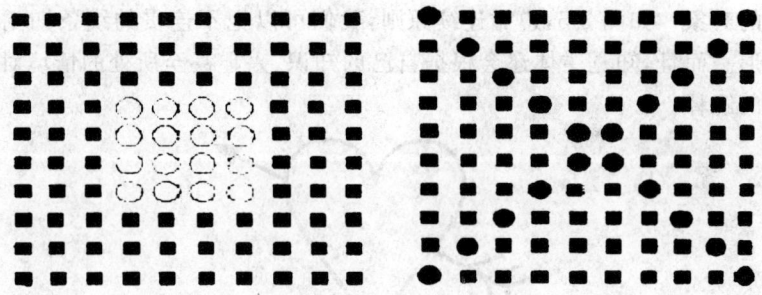

图 3-3　知觉的相似原则示意图

如图 3-3,左图是由圆形和方形组成的方阵,人们往往把圆形看成一组,包围在圆形外面的方形看成一组;在右图中,人们很容易看出由圆点组成的两条对角线。

在旅游活动中,旅游者容易将一些特征相似的旅游景点知觉成一组。例如:哈尔滨、长春、沈阳虽然各有特色,但都属于冰雪旅游,许多旅游者往往把它们知觉为一组。这在某种程度上对各地推销旅游产品有不利的一面:既然几个景点差不多,那么只去一个就可以了,到哈尔滨就不用去长春、沈阳了。对于旅游经营者而言,了解知觉的相似原则,就应该注意在开发、生产、宣传旅游产品时突出自己的特色,避免雷同。当然也可以变向思维,利用相似原则,搞联合促销,推出一个共同的品牌。

3.封闭原则(closure)

封闭原则是指若干个刺激共同包围一个空间,有形成同一知觉形态的倾向,如图3-4所示,人有闭合的需要,人们总会不自觉地根据以往的经验主观地增加刺激物中缺失的部分,使它成为一个完整的图景表现出来。该图并不是一个完整的三角,但人们通常却会把它知觉为一个三角。如旅游者在遇到线路不完满,或信息不完整时,他们就会自觉采取行动弥补不足,实现"封闭"。否则总觉得心中不快,有可能暂缓或停止决策和行动。

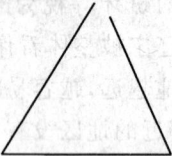

图3-4 知觉的封闭原则示意图

(4)连续原则(continuity)

在知觉各种刺激的时候,某刺激物往往与更容易组合的前导刺激物一起成为知觉的对象。如图3-5,遵循连续原则,我们可以把不连贯的线条知觉成一个完整图形。而且,知觉主体还会根据自己的知识、兴趣甚至所处的情境对其产生进一步的解释。

图3-5 知觉的连续原则示意图

(三)知觉的解释性

在对现实事物的知觉中,需要有以过去经验、知识为基础的理解,以便对知觉的对象作出最佳解释、说明,知觉的这一特性叫解释性。人们对客观刺激的解释完全是一个个体过程,它是建筑在个体先前的知识和经验、知觉时的动机和兴趣的基础上的。有时候,刺激是不稳定或不完全的,在这种情况下人们往往依据自己的知识、经验来解释刺激。

知觉的解释性有助于解释不同旅游者对同一旅游产品的知觉不同。一个历史学家会认为颐和园、圆明园是极具价值的历史遗迹,而一般的旅游者往往只将其当作一般的古代园林。

二、知觉的心理定势

知觉的解释性有助于提高知觉的速度,但如果已有的知识经验不准确也会导致产生错误知觉,即偏见。这些偏见也是人们在知觉刺激物时经常会有的一些心理定势。在旅游活动中,影响旅游者行为的常见心理定势有以下几种:

1. 首次效应

旅游者在旅游活动中第一次接触到的人或事物所形成的印象往往难以改变,这种现象称为首次效应或第一印象。现实生活中,第一印象往往先入为主,人们会不自觉地将以后遇到的人或事物的印象与第一印象相联系。如果第一印象良好,对以后遇到的不良印象也不觉得反感;如果第一印象不好,那么要在以后扭转这一印象则需要付出极大的努力。

例如,旅游者初到一地,下飞机后兴致勃勃地到当地酒店用餐,结果遭到服务员的冷遇,他就会对当地的服务形成不良的印象。在此后的旅游过程中,他也许会带着"有色眼镜"看待所有的旅游服务人员,认为他们不友好,服务意识不强。所以,作为旅游工作者,在第一次与游客接触时,一定要注意自己的形象,做到热情、周到、细致,避免由于自己的失误影响旅游者对整个旅游产品和服务的印象。当然,优质的服务不能只表现在"第一次",还应贯穿于整个服务过程。

2. 晕轮效应

晕轮效应是从对象的某种特征推及对象的整体特征,从而产生美化或丑化对象的印象。也就是说,看到对象的某种好处就以为整体都是好的,看到对象的某部分不好就以为整体都是不好的。首次效应是从时间上说的,晕轮效应是从内容上说的,这两种效应都带有明显的个人主观性,在印象的形成中具有演化、扩张和定势作用。

在旅游活动中,旅游者很可能因为某项服务或某个服务人员服务质量不好就推及旅游企业整体,认为该企业一无是处。所以,旅游经营者在提供旅游产品和服务时要避免劣质产品和劣质服务的出现,以防由于晕轮效应使旅游者把"劣质"的判断扩大到旅游企业的整个产品和服务中去。但是,也有一些旅游经营者利用晕轮效应蒙骗旅游者,在旅游者购买旅游产品之前提供非常周到的服务,旅游者便推知以后的服务也是优质的,而在旅游过程中,旅游者受到的待遇则完全相反，这是一种不道德的经营行为，必将受到市场的惩罚。

3.经验效应

经验效应指个体凭借以往的经验进行认识、判断、决策、行动的心理活动方式。经验是人们对过去经历的总结和认识，一般来说，丰富的经验有助于人们正确地认识客观事物。但是经验也有一定的局限性，不考虑时间、地点、对象的变化而照搬过去的经验判断事物，往往会出现偏差。

当今我国的旅游业比改革开放之初已有了相当程度的发展，很多旅游产品和服务都发生了巨大的变化。在此形势之下，人们若仍用过去的经验来决策和处理问题，往往得不到预计的效果。

4.刻板印象

刻板印象指的是一些人对某类事物或人所持的共同的、固定的、笼统的看法和印象。这种印象往往是先入为主的，就像刀刻在木头上一样难以改变。刻板印象是一种群体的共识，而不是一种个体现象，它一般是由知觉主体类型、传媒渠道的信息以及历史原因造成的。刻板印象有助于快速认识人和事物，将其归类并作出相应决策，另一方面，刻板印象也有其局限性，它容易束缚住人的头脑，使一些陈旧的、不合时宜的观念很难改变。比如，人们认为不同国家的人有不同特点，日本人争强好胜，自制力强，注重礼仪，讲究卫生；英国人冷静、寡言少语，有绅士风度；法国人爽朗、热情，比较乐观，喜欢与人交流；美国人喜欢新奇，重实利，比较随便和自由。事实上，来自同一地区的人虽有其共性，但每一个人又有其特性，拿刻板印象生搬硬套往往会给人际交往带来不利影响。

三、旅游消费者的个人因素对其知觉的影响

旅游者的个体因素会直接影响其知觉结果，这也是为什么面对同样的事物和人有时会产生截然不同的感知结果的原因。这些个人因素主要包括兴趣、需要、动机、情绪状态、人格特征、经济收入、社会阶层等个体因素。

（一）兴趣

兴趣是人积极探究某种事物的认识倾向。当一个人对某种事物发生浓厚的、稳定的兴趣时，他就能积极地思索、大胆地探索其实质，并使其整个心理活动积极化，表现出积极主动地去知觉有关的事物，对事物的观察变得比较敏锐。

在知觉过程中，人们往往根据自己的兴趣选择知觉对象，从而把不感兴趣的事物排斥到知觉背景中去，将注意力集中到感兴趣的事物上。比如，对旅游感兴趣的人对旅游广告的知觉远远超过对其他广告的知觉。一个打算到日本旅游的人，对关于日本的旅游消息就特别敏感，而对关于其他国家的旅游消息就不太关心。一个计划出国旅游的人，要比计划在国内旅游的人更关注汇率的变化。

(二)需要

研究表明,能够满足个人需要的事物往往容易成为知觉对象。例如当人产生饥饿感时,便会产生对食物的需要,也就更容易将食物视为知觉的对象。某些生理需要会激起人们对旅游的兴趣,比如当人们有休息的需要时可能会选择去度假,他们会更加关注度假地所能提供的休闲条件。社会性的需要更多地影响着人们对旅游的知觉。比如,人们探索的需要、求知的需要以及追求社会地位的需要都会促使人们更加关注对旅游产品内涵的知觉,以判断这些产品是否能够真正地能够满足其需要。

(三)动机

知觉在极大程度上受到瞬间需要或动机的影响。在一些大城市中,由于单调而繁忙的工作、激烈的竞争以及人口拥挤、环境污染等,使人的心理状态极度紧张,因而会产生一种摆脱心理紧张的强烈需要。这种强烈的需要会使人们产生外出旅游的动机,当旅游产品符合这种动机时就会成为人们的知觉对象。

(四)情绪状态

情绪状态是指人在知觉客观对象时个人的主观态度和精神状态。情绪是人的心理生活的一个重要方面,它是伴随着知觉过程而产生的。它产生于知觉和活动的过程中,并影响着知觉和活动的进行。

情绪状态在很大程度上影响着个人的知觉水平。在心情愉快的时候,人们对对象的知觉在深度和广度上都会深刻鲜明;相反,情绪不好,心情苦闷,知觉水平就会降低,再生动、鲜明的对象也很难成为其知觉对象。在旅游活动中,由于各种原因,有的旅游者情绪可能会很低落,甚至烦躁,旅游服务人员应对此给予关注,尝试了解旅游者情绪产生的原因并及时调节。

(五)经验与期望

人们的经验与期望对知觉有很大影响,在某种意义上,一个人总是倾向于知觉他所期望的东西,而这种期望往往与过去的经验有关。人在知觉事物时,与该事物有关的知识与经验越丰富,知觉的内容就越全面,也就越容易接受这个事物。例如,旅游者过去从书中看到过关于西湖十景的介绍,从曾去游览过的朋友那里得知了西湖十景的情况,形成了对苏堤春晓、平湖秋月、雷峰夕照、南屏晚钟等景观的经验,这些经验将影响他的注意,他必定会忽略云栖竹径、满陇桂雨、虎跑梦泉、龙井问茶、九溪烟树等西湖新十景。

(六)个性

个性的实质是个体所具有的独特的、稳定的心理特征的总和,个性具体表现为个体的气质、能力和性格。个性往往会极大地影响一个人的知觉选择性。在旅游活动中,不同个性的人在知觉的深度和广度上有很大差别。从使用交通工具的情况可以看出个性对旅游者选择交通工具的知觉。一般来说,自信、积极、乐观的人在条件允许的情况下会选择乘坐飞机;而消极被动、性格内敛、有强烈安全需求的人则倾向于乘坐火车。

(七)经济收入

经济收入在知觉的选择性上也有所体现。工薪阶层一般只对适合他们经济条件的经济型旅游产品给予关注,而将那些豪华型的旅游产品放到知觉背景中去。高收入者则相反,他们主要关注的是那些豪华、气派的旅游产品,以显示其身份地位。

(八)其他个体因素

影响旅游知觉的的主观因素除了上述几个方面外,还包括人口统计因素如年龄、性别、职业、家庭环境、社会阶层以及宗教信仰等。

第三节　旅游感知与旅游购买决策

旅游者在旅游活动过程中的感知对象包括人、地、物和时空几大类。其感知结果不仅影响其本次出游购买决策,还会影响其旅游过程中的体验和对旅游质量的评价,甚至影响其下一次的旅游购买选择。

一、对人的感知

社会心理学中将对人的知觉称为社会知觉。社会知觉是伴随着人际交流活动而自然产生的。对于绝大多数旅游者而言,对人的知觉构成其旅游交往的基础。社会知觉不仅有对人的外貌、言谈、举止的感知,也会有对人的动机、情感、能力、个性等心理状况的判断。对人的知觉,主要包括对个人的知觉、对人际关系的知觉和自我知觉。对个人的知觉是指我们通过对一个人的外表和言语的感知,从而了解这个人的心理和品质。对个人的知觉主要是通过对他人表情、性格以及角色的感知来实现的。对人际关系的知觉则主要是通过彼此的空间距离、心理距离、交往频率、相似性和互补性进行判断的。自我知觉是指一个人通过对自己行为的观察而对自己心理状态的认识。

在旅游交往中,旅游者的社会知觉对象包括旅游从业人员、旅游目的地居民、其他旅游者以及旅游者自身。这些旅游活动的利益相关者在彼此影响、相互作用的前提下产生对彼此的知觉,进而影响各自的行为决策。例如,旅游者通过旅游服务人员的表情、语言以及神态动作判断他对自己的态度;通过问路聊天以及当地居民的回应来判断其好客程度;通过观察其他旅游者的情感变化来判断当地的旅游接待水平等等。这一切都是旅游者旅游经历中的重要组成部分,会直接影响到他的旅游体验。因此,对于旅游经营一方而言,旅游从业人员、当地居民乃至现实旅游者的态度和行为表现实质上已经成为旅游目的地吸引力的重要构成因素,其对旅游者的心理影响甚至超过有形的物质条件。

二、对旅游目的地形象的感知

对旅游目的地的感知包括人们在前往旅游目的地之前对旅游目的地的感知,也包括对亲眼所见并身临其境的旅游目的地的感知。前者的感知结果影响人们对目的地的选择,后者的感知结果影响人们的消费行为和后续行为。

首先,旅游者对旅游目的地的选择是以他的决策标准对可选择的旅游目的地的感知为基础的,因此,要想了解旅游者如何作出他的旅游决策,就必须知道他的决策标准。但是,在作出购买决策之前,旅游者一般没有亲自感受过旅游目的地,他们对目的地的经验多来自新闻媒介、电视或电影,其在此基础上所形成的感知常与目的地的实际情况不符,常常存在着歪曲性与模糊性。例如,国外部分旅游者对关于中国的信息知之甚少,只知道遥远的东方有一个古老的中国,得到的信息也往往是片面的甚至被歪曲了的,这些都会造成对中国这个旅游目的地感知的歪曲。此外,对于中国这样一个大国,旅游者在感知上存在模糊性。许多人只知道中国有长城、故宫、秦始皇陵兵马俑等历史遗迹,而对其他景点的感知则是模糊不清的。

作为旅游经营者,必须认识到旅游者对旅游目的地感知的规律和特点,在旅游宣传工作中应该通过各种手段帮助旅游者真实地、清晰地感知旅游目的地。比如,可以发行各种宣传品、播放电视片、举办讲座和参加旅游交易会等。

其次,人们在游览过程中对旅游目的地的感知也受个体因素的影响。对同一个旅游目的地的感知往往因人而异,不仅不同国家、不同地区的旅游者对同一旅游目的地的感知不同,即使是同一国家、同一地区的旅游者对同一旅游目的地的感知也是各不相同的。这是因为各人的决策标准、要求条件以及价值观念等诸多因素存在差异。

旅游经营者要使自己经营的旅游目的地能在人们心中形成一个良好的感知形象,必须要经过广泛的调查研究,了解自己所经营的旅游目的地在人们心目中到底是一个什么样的形象。不能以自己对旅游目的地的感知代替旅游者对旅游目的地的感知。同时还应了解与该目的地竞争的其他同类旅游目的地在人们心目中的形象,了解人们是按照什么样的决策标准,在不同的旅游目的地的对比中对这些目的地进行评价的。然后,在此基础上,依据心理学所揭示的感知规律,有针对性地展开主题鲜明、形式多样的宣传公关工作,使人们对自己所经营的旅游目的地的感知变得完全符合或更加接近于人们为自己制定的旅游决策标准。

三、对旅游设施和服务的感知

（一）对交通设施和服务的感知

人们出门旅游一般都要凭借一定的交通工具,飞机、火车、游船、旅游巴士、出租车等是旅游的主要交通工具。在旅游活动中人们选择什么样的交通工具同样受到感知的影响。

1.对航空设施及服务的感知

随着经济的发展和人们生活水平的提高,飞机成为人们越来越普遍使用的一种旅游交通工具。人们对飞机某些条件的感知会影响其行为,比如飞机起飞时间、到达目的地的准确时间、飞机的新旧程度、飞行人员的技术水平、服务水平和机票价格。其中,机票价格是一个十分敏感的问题,如果价格过高,会阻碍人们的购买行为;如果价格过低,人们可能会产生该航空公司不景气、服务质量差、设备陈旧之感,也会影响其购买行为。飞机的安全性同样是一个敏感问题。

2.对铁路设施及服务的感知

在我国,许多旅游者喜欢乘坐火车旅游,主要原因是火车安全可靠。人们选择乘坐哪一车次的火车旅游,主要取决于对火车以下几方面的感知：第一,运行速度快。在中途不停站,或只停较少几个站。第二,开车时间好。一般旅游者都希望朝发午至,午发暮归,有利于观光旅游,也有些旅游者为节省时间而选择暮发朝至或暮发朝归。第三,舒适度高。旅游者总希望车厢型号新,设备齐全,装饰高雅;服务人员素质高,文明周到,有责任心。

3.对游船设施及服务的感知

游船是专用于海上游和江河游的工具,被喻为"浮动的休养地"和"浮动的大旅馆",并非一般意义上的交通工具。人们选择乘什么样的游船也是由人们对游船的一些条件的感知决定的,比如游船能到达港口城市的多少,距离的远近,港口城市游览景点的多少,游船的客舱、餐室、游艺厅设施是否有特色,娱乐活动是否丰富,游伴是否有趣,膳宿和饮料是否适宜,购买是否方便等。

4.对旅游观光大巴及道路的感知

旅游观光大巴是旅游者短途旅游的主要交通工具,旅游者比较重视的条件有：车窗是否宽敞,车上是否有空调设备,座椅是否舒适,车上的防震系统是否良好,车上是否配有导游和音像设备等,所有这些都会影响到人们的选择。近几年来,随着私家车的增多,许多旅游者采取了自驾游的旅游方式。自驾游沿途的交通设施,如道路的便利性、路标的设置等会直接影响到旅游者的目的地选择和自驾游的效果。

(二)对住宿、娱乐等设施及服务的感知

住宿设施有多种类型,其接待的旅游者除少数是常住客人之外,大部分旅游者的逗留时间都比较短。通常,旅游消费者在入住住宿设施时,不仅审视住宿设施内的设施和服务质量,而且还十分注意住宿设施的周边环境和位置、进出方便程度以及停车场、装潢条件、服务项目、娱乐项目等有形因素,并对住宿设施的整体形象、安全感、效率、舒适度等无形因素也十分关注。他们期望得到热情、礼貌、周到的服务,期望能在此度过一段愉快、安全的时光,期望住宿设施能够为其生活提供各种方便,期望整个环境清洁卫生、安静舒适,期望价格公平合理。旅游消费者内心怀着这些期待感受住宿设施的一切,并将其感知的结果与期待进行比较。

除了以上设施之外,旅游者因旅游类型的不同还会对特有设施和服务进行感知,如游乐型旅游者对游乐场、公园的娱乐设施、游乐活动的组织安排以及相关服务的感知等。有关经营者应有针对性地进行调研,充分了解旅游消费者的需求和期望。

四、对旅游商品的感知

旅游商品,又称旅游购物品,是指旅游者在旅游活动过程中购买的、以物质形态存在的实物。旅游商品具有多类别、多品种的特点,主要包括旅游纪念品、旅游工艺品、文物古玩及其仿制品、土特产品、旅游日用品。

人们对旅游商品的选择也是基于对旅游商品的感知。旅游消费者对旅游商品的质量、特色、品种、包装装潢等的感知会影响旅游者的购买决策。旅游者希望买到高质量、有特色、有新意并且包装精美的旅游商品,但实际上市场上提供的不少旅游商品,无论在质量上、品种上还是包装上都远远不能满足旅游者的需求。我国不少景区景点的商品琳琅满目,但是真正有纪念意义的却寥寥无几,即使是纪念品,也大同小异,刻有纪念字样的纪念币、纪念章、钥匙链、印有景点代表图案的书签、扇子、手绢和明信片等,除了景点名称、景象不一样,载体几乎一模一样,按照感知的规律来说,在旅游消费者的眼中,它们没有什么差异。所以旅游经营者在开发旅游商品时应认识到特色是旅游商品的生命,在保证商品内在质量(包括性能、功能等)的基础上,应该特别注意旅游商品的造型、色彩、工艺、样式、包装等外观方面的特色,从而影响旅游者的感知,促使其作出购买决策。

五、对旅游时空的感知

（一）对时间的感知

在旅游活动中，人们对时间感知的要求常因动机的不同而有所不同，我们可以从旅游的过程来分析：

1. 前往目的地途中

人们总是倾向于用较短的时间完成前往目的地的旅途，这是因为，一方面，此时的人们总是兴致勃勃，他们从心理上迫切地希望赶快到达目的地开始旅游；另一方面，在当今竞争激烈的社会里，人们的闲暇时间极为有限，在这样有限的时间里，要完成旅游计划中所有的地点、项目和内容，就要尽量缩短旅途时间，从而相对地增加游览时间。

2. 在目的地游览过程中

在目的地游览过程中，人们总是希望有充足的时间从容地欣赏、慢慢地体味。但是，大多数旅行社组织的团体包价旅游中，为了在一定的时间内完成所有的游览项目，导游总是会限制游览某一景点的时间，游客很多地方还没来得及欣赏就被催促集合出发，然后匆匆赶到下一景点，其实这是旅游者比较反感的做法。所以，旅游经营者应该注意游览时间的安排和控制。

3. 返回途中

在结束了全部的旅游活动后，旅游者或是感到身心疲惫，希望尽快回家休息一下，调整状态准备今后的工作，或者是希望回家之后与亲戚朋友见面，讲述旅游见闻、赠送礼物等。总之，归家心切。所以，人们总是希望能用较少的时间完成归途。

（二）对距离的感知

人们对距离的感知以两种方式影响旅游行为和态度。它可能对旅游起阻止作用，也可能促进旅游。

1. 距离的阻止作用

人们外出时总要考虑到所付出的代价，如果距离太远，就要更多地付出时间、金钱、体力，这时人们就要作出衡量：去一个较远的旅游目的地是否值得？如果在路途上消耗较长的时间，在旅游目的地的游览时间就要缩短；要减少路途上的时间可以乘飞机，但是费用又要增加。这时，一部分人可能就要放弃长距离旅游，这可以解释为什么短距离旅游在全部旅游中占很大比例。以我国为例，出国旅游者到欧美的就不如到东南亚的多，这就是距离的阻止因素在起作用。

2. 距离的促进作用

遥远的旅游目的地往往对旅游者有特殊的吸引力。研究发现，远距离的旅游会使人产生一种神秘感,这种神秘感产生一种力量与阻力相对抗,常会把人们吸引到远距离的旅游目的地去旅游。人们总是向往亲身体验一下陌生的人文环境、自然环境,从而满足自己求新、求知以及探索的需要。

从以上两方面的作用可以看出距离感知能够影响旅游决策,所以,旅游经营者要充分考虑这一因素,有针对性地做好宣传,既要吸引近距离的旅游者,又要设法吸引远方的来客。这就要设法改变人们的感知,通过宣传旅游目的地和产品的独特风格来吸引旅游者,从而消除距离阻止作用对远方旅游者的影响。

案例
竹园宾馆的竹子

竹,作为"岁寒三友"之一,一直以来都有较高的观赏价值,是文人墨客歌咏的对象,丹青妙手寄情的首选。竹园宾馆,名内带竹,地处竹园,以"竹"为特色,以"竹子"形象塑造企业形象,策划以"竹"为题材的文化活动。

竹园宾馆内广植竹子,让人们在宾馆庭院中开眼便能见到竹子。那丛生的一株株竹子,竹竿修长,竹叶翠绿,惹人喜爱。竹园宾馆的馆旗,员工佩戴的馆徽,大堂正中的迎宾屏,插花的花瓶,处处可见竹的身影,可闻竹的芬芳。竹园宾馆在广告宣传中引用古人佳句"宁可食无肉,不可居无竹",宾馆把自己的特色传达给公众,吸引广大游客前来赏竹,陶冶情操。宾馆还开办了以"竹"为题材的各种文化活动:以"竹"为主题的书法和绘画活动;"江南竹制工艺展览"活动;开设"竹园画廊",搜集展出了近百幅写竹佳作,把竹园文化推向高潮。

竹园宾馆的竹林和"竹文化"吸引了众多的游客,使企业的经济效益大幅提高。

案例来源:据贺学良《饭店公关部的运行与管理》(旅游教育出版社 2003 年版)第 143 页相关内容整理。

案例分析

竹园宾馆以竹子为主题,打造特色鲜明的酒店文化。随处可见的翠竹首先给消费者强烈的视觉冲击,带来无限美感。宾馆所组织的各种活动,从观赏竹子再到画竹子、制作竹制品,又为消费者全部感受器官提供了整体感受及体验竹文化的机会,进而形成对其特色酒店文化的整体知觉,促进了消费者对该酒店竹文化的认同,收到了预期的效果,刺激了消费。消费者对酒店文化的了解首先是从感知开始的,这是一条基本规律。对于酒店如此,对于旅游目的地亦然。

思考题

1. 了解旅游者的感知规律对你有何启发？举例说明。
2. 什么是社会知觉？在旅游消费活动中，社会知觉对了解旅游消费者的动机、感情、意图和推测消费者的行为有什么重要意义？
3. 举例说明感知对人们的旅游行为会产生怎样的影响？
4. 知觉的组织原则和心理定势怎样影响旅游者的知觉结果？对旅游消费行为会有哪些影响？举例说明。
5. 假如你是某旅游景区的经营者，你将怎样了解你的景区在旅游者心目中的感知形象？如果目前景区在旅游者心目中的感知形象并不好，你计划怎样改变旅游者对景区的感知？

第四章 学习与旅游消费行为

学习贯穿人的一生,从刚一出生的本能性学习到后天有意识的学习,可以说,人类行为离不开学习。学习带给人们种种的变化,人们的行为受到学习结果的直接影响。同样,旅游消费者也离不开学习。旅游消费者通过学习获得的知识和经验直接影响其兴趣、价值观、信念、偏好以及习惯,进而影响其旅游消费购买方式和消费内容。因此,了解旅游消费者怎样学习、学习什么以及可以采取怎样的方法提供消费者学习的途径和信息,是旅游消费行为研究中的重要内容,对于旅游经营者而言是长期影响消费者行为的一个重要手段。

第一节 学习的本质和作用

一、学习的本质

学习因其对行为的重要影响而成为行为研究的重要内容。学者往往由于研究的角度和焦点的不同而对学习有不同的定义。有的学者认为"学习是经验的函数,是在一定时候所发生的有机体的变化"(Crowder);有的学者认为"学习是记忆或行为的内容或结构的变化,是信息处理过程的结果"(Hawkins);有的学者认为"学习是指人在生活过程中,因经验而产生的行为或行为潜能的比较持久的变化"(符国群)。

从动态的角度来看,学习是指个体获得各种知识或经验,并将之运用于日后有关的行为潜能或行为中的过程。从消费行为的角度,可以将学习定义为个体获得关于购买和消费的知识与经验并将其应用于相关消费行为的过程。

从上述定义中,可以归纳出学习的三个本质:

第一,学习是因经验而生的。因经验而产生的学习有两种类型:一种是由有计划的练习或训练而产生的学习,如学习某种技能,在学校的学习等。另一种是由偶然的生活经历而产生的学习,如读杂志中的一篇游记而学习到一种旅游经验,于是在自己的旅游过程中加以仿效;或者在旅游活动中获得一种新的体验也是一种学习。

第二,学习伴有行为或行为潜能的改变。有些变化是显性的,如游客学习潜泳、学习打高尔夫,从个体的行为变化中就可观察到学习的发生。但有些变化则是隐性的,是潜移默化的。如对于文化历史的学习可能会影响到个体的价值观念和将来对待事物的态度,从而改变人的行为潜能。对于旅游消费者,这种潜移默化的影响是深远的。例如,一个人平日喜爱读三国故事,对其中的情节了如指掌。一旦他到三国古迹游览时,就会比一般游客体会到更多的乐趣,也会更加注重游览中的细节,甚至会产生更为强烈的感知需求。

第三,学习所引起的行为和行为潜能的变化是相对持久的。无论是外显行为,还是行为潜能,只有发生较为持久的改变才算是学习。当然,学习所获得的行为也并非是永久性的,因为遗忘是每一个人都会体验到的事实。学习所引起的行为和行为潜能的改变能持久到什么地步与学习的材料和练习的程度相关。尽管如此,相对于暂时的变化,学习所带来的变化所保持的时间是相对长久的。

二、学习对旅游消费行为的作用

人的行为主要是一种习得行为。人的语言、知识、技能、生活习惯、宗教信仰、价值观念以及情感、态度、个性都会受到后天学习的影响。人与动物的一个重要区别就在于动物的行为主要是一种本能行为,而人的行为则主要是一种习得行为。习得行为是可以通过学习加以改变的,因此,人类通过学习能够更好地适应复杂多变的外部环境。正是通过学习,使人类得以不断调整自己的行为,保持自身与外界环境的平衡。从旅游消费者行为角度看,学习对其消费行为的作用主要表现在以下方面:

1. 通过学习获得关于旅游及其消费知识的信息

旅游消费者的购买决策是以获得有关旅游知识和旅游消费信息为前提的。信息获取本身就是一种学习,而怎样或通过哪些渠道获得信息、获得哪些方面的信息,均需要借助学习这一手段。在现代社会,每个人每天都要接受大量的信息,其中包括旅游方面的信息,如有关新的旅游项目的信息,如何购买某项旅游产品的信息,新的旅游线路信息,他人使用产品的行为和体验的信息等等。消费者或主动或被动地接受信息,而其中被消费者接受并能够影响消费者的行为和行为潜能的可能只有一小部分,但正是这一小部分信息,使消费者的行为不同以往,使其在进行购买决策时更富于理性和趋于优化。

2. 通过学习建立与旅游相关的联想机制

联想是指个体由此事物而想到彼事物的心理过程。人们谈到避暑就会想到海边,会想起北戴河、大连、青岛等学习到的滨海目的地;说起西双版纳就会想到大象。之所以能够产生联想,是因为平日学习积累的信息储存在记忆库中,一旦有外部刺激便产生联想机制。联想在旅游消费者行为中有着非常重要的作用,它既能促发消费者的购买行为,又能抑制或阻碍其购买行为。经由学习而产生的联想,经多次重复,日久天长,便会形成习惯。旅游者选择什么样的目的地与旅游者的学习有密切关系。

3.影响旅游者对旅游消费的态度和对购买的评价

旅游者关于某种特定产品或服务的态度也是通过学习逐步形成的。例如,对于某些口碑很好的旅游胜地,旅游者往往会形成肯定的态度,这种态度是从其他旅游者的态度学习而来的。当消费者经过学习具有更多的知识和经验以后,他对产品的评价及选择标准也会发生变化,经验丰富的旅游者与初级旅游者会对同一类型的旅游产品作出不同的评价,其原因在于前者有更丰富的参照标准。

第二节 认知学习与旅游消费行为

学习理论主要有两种基本观点,即认知观点与行为主义观点。

学习的认知观点将研究的焦点放在个体的心理活动过程,这些心理过程包括从信息获得到复杂的问题解决方法等多样的认知活动,主要研究学习和记忆。

一、认知学习的概念

从认知观点来看,学习是解决问题的过程。最早研究认知学习现象的是德国心理学家科勒(Kohler),他通过对猩猩的实验提出了顿悟这一概念。研究人员在天花板上吊上一串香蕉,地面上零星地放着几个箱子。猩猩站在地上直接取香蕉是取不到的。开始猩猩试图凭借跳跃去取,没能成功。于是,它在房间内来回走动,突然在箱子前面停下,并把箱子挪到香蕉下面,然后爬上去跳起来获取香蕉,有时甚至将几个箱子重叠在一起以获取香蕉。在科勒看来,猩猩是领悟到了香蕉与箱子之间的关系,也就是主体对目标和达到目标之间关系的理解,而这种理解不必通过训练和经验,只需要个体理解到整个情境中各要素之间的相互关系,便会产生这种联想,这就是顿悟。从顿悟学习的角度来看,认知学习过程有以下几个阶段:目的的认识阶段、有意图的行为阶段、对问题解决方法的顿悟阶段、达到目的的阶段。

在科勒的研究之后,又出现了若干针对认知学习的实验性研究,如美国心理学家托尔曼(E.C.Tolman)的"小白鼠三路迷津试验"、托尔曼与霍奇克(C. Honzik)的"潜伏试验"等,虽然其理论各有差异,但存在以下几点共识:

这些理论都强调心理活动如思维、联想、推理等在解决问题、适应环境中的作用,认为学习并不是在外界环境支配下被动地形成刺激与反应之间的连结,而是主动在头脑内部构造定型、形成认知结构;这些理论认为学习是新旧知识同化的过程,即学习者在学习过程中把新信息归入先前有关的认知结构中去,或在吸收了新信息之后,使原有认知结构发生某种变化,而认知结构又在很大程度上支配着人的预期、支配着人的行动,进而达到目的。

人有发达的大脑,思维能力很强,在很多情况下,人可以通过思维解决问题,而并非一定要做多次重复的练习或实验。当遇到问题的时候,个体有时可以立即作出决策,但很多时候,则需要搜寻信息,并对其进行认真的评估,通过思考,找出解决问题的方法和途径。以大脑思维活动为基础的学习就是认知学习。

认知学习理论强调学习中大脑对信息的复杂的处理过程。该理论主要从阶段性分析和编码分析角度研究学习和记忆。

二、认知学习过程及其心理机能

(一)思维

1.思维的本质

思维与感觉、知觉一样,是人脑对客观现实的反映。不过,感觉和知觉是对客观现实的直接反映,它们所反映的是客观事物的外部特征和外在联系。思维则是对客观事物间接的、概括的反映,它所反映的是客观事物共同的、本质的特征和内在联系。思维属于认识的理性阶段,是更复杂、更高级的认识过程。

人的思维过程具有间接性和概括性的重要特征。所谓间接性,就是通过其他事物的媒介来认识客观事物。人脑对事物间接的反映,不是简单地重复认知的材料,而是对认知材料的加工。它从认知对象和现象的表面属性中,抽象概括出它们的本质。同时,它能借助于已有的知识经验或利用从认知抽象出来的、概括的认识,间接地把握那些没有认知过的或根本不可能认知的事物。

所谓概括性就是把同一类事物的共同特征和本质特征抽取出来加以认识。例如,旅游者通过感觉和知觉,可以认知各个主题公园的不同特色,而通过思维,旅游者可以认识到这些主题公园都是人造景观这一共同特点。

思维之所以具有间接性和概括性,是因为思维是依靠语言进行的。语言对思维有"储存"、"指示"、"感应"等作用。无论是口头语言还是书面语言,都能给人以一定的刺激影响。例如,在旅游经营活动中,无论是广告、宣传册,还是服务人员的语言,都对旅游者有一定的刺激影响,引起他们的思维活动。

2.思维的过程

人类的思维活动过程,表现为分析、综合、比较、抽象、概括和具体化。其中,分析和综合是思维的基本过程,其他过程都是从分析、综合过程派生出来的,或者说是通过分析、综合来实现的。

分析是在思想上把事物的整体分解为各个部分、个别特性或个别方面。综合是在思想上把事物的各个部分或不同特性、不同方面结合起来。比较是在思想上把对象和现象的个别部分、个别方面或个别特征加以对比,确定被比较对象的共同点和区别点及其关系。抽象是在思想上抽出同类事物的本质特征,舍弃非本质特征的思维过程。概括是在思想上把同类事物的本质特征加以综合并推广到同类其他事物的思维过程。具体化是将通过抽象的概括而获得的概念、原理、理论返回到具体实际,以加深、加宽对各种事物的认识。人对客观事物的认识,就是依照这样的次序,由简单到复杂、由低级到高级地发展的。旅游者对旅游产品的认识活动,一般也是按照这样的次序进行的。

3.思维的种类

根据思维过程中的凭借物或思维形态的不同,可将思维分为动作思维、形象思维和抽象思维三种:动作思维是在思维过程中依赖实际动作为支柱的思维。动作思维也称实践思维。其特点是:任务是直观的,以具体形式给予的,其解决方式是实际动作。形象思维是用表象来进行分析、综合、抽象、概括的过程。形象思维中的基本单位是表象。抽象思维是以概念、判断、推理的形式来反映客观事物的运动规律,达到对事物本质特征和内在联系的认识过程。

根据思维时是否具有或遵循明确的逻辑形式和逻辑规则,又可以把思维分为形式逻辑思维和非形式逻辑思维两大类:形式逻辑思维是指有明确的逻辑形式、遵循一定的逻辑规则的思维;非形式逻辑思维是指不具有明确的逻辑形式或不遵循明确的逻辑规则的思维。除了上面所讲的动作思维、形象思维属于此种思维外,知觉思维也是其中的一种。

4.思维的意义

人们在社会实践过程中,必然会遇到各种各样需要解决的问题,人们解决问题的过程离不开思维活动。在解决问题的过程中,每个人的思维活动,虽然都是按照分析、综合、比较、抽象和概括的一般规律进行的,但每个人在思维的广阔性、深刻性、独立性、灵活性、逻辑性和敏捷性等方面,都会表现出其差异来。例如,思维独立性很强的旅游者,往往不易接受来自别人的提示或广告宣传的诱导,而善于从实际出发,权衡旅游产品的各种利弊因素,独立地确定购买决策。与此相反,有的旅游者缺乏思维的独立性,容易受外界诱因的影响,喜欢接受他人的建议确定购买。旅游经营者在销售过程中应该注意分析旅游者的思维特征,根据每个人的不同特点采取相应的销售策略。

(二)想象

1.想象的本质

想象是在人脑中对已有表象进行加工改造而创造新形象的过程。

想象的基本材料是表象。但想象表象与记忆表象不同。记忆表象基本上是过去认知过的事物形象的简单重现。想象表象是旧表象经过加工改造,重新组合创造的新形象。它可以是没有直接认知过的事物的形象,也可以是世界上还不存在或根本不可能存在的事物的形象。

2.想象的种类

根据产生想象时有无目的意图,可以把想象区分为有意想象和无意想象。

有意想象是带有目的性、自觉性的想象。根据想象的独立性、新颖性和创造性的不同又可把有意想象分为再造想象和创造想象,幻想是创造想象的一种特殊形式。无意想象是没有特定目的、不自觉的想象。

3.想象的意义

想象是人类所特有的一种心理活动,是在人类的实践活动中产生、发展起来的,同时也是人类实践活动的必要条件。人类的实践活动,往往带有目的性和计划性,在从事某种活动之前,预见行动的后果,在头脑中形成"做什么"和"怎样做"的想象。通过想象,人们可以扩大知识、理解事物、创造发明和预见行动的前景。由于旅游产品具有无形性,旅游消费者在评价旅游产品时就常常有想象参加,例如,旅游者在购买欧洲七日游产品时,往往伴随着对欧洲的美丽景色和浪漫情调的想象。因此,旅游经营者在进行商业宣传时,应充分激发旅游者的想象,使其对旅游企业或其产品充满兴趣和期望,从而产生购买欲望。但这样做也有一定风险,如果旅游者想象得过于美好,期望与现实差距太大,就会感到该旅游企业或产品名不副实。所以旅游经营者在宣传时要把握好度,既要激发旅游者的兴趣,又不能夸大事实,使旅游者期望过高。

(三)记忆

1.记忆的本质

记忆是过去经历过的事物在人脑中的反映。人脑认知过的事物,思考过的问题和理论,体验过的情感和情绪,练习过的动作,都可以成为记忆的内容。

记忆是一个复杂的心理过程,从"记"到"忆"包括识记、保持、再认或回忆三个基本环节。识记是识别和记住事物,从而积累知识经验的过程。保持是巩固已获得的知识经验的过程。回忆或再认就是在不同的情况下恢复过去经验的过程。经验过的事物不在面前,能把它重新回想起来称回忆。经验过的事物再度出现时,能把它认出来称再认。

记忆过程中的三个环节是相互联系和相互制约的。识记和保持是再认和回忆的前提,再认和回忆又是识记和保持的结果,并能进一步巩固和加强识记和保持。

2.记忆的种类

根据记忆的内容,可把记忆分为形象记忆、逻辑记忆、情绪记忆、运动记忆。

根据记忆保持时间长短不同,可分为感知记忆、短时记忆和长时记忆。

(1)感知记忆:亦称瞬时记忆,是指个体凭视、听、味、嗅等感觉器官,感应到刺激时所引起的短暂记录,其持续时间往往以几分之一秒计算。瞬时记忆只留存在感官层面,如不加以注意,转瞬便会消失。瞬时记忆如果被注意和处理,就会转为短时记忆。

(2)短时记忆:信息进入短时记忆阶段说明真正记忆的发生。但这一过程持续时间很短,一般是指一分钟甚至更短时间以内的记忆。短时记忆中的信息经适当处理,例如通过复述可以将一部分短时记忆转移到长时记忆系统。如果短时记忆中的信息没有被重复和转移,就会在30秒之内被忘记,这也是为什么有些商业广告要在短时内采取重复的方式以容易让人记住。短时记忆中能够容纳的信息量只有4~5条。

(3)长时记忆:一般是指从一分钟以上直到许多年甚至保持终生的记忆。随着新的信息的输入,长期贮存中的信息被不断地进行组织或再组织。许多研究者认为,长期贮存的信息可以组织成概念网络,如旅游消费者对某一旅游目的地或酒店的感知,这一概念网络会促使消费者进一步搜寻该产品信息,对信息进行比较,会直接影响其消费决策。

3.记忆的意义

记忆在人的心理活动中起着极其重要的作用。人们只有通过对事物个别属性的记忆,才可能产生感觉的印象;只有通过对事物整体的记忆,才可能产生对事物的知觉;只有通过对事物之间相互联系及其规律的记忆,才可能进行思维。有了记忆,人们的各种心理活动才能成为一个统一、发展的过程,才能有助于人们对外界事物进行深入认识。

对于旅游经营者来说,旅游者对旅游目的地、旅游企业和旅游产品的记忆十分重要。比如,某旅游者在某旅游地的一次愉快的旅游经历,对某个充满乐趣的旅游项目的体验,某饭店良好的服务,都会给该旅游者留下深刻的印象,他就会记住这一愉快的经历,但这一记忆只能保持一定时间,如果相关经营单位做一定的后续服务,比如节日时给旅游者送上问候,就会唤起旅游者的美好记忆,这位旅游者下次出差时就很可能再次到该经营单位消费。

三、认知容量的局限性

认知容量是指个体能够处理信息多少的限度。个体的认知容量是有限的，旅游消费者也不例外。消费者在某一时点上不能处理所有的信息或外部刺激。通常，一个人在某一时点上能够处理的信息容量为 7＋2 个信息块（Norman Doanld, 1976）。

由于消费者认知容量有限，如果营销刺激所提供的信息量超过其认知容量，就会引起消费者的混淆，从而降低选择信息的质量，这种现象就称作信息超负荷现象。在信息超负荷的状态下，消费者因为感到没有能力对信息进行比较或筛选而可能产生受挫感和沮丧感，从而降低信息处理水平，甚至拒绝对信息的选择。例如，面对报纸上整版的格式几乎相同的旅游广告，旅游消费者很难耐下心来逐一认真阅读和筛选。因此说，旅游消费者的认知学习是在适度的条件下进行的。旅游企业应了解消费者需要哪些信息，根据其需要和认知能力，以不同的方式向消费者提供对其来说重要程度不同的信息，如对特别重要的信息加以强调，对次要的信息则以表格、录像等广告信息提供，使旅游消费者的认知学习达到预期的效果。

第三节　实践学习与旅游消费行为

关于学习的行为主义观点把分析焦点放在能观察到的个体行为上。行为学派的学习理论通常就是指刺激—反应理论，如果一个人以预测的方式对已知刺激进行反应就说明他已"学到了"这种行为方式。行为学派关于学习的主要理论有经典性条件反应作用原理、操作性条件反应作用原理、观察学习原理。这些学习都是通过多次的实践而来的，其结果也是通过个体的实践反映出来的，故而本书将其概括为实践学习。

一、经典性条件反应原理

（一）经典性条件反应过程

"条件反射"一词通常用来指那些经过多次反复而形成的对某种情境的自动反应。前苏联生理学家巴甫洛夫首先提出"条件反射"一词并将其描述为学习发生的模型。

巴甫洛夫在对狗的观察试验中得出这个理论。实验中，狗在饥饿时吃的动机很强，巴甫洛夫在实验中先响铃声，随即将一块肉递到狗的嘴边，狗便流出口水。这样重复足够的次数之后，条件反射便建立起来，狗即使单独听到铃声，也能产生口水。巴甫洛夫的实验结论是：一种无条件刺激的呈现必然能引起一种本能的反应。而一种无条件刺激的呈现反复伴随有一种新的刺激后，则新的刺激即使单独出现也会引起无条件的反应。这种条件反应的原因就在于在刺激之间建立了联系，如图4-1所示。

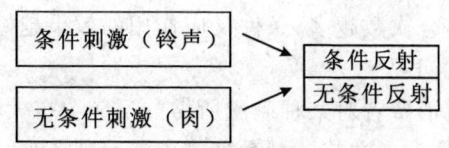

图4-1 经典性条件反应作用过程

经典性条件反应作用的过程就是把由条件刺激所引起的无条件反应变成为由条件刺激引起的条件反应的过程，而且条件反应结果等同于无条件反应结果。

（二）经典性条件反应原理在旅游营销策略中的应用

经典性条件反应原理经常在营销策略中被加以应用，在广告策略中尤为典型。世界上许多旅游目的地和企业都有自己的言简意赅的促销口号，要想让自己的口号深入人心，便于记忆，就可以应用这个原理。2008年北京奥运会的一句"北京欢迎你"就是一个成功的典范。通过五个色彩鲜艳、活泼可爱的福娃卡通形象与"北京欢迎你"之间建立了经典性条件反应。

在运用经典性条件反应原理时，必须满足以下条件：

1. 条件刺激与非条件刺激的顺序

经典性条件反应首先取决于条件刺激和非条件刺激的出现顺序。大部分研究表明，条件刺激先出现于非条件刺激，才能产生有效的条件反应作用，或者说，条件反应作用的效果要好。所以，做广告时，有必要先提示产品（即条件刺激），然后再出现设计的背景音乐、场景、名人画面或消费者喜欢的刺激物（即无条件刺激），其效果通常要更好一些，目的是让消费者看到产品或产品名称时，就能同时产生他看到所喜爱的刺激物时的感觉。

2. 非条件刺激的强度

非条件刺激所引起的情感反应的强度直接影响条件反应的作用。非条件刺激的强度越高，条件反应作用就越大。例如，广告中所利用的消费者非常熟悉的影视体育明星比起一般的普通模特，就更容易引起受众的注意。

3. 条件刺激与非条件刺激的一贯性

为有效地引起条件反应作用，产品（条件刺激）与非条件刺激要保持一贯的结合。无论是在电视广告中，还是在广播里，或者在现场展示中，都使二者匹配，这样所形成的条件反应效果会更强烈。

4.条件刺激与非条件刺激的可视性

大多情况下,具有可视性的刺激产生的效果更强烈。因此,这一原理更多地被电视广告所应用。

5.重复的次数

要通过足够多的次数,才能建立起这种条件反应机制。通常是条件刺激与非条件刺激之间的结合次数越多,条件反应作用的效果越好。

(三)刺激的泛化问题

刺激的泛化是指消费者对某种刺激所做的反应会扩大到其他相似刺激的反应中。也就是说,当消费者在某一刺激处境中学习到了某一反应后,一旦出现类似的刺激,他就会做出同样的反应。刺激泛化原理在营销手段中得到广泛应用,主要用于商标策略、包装策略和广告策略上。

然而,刺激泛化是一把双刃剑。运用得当,企业可以将购买者形成的关于本企业或产品的一些好的情感和体验传递到产品上,但是运用不好,也会给企业的营销活动带来消极后果。例如,连锁酒店或酒店集团的名称常常利用这一原理,目的是使消费者把企业原有的优点自动转移到新产品或新企业上去。这一原理也可以解释为什么一些效仿旅游产品可以顺利进入市场。例如,相似的"西游记宫"、"微缩景观"、"红楼大观园"等。但是,这种刺激泛化的滥用,也会导致旅游开发的失败。

二、操作性条件反应原理

(一)操作性条件反应过程

这种学习的理论基础是美国心理学家斯金纳(B.F. Skinner)的操作性条件作用理论。斯金纳也是通过对动物进行的实验提出这一原理的。他将小白鼠或鸽子放在所谓的"斯金纳"箱中,如果动物做出观察者所期待的动作,便会得到食物(即正强化)。通过这种训练,斯金纳及其助手使动物掌握了大量的行为。由此,斯金纳提出,行为结果对于行为习得具有强化的作用,行为的习得是靠强化作用来进行的。只要掌握了行为结果所具有的强化作用的内在规律,就可以较好地控制人们的各种学习行为,这一过程就被称为操作性学习过程。

消费者同样会有这样的学习过程。与经典性条件反应所不同的是,在经典性条件反应过程中,消费者学习是一种被动的过程。但在操作性学习过程中,消费者为了适应环境而能动地采取行动。例如,酒店对于回头客提供一定的优惠或报偿,如果客人认为该方法会给自己带来利益,就会再次选择住宿该酒店。

操作性条件原理不仅提到正强化的作用,还同时提出负强化作用以及惩罚。

正强化作用是指个体在一定刺激下采取行为,而这个行为的结果是肯定的,那么个体就会获取肯定的结果。如果未来再出现类似刺激,就导致重复行为。旅游消费者对旅游经历的结果感到满意,就会刺激其重复行为。

负强化作用是指个体有时为回避不利刺激而采取行为。如旅游者为了摆脱长期紧张单调的工作所带来的厌烦感而选择去旅游。

惩罚是指为了减少重复行为可能性结果的行为。例如,为了躲开旅游高峰期旅游热点地区拥挤不堪的情况,有些旅游者会选择在高峰期不出门旅行。

(二)操作性条件反应原理在旅游经营策略中的应用

操作性条件反应原理在旅游经营管理活动中应用广泛,尤其是通过采取各种强化手段刺激旅游者进行旅游消费。常见的方法有:

1. 保持、保障产品质量的一致性,因为保持产品质量的稳定就是一种有效的强化手段。通过各种等级评定,如酒店、旅游景点的星级评定,使旅游消费者对某旅游企业及其产品的质量非常信赖,通过这种强化刺激,旅游者会把该企业和产品作为消费的首选。

2. 对旅游消费者购买行为给予奖励(即正强化),例如发送纪念品、赠品、节日贺卡等。

3. 向潜在的旅游消费者发送样品、提供奖券、给予折扣,鼓励消费者对产品的使用或对旅游活动的参与体验。

4. 对旅游消费者进行访问,在消费者购买产品后给予信函或其他方式的祝贺。

5. 提供与消费者沟通的良好渠道和环境,如建立网站、俱乐部、会客室、举办旅游摄影展等。

三、观察学习原理

(一)观察学习过程

观察与模仿是我们在日常生活中很容易见到的一种学习的方式。它是指个体通过对他人言行的观察和模仿来进行学习并采取行动的过程。早在古希腊时期,普拉特、亚里士多德等哲学家就提出过观察别人来学习的看法。现代观察学习原理主要是由美国心理学家班图纳(A. Bandura)提出的。观察学习理论实际上融合了认知学习和行为注意学习的理论。该理论尤其强调学习过程中社会条件的作用,因此,有时也称之为社会学习理论。

观察学习有以下特点:其一,观察学习并不必然具有外显的行为反应。有时观察学习可以带来个体情感上的直接反应,有时则可能只是一种潜移默化的作用。其二,观察学习不一定必须经过强化才会发生,在没有强化作用的情况下,也可能发生。其三,观察学习不等同于模仿,它不是对榜样行为的简单重复,而是从中获得信息,学习者既可能模仿,也可能不模仿。例如,看到自己喜欢的歌星在电视上示范蹦极,学习者的行为反应有很大差异。

与其他类型的学习比较,观察学习的优点表现为:其一,通过对榜样行为的观察,可以避免因失误等造成的昂贵的代价,减少不必要的损失或伤害;其二,观察有时是学习新行为的最好甚至唯一手段;其三,观察可以缩短行为学习的时间。

(二)观察学习原理在旅游经营策略中的应用

旅游经营者可以根据观察学习过程的每个环节采取一定方法,引导消费者的学习。观察学习是一个过程。

1. 榜样或示范行为的出现。例如,旅游目的地或企业为其形象或产品选用的形象大使、代言人;企业也可以选择普通人来作为榜样,以拉近与消费者的距离,使消费者更容易产生"认同感"。

2. 学习者的注意过程。学习者应对榜样或示范予以足够的注意,才能保证学习的有效性。通常,消费者熟悉的事物、具有影响力和吸引力的榜样、预期带有较大奖惩后果的示范容易引起消费者的注意。因此,在选择示范或榜样时,企业应特别注意其生动鲜明、引人注意的特点。

3. 个体的记忆过程。这是模仿和日后指导行动的前提。例如,著名作家的游记或某个人们喜欢的故事片、纪录片,常常激发旅游者的效仿,因为其内容和形式生动、形象,令人难忘。

4. 行为的再造过程。观察学习不是单纯的模仿。个体在对主要信息记忆之后,还需要经过大量的实践,才能接近甚至超越被模仿者。从经营者角度讲,应该为学习者提供实践的机会。

5. 学习者的动机过程。在掌握了示范行为之后,人们不一定表现他们所学到的所有东西,只有产生了积极的诱因之后,这些行为才会从潜伏状态转为行动。在这个过程中,个体还会结合自己的需要和特点,在观察的基础上加以改进,以便适合自己。因此,经营者一方还应将这些行为满足哪些需要、给人以何种感受的信息传递给消费者,以激发其行为动机。例如,网络交流、俱乐部会员之间的交流常常能激发学习者的潜在动机。经营一方应提供这样的平台。

第四节　旅游消费者学习的内容

一、旅游消费动机的学习

动机是推动人们产生旅游行为的重要因素。心理学家研究发现，除了探索驱动力之外，人们的大多数旅游动机，如地位、权力、忧虑、恐惧、交往、成就、自尊、自信等都是后天学习得到的。例如，人们减轻忧虑的旅游动机不是生来就有的，而是在其经历了诸如幽静处的度假、新异环境的刺激或别开生面的活动调节而身心有愉悦之感后才产生的。当然，减轻焦虑的动机除从自身的经历中学习获得外，还可以从亲朋好友的经验中获得。一般说来，这种通过学习获得的减轻焦虑动机的需要，又会在很大程度上对人们选择旅游地、旅游交通、旅游活动项目，以及其食宿等决策产生重要影响。

旅游动机是学习获得的这一观点，使我们对旅游行为会随着需要和动机的习得发生变化有更加全面的理解。从旅游业角度来看，依据动机是习得的这一观点，完全可以通过鼓励旅游者学习新的动机来影响其旅游消费决策。

二、旅游消费态度的学习

态度不是生来就有的，它在很大程度上是以人们的意见、信念为基础形成的。学校、家庭、朋友、熟人及其所属的群体、生活的社会和新闻媒介都会向人们提供各种各样的信息。人们通过对这些信息的学习，就会形成一定的信念或意见，这些信念或意见就会帮助人们形成一定的态度。学校、家庭、熟人还能告诉人们对各种事物应怀何种情感，这些情感也能帮助人们形成一定的态度。态度是个体的心理倾向性，是个体行为的准备，对个体行为具有强烈的推动作用。旅游态度的学习，会使人们产生旅游行为。

三、旅游知识的学习

旅游知识包括旅游资源方面的知识、旅行方面的知识以及旅游产品品牌方面的知识等。除消遣外，旅游者还想通过旅游来增长知识、扩大阅历、获取教益。随着时代的发展，人们更加趋向于追求旅游活动中的文化内涵。进入21世纪，随着人们旅游经历的增加，旅游者求新、求美、求知的需求在广度和深度上都将有很大的提高。旅游消费者的知识面越广、拥有的信息量越大，对相关知识理解得越深,就越有可能在旅游活动中获得更多的精神享受。旅游消费者学习旅游知识的渠道是多方面的,可以通过各种大众传播媒介,如电视、报纸、广播、网络、书籍、杂志、宣传册等,还可以参加各种知识讲座、俱乐部交流等。旅游经营者应有意识地为旅游消费者提供更多的获取旅游知识的途径和机会。

四、旅游消费经验的学习

旅游消费经验的学习,是指人们学习如何正确地购买和使用旅游产品。换句话说,就是学会区别相互竞争的旅游产品和服务,以及如何对待购买决定中所包含的风险和未知因素。

旅游产品的品位会随着社会的发展越来越高,人们收入情况的变化和旅游经历的增加使其对旅游产品的需求也越趋于多样化、高档化。这些变化迫使人们调整和改变自己的行为以适应变化发展了的情况。要适应环境的变化,就要学习,即使有经验的人也要继续学习,对于有些人来说还要学习过去曾经学过而现在忘却了的东西。

旅游消费经验的学习涉及面很广,诸如购买什么样的产品,接受什么样的服务,确定什么样的价格,吸取什么样的经验,避免什么样的风险等等。但对旅游消费者来说,其中最重要的经验就是要学习在旅游决策中如何对付风险和不可知因素。

案例

报道一:敦煌艺术讲座

2008年9月5日上午,"敦煌石窟艺术和壁画鉴赏"讲座在天津博物馆举行。主讲人是敦煌研究院兼职研究员、中国敦煌吐鲁番学会秘书长柴剑虹。柴剑虹深入浅出地将敦煌石窟艺术和壁画艺术进行了详实的讲解,得到现场观众的一致欢迎。

讲解完毕后,观众意犹未尽,纷纷提出问题和柴剑虹进行交流。大家都表示,听此讲座受益匪浅,对敦煌艺术有了进一步的了解。

敦煌石窟历经千年时间开凿,从无间断,涉及历史、宗教、艺术等多个领域,并遗留下大量精美绝伦的艺术品,成为世界上连续营造时间最长、现存规模最大、内容最丰富的佛教艺术和文化宝库。敦煌石窟也是中国乃至世界非常珍贵的文化遗产。当我们惊叹她的举世无双的时候,也应该考虑如何更好地保护她、传承她。

柴剑虹作为敦煌研究专家,对于敦煌文化的传承谈了自己独到的见解。他说:"国家准备投资启动敦煌艺术数字化管理过程,将敦煌文化用数字进行收集、归纳、整理。"但是,保护敦煌文化,并使之具有长久的生命力,关键还在于人们思想境界的提升。柴剑虹说:"国外十分注重对于青少年进行文化教育。当他们成年以后,对于本国文化遗产保护的意识会增强。在俄罗斯,大街上随便问一位行人,对方都可以说出附近的文化遗迹和相关的故事来。中国的教育可以借鉴外国的经验,从青少年的教育入手,对其进行系统的文化教育,进而逐渐让全社会的人都具备对文化遗产的自觉认识。"

资料来源:吴宏."敦煌石窟艺术和壁画鉴赏"讲座在天津博物馆举行.北方网.2008-9-8

报道二:"亲子敦煌行"系列活动

"十一"黄金周期间,天津博物馆推出了"亲子敦煌行"系列活动。据了解,本次活动围绕"丝路放歌情系奥运——敦煌艺术大展",以家庭为单位,为孩子开设儿童专场。

天津博物馆宣教处工作人员王媛表示,在活动中,各个家庭可以领略到神秘瑰丽的大漠文明。担任讲解的是天津博物馆的小讲员员,他们通俗易懂的语言与讲解方式,更容易在儿童之间产生共鸣,让孩子在参观过程中,陶冶情操,增长历史文化知识。

此外,天津博物馆还安排了敦煌彩绘活动,孩子们可以与父母一起绘制"飞天"文化衫,不仅锻炼了孩子们的动手能力,还可以增进亲子之间的沟通与交流。

"丝路放歌情系奥运——敦煌艺术大展"由天津博物馆与敦煌研究院联合主办,展出面积2200多平方米。展览内容包括6个敦煌石窟复制洞窟、10尊敦煌彩塑复制品、一组中心塔柱佛龛、50幅敦煌石窟壁画临本、10尊敦煌石窟彩塑真品、10件敦煌花砖、10件敦煌藏经洞出土文献真迹等。展览将于10月19日结束。

资料来源:周润健.天津博物馆推出"亲子敦煌行"系列活动.新华网天津频道 www.TJXINHUA.com/2008-10-01

案例分析

兴趣是需要培养的,也是需要维持的。兴趣的培养需要过程,其作用是潜移默化的。虽然旅游兴趣的培养在很大程度上与旅游者的个人因素有关,但是从旅游经营者的角度出发,为旅游者提供旅游知识的学习途径,如制作电视旅游专题片和多种语言的旅游电子手册、举办旅游相关知识讲座和旅游资源巡回展,营造便捷充分的旅游信息传播环境,甚至为游客提供一些免费的旅游体验,都是有效的旅游兴趣培养手段。案例中采取了讲座、交流、参观等多种方式,在传播了敦煌文化知识的同时,也激发了参与者的浓厚兴趣。这是培育良好的旅游消费市场的开始,也是帮助旅游者从旅游过程中获得更多知识和乐趣的第一步。

思考题

1. 从旅游消费者角度考虑,如何理解学习及其作用?
2. 记忆有哪些类型?哪些方法有助于使旅游消费者对其旅游经历产生美好的长久记忆?
3. 经典性条件反应原理是什么?结合实际,举例说明该原理在旅游营销刺激手段中的应用。
4. 操作性条件反应原理是什么?旅游经营者怎样应用这一原理来鼓励旅游消费行为?
5. 观察学习原理是什么?想一想你所熟悉或记忆的哪个品牌或哪一种营销手段很好地应用了这一原理,并作评价。
6. 假如你是一个旅游经营者,你想让旅游消费者学习什么?你会努力为他们提供哪些有效的学习途径?这些努力会给你的旅游经营带来哪些好处?

第五章　态度与旅游消费行为

对于旅游经营者而言,了解和判断旅游消费者的态度是非常重要的。态度是介于内隐的心理活动和外显的行为表现之间的一种中间状态。作为心理过程的结果和行为的意向,态度是心理学研究的重要内容之一。在影响旅游消费行为的诸因素中,态度具有极为重要的作用,但是态度对行为的影响又是复杂多变的。本章将介绍态度的构成及其特点,探讨旅游者的态度与其旅游消费决策之间的关系,分析引导旅游者消费态度形成和改变的有效方法,以期有益于引导旅游者的消费行为。

第一节　态度的本质和功能

旅游者的态度,是旅游者在旅游活动中的重要心理现象,是旅游消费行为研究中的一个重要心理因素。旅游者是否购买某个产品在很大程度上取决于他对该产品的态度。所以,在某种程度上,旅游者的态度决定了其旅游行为的方向。

一、态度的概念和构成

(一)心理学关于态度的定义

在过去的半个多世纪里,很多学者从不同角度对态度进行过定义。心理学家瑟斯顿(Thrstone)认为,态度是人们对待心理客体如人、物、观念等的肯定或否定的情感。赖茨曼(Wrightsman)则认为,态度是对某种对象或者某种关系的相对持久的积极或者消极的情绪反应。弗里德曼(J.L. Freedman)等将态度定义为一种带有感知成分、情感成分和行为倾向的持久系统。

综合起来,笔者认为态度是指人们对某一对象所持有的一种具有一定结构和比较稳定的评价和行为倾向。态度是由感知、情感和行为倾向所构成的综合体。

具体到旅游领域,旅游者的态度是指旅游者针对某一特定的旅游活动对象,用赞成或者不赞成的方式连续地表现出来的心理倾向。

态度会影响到人们的行为取向。所以,对态度的了解有助于更好地理解态度如何影响人们的旅游行为。

(二)态度的心理结构

关于态度的心理结构有两种观点:一元论观点和三元论观点。一元论观点认为态度由情感构成,情感是态度的本质,也就是说,态度就是对客体的喜欢或不喜欢。三元论观点认为态度由认知、情感和意向三种要素构成,各要素在态度系统中所处的地位、层次、职能均不同。

1. 认知要素

认知是指个体对态度对象的知觉、理解、信念和评价,是态度形成的基础。比如,某游客认为杭州是个好地方,气候宜人,环境优美,居民友好,这就是该游客对杭州的看法,即印象。一个人只有在认知的基础上才有可能形成对一个对象的具体态度。而认知是否正确,是否存在偏见或误解,将直接决定个体态度的倾向或者方向性。因此,保持公正、准确的认知是端正态度的前提。认知是态度中最活跃的因素,可作为一个人对某一事物或对象的情感基础。

2. 情感要素

情感是在认知的基础上对客观事物的感情体验,是态度形成的核心。比如,当某游客对杭州作出了评价,认为杭州是个美丽的城市,其中就明显体现出积极的情感成分。如果说认知是以人的理性为前提的,那么情感则带有非理性倾向,它往往更多地受一个人的生理本能和气质等心理因素的影响。情感对态度的形成具有特殊作用,在态度的基本倾向已经确定的情况下,情感决定态度的持久性和强度,贯穿于行为的整个过程。情感是态度中最稳定的因素。

3. 意向要素

意向是指对态度对象作出某种反应的意向,是形成态度的准备状态。它是态度的外观,具有指导作用,制约着人的行为。态度中的意向成分往往是根据态度中的情感成分推测的。比如,某游客对杭州产生了积极肯定的情感,他在心理上就积极地作出准备,一旦外部条件成熟就可能去杭州旅游。意向是态度的外在显示,也是态度的最终表现。只有通过意向,态度才能成为具有完整功能的有机整体。它是态度与外部环境沟通的媒介,个体可以通过语言等手段向外界表明自己的意向,外界环境也可以从意向中了解个体的真实态度。

构成态度的三要素彼此之间相互影响,相互制约,紧密联系,形成了完整的有机体。一般而言,三者的作用方向是相互协调一致的,消费者的态度也表现为三者的统一。但在特殊的情境中,三种因素也可能发生背离,以致使消费者的态度呈现矛盾状态。如果态度出现这种矛盾,则个体一定会采用一定的办法来调整,使它重新恢复到先前的那种协调一致状态。现实中,三者的关系往往并不简单,三个要素中任何一个发生偏离,都将导致态度的失调或者功能的不完整。其中,尤以情感定势和行为习惯对态度的形成具有特殊的作用。

二、态度的特性

态度具有以下特性:

(一)对象性

态度是有所指向的,没有指向的对象,就不能称之为态度。态度可以指向具体的事物,或某种状态、某种观点等等。既然态度是针对某一对象产生的,那么态度就具有主体和客体的对应关系,属于主客体的关系范畴。比如,对某个景点的态度、对某项服务的态度等,都是主体对于客体的态度,没有对象的态度是不存在的。

(二)社会性

消费者的态度并非与生俱来,而是在长期的社会实践中通过不断学习、不断总结,由直接和间接的经验逐步积累而形成的。也就是说,态度是通过学习获得的非本能行为。离开社会实践,离开与外界环境的互动,则无从形成态度。所以,态度必然带有明显的社会性和时代特点。

(三)差异性

我们了解到,态度的形成受到主客观方方面面的影响和制约,故而消费者的态度必然出现千差万别。比如,对待同一个旅游景点,不同的游客完全可能具有不同的评价;再者,同一个游客,在二十岁和四十岁的时候对同一个景点的态度也会有很大的不同。了解这一点对于旅游企业进行市场细分具有重要的意义。

(四)稳定性

稳定性是指态度形成后保持相当长的时间不变。这是因为消费者的态度是在长期的社会实践中逐渐积累而形成的,一旦形成,便保持相对稳定而不会轻易地改变,这使得个体在行为反应上呈现一定的规律性。比如,某游客对某旅行社形成了肯定的态度,以后当他再想旅游时,很可能还选择这家旅行社。这也就是人们常说的"回头客"。

(五)可变性

态度的稳定性是相对的,态度并非一成不变。当主客观因素发生变化时,态度也会随之改变。比如,如果游客在这家旅行社受到服务人员不礼貌的接待或者对其产品质量产生不满情绪,他可能从此不再选择这家旅行社。

(六)内隐性

态度只是行为的心理准备状态,这决定了态度是一种内在的心理体验。人们的态度很难靠直接的观察,只能通过外显的行为加以推测。比如,某游客称赞服务员的服务令他满意,我们可以推测出他的态度是肯定和积极的。

（七）价值性

消费者会对某类商品或者劳务持何种态度,取决于它们对自己具有的价值的大小。实现价值大的,消费者就容易持有积极的态度,反之亦然。在某种意义上,价值可以算作态度的核心,是决定消费者态度的本质特征。

价值大小取决于两个方面:一方面是事物本身;另一方面也受个人影响,如需要、动机、爱好、性格等等。所以,不同人对同一事物可能持有完全不同的态度。我们需要做的是尽力满足消费者的需要,以使之产生积极的态度,从而利于其消费行为的顺利进行。

三、态度的功能

态度之所以存在是因为它对人们有某种功用。旅游者对产品、服务或者企业等形成某种态度,将其储存于记忆中,需要的时候提取出来用以解决各种旅游消费行为中出现的问题。这样,态度就有助于旅游消费者更有效地适应购买环境,使之可以依据这些经验,更好地做出反应和解释。

具体来说,态度在消费购买行为中有以下作用:

（一）效用功能

效用功能是指只有形成适当的态度,才能使消费者的意念直接导向能满足其需要的商品,使之更好地适应环境从而使行为满足自身的需要。比如,游客在酒店受到优质热情的服务就容易产生积极的态度,这样利于游客和酒店双方活动的顺利进行。而且游客一旦形成这种态度,下次出游的时候可能会做出相同的选择,入住这家酒店,从而节省精力。

（二）认识功能

态度的形成,可以帮助人们更好地认识事物。当人们面对各种商品和服务的时候,出于本能会尽力使环境简单化,从而能够集中精力,关注他们认为更有意义和价值的事情。比如,游客对一则旅游广告产生了积极或者消极的态度,那么下次遇到该类型的广告,他可能完全不去仔细了解,而根据过去的经验来判断这个广告对于自己的价值。同样,旅游企业的品牌忠诚度也可以用态度的认识功能来解释。

（三）价值表现功能

态度可以从很多方面表现出个体的性格、身份、修养、价值观等。所以,个体的某种态度既可以向别人表达自己的核心价值观念,同时又反映了个体可能选择的行动方案。比如,如果大多数游客认为入住喜来登是身份和地位的体现,那么有些游客可能选择入住喜来登以表明自己的价值取向。

（四）自我防御功能

人们常常通过某种态度的表达来保护自我形象和自尊心不受威胁和伤害，这类态度可以视为防御性态度。这种自我防御性的态度能帮助个体维护自我形象，获得一种心理安慰，免受焦虑、不安和卑下之感，以保持心理的平衡。但要知道，许多防御性态度的表达实际上反映出个体对自己持相反的看法。例如，感到自卑的人常对别人持一种高高在上的态度。再如，有些消费者在旅游消费方面决策失误，但在他人面前却依旧辩解说自己的决策是正确的，或把明显的失误归因于听了他人不真实的介绍。

四、态度的形成过程

（一）态度形成的阶段

美国心理学家凯尔曼（H.C. Kelman）在1958年提出态度的形成需要经历至少三个阶段，即：服从阶段、同化阶段和内化阶段。

1. 服从阶段

服从是指人们为了获得物质和精神的报酬或者避免惩罚而采取的表面顺从行为。这一阶段的行为并不是个体出于本意而采取的行为，也不能完全反映个体的心理特征，而只是一时去顺应环境的需要，从而达到获得鼓励、奖赏、赞扬、肯定，或者避免受到惩罚、损失和伤害等方面的目的。一旦这种奖励或惩罚出现的可能性消失，这一阶段的态度和行为也会随之消失。如：游客看到满山红叶甚是喜爱，很想采摘，但为了避免因违反景区规定而受到惩罚，只好忍着不摘。

2. 同化阶段

进入同化阶段之后，最明显的特征就是，个体不再是被迫而是心甘情愿地去接受别人的观点和信念，使他自己的态度也跟别人的一样。这个阶段的态度与上一阶段的态度是不同的，它并不是在外在环境的压力下形成或者发生转变的，而是完全出于个体本身的自觉自愿。如：游客认同景区的规定，理解禁止采摘红叶是为了让景色更美，于是自愿遵守规则。

3. 内化阶段

内化是指个体真正发自内心地相信并且接受他人的观点而彻底转变原有的态度，形成新的态度并且自觉地用这些态度指导自己的行为。这个阶段中，那些新吸收的观点和思想已经被纳入自身的价值体系中去，新的态度取代了原有态度的地位。态度到了这个阶段就成为了稳定的心理因素，成为了内在的心理特征。例如，从内心拥护"环保"、"绿色"理念的游客，不仅自己不做破坏环境的事，还会主动去维护环境，提醒其他游客注意环境保护。

从服从阶段到最后的内化阶段是一个相当复杂的社会心理过程。当然，也并非每个态度的形成必然要经历这么一个完整的过程。有很多态度在进行到第一个阶段或者前两个阶段的时候就结束了。比如一个人本来对旅游有很强的抵触情绪，但公司组织集体旅游，便一起参加旅游。回来之后感觉确实放松了自己的心情，便大胆去尝试新的旅游计划，久而久之就从态度的服从阶段慢慢转变为内化阶段了。

（二）态度形成的影响因素

个体持有的态度是在后天的社会环境中通过学习逐渐形成的，所以态度形成的影响因素既包括社会生活环境中的各种因素，又包括个体自身对态度的学习。

1. 社会环境的影响

社会环境对个体态度的影响是终生性的，也是最为持久和潜移默化的。社会环境对个体态度的影响是一种宏观角度上的影响，它对人们的态度形成起着导向作用。社会环境对个体态度的影响是一种多元化的影响，社会环境的各种因素对态度形成的影响是不一样的，有时候可能会是矛盾的。社会环境对个体态度的影响是一种持久的影响，它自始至终对态度的形成起着不可替代的作用，这种影响伴随着个体的整个成长过程。

2. 团体的影响

个体的生存和发展离不开团体，所以团体对个体态度的形成也具有重要的作用。团体最基本的特征是它有自己的行为规范和规章制度，并且所有自愿加入这个团体的成员必须要遵守这些规范和规章。那么很容易想到，个体加入一个团体之后会自觉地使自己的言行和态度与团体相一致、相吻合，以避免心理上的冲突发生。团体的这种力量不容忽视，它完全可以让个体的态度发生转变。团体对其成员个体的影响力主要取决于团体对成员个体的吸引力大小以及个体在团体中所处的地位，这两方面均与团体的影响力呈正相关关系。

3. 家庭以及亲朋好友的影响

家庭对于个体态度形成的影响主要集中在幼年时期，这一时期个体受到的教育对其态度的形成以及以后态度的变化具有决定性的作用。这些幼年形成的态度，往往在其此后的生活中继续发挥重要的影响作用，甚至影响一生。在旅游消费心理中，家庭的共同生活方式对于家庭成员态度的形成有着最为明显的作用。比如，一个生活在开放、民主的家庭中的孩子很容易产生外出旅游的动机，并且他的这种需要在很大程度上可能实现，转变为具体的行动。朋友对个体态度的影响主要集中在成年期及以后，这个时期，家庭的作用逐渐减弱，朋友、同伴的影响慢慢地取而代之。个体会经常把自己的态度与身边的人进行比较，并且以他们的态度作为自己态度调整的依据和参考。如果出现了不一致会产生调整自身态度以取得一致的需要。

4.个体的实践

社会实践是在一定社会态度支配下的社会活动。这种社会实践会对支配它的态度进行验证,好的社会实践能够对支配它的态度起强化作用。一个对旅游持否定态度的人,原本是不会参加旅游活动的,若他因一个偶然的机会或在朋友的劝说下,参加了一次实际的旅游活动,并获得了亲身体验,对旅游产生了兴趣,他的这种改变就是实践的结果。当然,我们还应看到,这种作为实践经验的结果而形成的态度,还要受到他本人对旅游活动的期望的影响。

第二节 情感的特性和作用

态度的一元论观点认为情感是态度的本质,认知和意向只是作为态度的支持性要素。情感就是对客体的喜欢或不喜欢。三元论的观点也将情感要素看作是态度的核心。那么,究竟什么是情感?情感又是怎样影响旅游消费行为的?在此,我们先从情感的本质谈起。

一、情感的本质

在解释情感时,一般会使用情绪、感情、感性、评价等用语。情绪和情感都是人们对客观事物所持态度的体验,它们统称为"感情",两者有联系也有区别。情绪一般由具体的原因引起,具有情境性、外在性、短暂性,强度较大;情感则是积淀于人脑的习惯性体验,具有稳定性、深刻性、含蓄性,比较深沉。情绪是情感的外在表现,它可以用不同的方式表现同一种情感;情感是情绪的内在依据,不同的情绪都可以找到情感方面的原因。

情感和认知过程不同,认知过程是对客观事物根本特性的反应,而情感则是对客观事物与人的需要之间的关系的反应。也就是说,情感是人们对客观事物是否符合需要所产生的态度的体验,这是情感的本质。当客观事物满足人的需要时,人就会产生满意、愉快的情绪,反之则体验到苦恼、不满意等情绪。除此之外,还可能出现既能满足某方面的需要,同时又不能满足另一方面的需要,从而构成一定的矛盾关系,引起复杂的情感体验。如在旅游过程中,人们为大自然的美景所陶醉,可同时又遇到一些摊贩的欺诈行为,于是对这次旅游产生一种愉快中带有遗憾的情感体验。

二、情感的两极性特征

情感是通过具体的体验感受到的,作为一种体验,情感具有两极性特征,表现为:

其一,情感具有肯定性和否定性的两极特征。两极性是以人的需要是否得到满足为转移的。人的需要得到满足就会产生愉悦、喜欢、热爱、尊敬、亲近之感,这些情感属于肯定性情感。人的需要得不到满足就会产生苦恼、愤怒、憎恨、轻视、惧怕等情感,这些属于否定性情感。

其二,在每一对相反的两极情感中,又有着一系列不同强度区别的情感,例如,在悲与喜之间,可以有各种不同程度的情感体验,悲可以有遗憾、失望、伤感、悲伤、哀痛以至绝望;喜可以有适宜、愉快、高兴、喜欢、大喜以至狂欢,强度依次递增。

其三,情感的两极性还可以有广阔的差别范围,如紧张和轻松、激动和平静、愉快和不快、简单和复杂等,由此使人的情感世界表现得丰富多彩。其中,最基本的情绪是欢乐、悲哀、愤怒和恐惧四种,它们是最原始的情绪。其他情绪都是在这四种情绪的基础上形成的。

三、旅游消费者的情感和审美体验

人们外出旅游的目的很多,但无论出于哪一种,归根结底是要陶冶性情、愉悦身心、增添乐趣。旅游是人们精神生活的一部分。从美学的角度看,旅游就是旅游者的一次综合的审美活动,旅游者通过在有限的时间、不同的空间内对自然、历史、社会、文化等诸多要素的审美体验获得美的感受。获得美感是高层次的旅游需求。但是,美感不仅仅是一种直观感受,还需要审美主体对审美对象的认识、理解、感悟,方能体验到其美的真谛。

旅游是现代居民的一种短期的特殊的生活方式,人们利用有限的时间,在与自己居住地不同的空间内寻求美的享受,可以说旅游活动是人的审美需求在特定的时间和空间范围内的凝缩。因此,旅游者的审美需求表现得比日常更加多样、更加集中、更加强烈。

旅游者的审美体验由于审美主体各自美感程度的不同而呈现出一种多层次现象,按照美学家李泽厚的审美层次论观点,旅游者的审美体验可以划分为三个层次:

1. 悦耳悦目

大多数美学家都认为,耳朵和眼睛是最重要的审美器官。人们的审美体验主要是通过视觉和听觉而得到的。但同时,他们也不否认味觉、嗅觉、触觉等其他感觉在审美中的重要作用。这里所说的悦耳悦目的审美体验,也是指审美主体以视觉、听觉为主的全部感官(包括味觉、嗅觉、触觉和运动觉等)在审美活动过程中所体验到的愉快感受。这种审美体验的基本特征是生理上的舒适和心情上的舒畅相互交融。它是直觉性的,是人们审美体验的第一个层次。就像我们在日常生活中,在见到某一个人、某一幅画,听到某种声音,闻到某种香气时,不用去想为什么,而是会马上认出这是美的,并在得到感官的满足的同时引起心理上的喜悦。

悦耳悦目是广大旅游者最普遍,也是最容易获得的一种审美体验。茫茫的绿色,清新的空气,婉转的鸟鸣,优美的歌声,都会很容易地使旅游者陶醉其中,获得悦耳悦目的审美体验。

2.悦心悦意

所谓"悦心悦意",是指旅游者透过看到、听到、闻到或触摸到的具有审美价值的审美形象,领悟到审美对象某些较为深刻的意蕴,进入到一种内心的欣喜状态。这是一种升华了的较高层次的审美体验,是一种相对纯然的精神层面的喜悦。

在悦心悦意的审美体验中,审美知觉、审美想象、审美理解、审美情感等心理功能都参与其中,使旅游者从眼前的事物领悟到更深远的意味。旅游者通过联想、想象,给眼前的景色赋予了情感。比如,听壮族姑娘对歌,尽管听不懂歌词,但是人们不仅能体会到其音色和旋律的形式美,而且还能感觉到壮族姑娘蓬勃的青春美和其中甜蜜淳朴的爱情信息。我们读李白的诗句,不仅是欣赏其用词的精炼准确,而且从中更能体会到祖国山河的壮丽。这种悦心悦意的审美体验具有持续性和稳定性,会给旅游者留下深刻的印象。即使是在旅游活动结束之后,也会令旅游者不断地回想,并产生愉悦的感觉。而旅游工作者们就应该努力创造这种令旅游者悦心悦意的审美体验。

3.悦志悦神

悦志悦神,是旅游者审美体验的最高层次。它是指旅游者在凝神观赏审美对象时,经由知觉、想象、理解和情感等心理功能的交互作用,于悦耳悦目、悦心悦意的审美体验中,进而唤起昂扬向上的精神和意志,激起追求道德超越和完善的动力。

之所以说这种审美体验是旅游者的最高层次的审美体验,是因为它既体现了旅游者大彻大悟的情怀和无限的自我超越意识和境界,也体现了审美主体和审美客体的高度统一。在这种审美体验下,旅游者已经达到了"物我两忘"的境界。例如,在欣赏北京的许多景点,如圆明园、故宫、长城时,旅游者可能会遥想历史的衰变沉浮、世事变迁,并在感慨惊叹之余,萌生一种沉重的历史责任感和强烈的为中华之崛起的拼搏奋斗精神。当然,这种审美体验并不是很容易就能体会到的。它一方面需要旅游者本身具有很高的文化素养,另一方面也需要旅游工作者们生动而翔实的讲解以及其他一些有形或无形的努力。这种审美体验将会伴随旅游者的终生,对旅游者的生活产生重大的影响。

旅游者对美的感受有时候是需要激发的。旅游服务人员在服务过程中,必须时时以一种审美的眼光看待自己的旅游服务,时时开动脑筋,唤起旅游者的审美感受。这些可以从一些非常细小的事情中得以体现。比如,饭店中有背景音乐是很普通的做法,但是,如果服务人员稍稍动点心思,将饭店中常见的背景音乐,如低沉的钢琴曲换作是不同季节的大自然的声音,如春天燕子的呢喃、秋天的虫鸣等等,就无疑会让一个远道而来、身心俱疲的旅游者耳目一新,令其接受一次美的熏陶,足不出户便能享受大自然的赐予。又比如,一般的饭店在走廊上会挂有一些名人字画。饭店的行李人员在送客人进房时,如果发现客人对那些名人字画感兴趣,可以轻声细语地为客人讲解,并征求客人的意见,让这短短的"走廊之行"因为有了对艺术的审美欣赏而不再枯燥。

在旅游者眼中,旅游服务人员本身就是一个审美对象。其容貌举止、穿着打扮、服务态度如果加以细心的设计,会让旅游者感受到人之美。具体来说,旅游服务人员穿着、化妆要合宜,微笑应伴随整个服务过程,服务态度要真诚。真、善与美是统一的。只有真诚的服务,才能让旅游者感觉到美。

此外,旅游设施的建设、旅游营销活动的开展也都需要遵循审美规律,才能满足旅游者的审美需要,为之带来愉悦的情感体验。

四、情感对旅游购买行为的影响

旅游行为是旅游者在旅游活动过程中满足某些需求的高级享受性活动。情感影响着旅游消费行为,旅游行为又制约着旅游者的情感,两者有互动的相联关系。

旅游消费行为受到情感因素的影响,体现在以下几个方面:

1. 情感影响和调节认知过程

情感认知论认为,情感取决于人们对其所处情境的评价和认知,决定着人们采取的行为。在旅游消费活动中,旅游者对知觉和记忆进行有关信息的选择和加工。情感既是一种客观表现,又是一种主观体验。情感体验所构成的一时的心理状态,对当前进行的信息加工起组织和协调的作用。按照情感的适应性而言,它帮助人们选择信息与环境相适应,并驾驭行为去改变环境。我们常常看到,当旅游者在心情良好的状态下活动时,他会表现出思想开朗、情感稳定、行为正常、表情自然,对外界的感受适应,对景物的观赏美好;而其心情低沉或郁闷时,则表现为思想闭锁、性情躁动、行为异常、表情紧张,对外界的感受抵阻,无心观赏美好的自然景色,或给客观事物抹上消极的色彩。

2. 情感影响消费者对产品和服务的评价

一个人对产品或品牌的情感倾向会影响他对产品和服务的客观评价。尤其当情感过程占主导地位的时候,消费者的评价过程并不精细,往往忽视甚至容忍产品的缺点。例如,旅游者重游自己儿童时代曾经生活的地方,虽然一别几十年,但他对那个地方却怀有深厚的眷恋之情,在旅游过程中,他对所经历的一切也都赋予了浓厚的感情色彩,即使途中有所不快,也不愿记在心上,有时甚至找一些诸如"好事多磨"之类的理由加以弥补。

基于情感对评价的影响,旅游经营者和工作人员应该特别注意通过营造好的环境、提供优质服务,使旅游消费者进入愉快的情感体验。

3. 情感可以协调旅游消费活动中的社会交往

旅游消费活动涉及各种社会交往活动,其中协调良好的人际关系十分重要。情感通过表情的渠道达到人们相互了解,彼此共鸣;它为人们建立相互依恋的纽带,培植友谊,以十分微妙的表情动作传递着交往信息,从而产生与这一交往场合相适应的行动。

4. 快乐性消费与情感反应

消费者购买产品并不一定只是追求产品所能提供的利益方面,在很多时候,消费者购买产品是要获得一种快乐的体验。旅游消费的内容有相当部分属于快乐性消费,也就是为了引起幻想、为了某种情感的唤醒而进行的消费。例如,我们到安徽的古村落旅游,古村落的美丽建筑所带给我们的思古之情才是我们购买这次旅游经历的真正目的。再如,我们到少数民族地区旅游,常常感慨于当地居民的善良和纯朴,这些美好的情感构成了我们对旅游产品的情感体验。

5. 冲动性购买与情感反应

冲动性购买是指在事前没有认识到消费问题,或者根本就没有购买意图的情况下所进行的购买行为。冲动购买是由对产品强烈的肯定情感反应所引起的。这是情感影响消费行为的最典型的例子。走在丽江古城,看到装潢独特的酒吧、餐厅,还有别有韵味的各种手工作品,旅游者常常会作出冲动购买的举动,难怪从丽江回来的人们大多都要办理行李托运了。

6. 情感与营销刺激

旅游消费者对营销刺激的反应通常首先是一种情感反应。看到一幅美丽的风景照或精美的旅游画册,或者是读到一段富有传奇色彩的旅游经历,难免会令人激动、兴奋,为之遐想,对旅游目的地或旅游项目充满向往。最具有代表性的是广告利用消费者情感的例子。广告所设计的画面、音乐、情节很注重引起消费者的各种情感反应,如温馨、兴奋、浪漫、幽默等,其目的就在于通过引起消费者的情感体验以吸引其注意并保持记忆。

第三节　态度与旅游消费决策

一、态度与行为的关系

有些学者认为,个体首先形成对事物或人的某种态度,然后再决定是否采取相应的行为。但更多的人认为,个体也可能受外界环境的影响,先采取行动,再形成对事物或人的态度,尤其当遇到突发事件或者迫于特殊需要时更是如此。所以,个体的态度与行为之间并不一定是一种必然的决定与被决定的关系。而且,由于动机、能力、情境因素等方面的原因,很多情况下,态度与行为很可能并不一致。如,对去西藏旅游持肯定态度的人可能由于身体的原因而不能付诸实践。也就是说,态度只能说明一种行为的倾向性,但并不意味着必然会导致某种行为的产生。

尽管如此,我们必须承认,态度与行为之间确实存在非常密切的关系。要预测旅游者的行为,就必须了解旅游者的意图,而态度是决定意图的因素之一。通常情况下,旅游者的消费态度对其购买行为的指示作用通过以下几方面表现出来:

首先,态度影响对事物的评价。比如,游客如果形成了对黄山这个景点的肯定态度,那么即使花费较高,他也很可能选择去黄山旅游。

其次,态度影响学习。态度能起到过滤的作用,与消费者态度相符合、相一致的对象容易被学习,相反,与消费者态度不一致的对象容易被曲解。比如,某一游客对九寨沟有着非常好的印象,那么在旅游过程中,遇到令他满意的事物就更容易加深他对九寨沟的好印象,即使遇到令他不满意的事物,他也会在心理上作出倾向于固有态度的解释。

最后,态度影响购买行为。这一点很容易理解:通常情况下,持积极态度的消费者怀有明确的购买意图,持消极态度的没有购买意图,持无所谓态度的购买意图不明确。

二、旅游消费态度与旅游消费决策

通过了解态度与行为的关系,我们知道态度与行为并不存在一一对应的关系,但态度仍然可以作为行为的指示器,我们可以通过态度来推测旅游者的偏好,而研究旅游者偏好的意义就在于偏好对于行动的指向作用,即偏好在一定因素的影响下很可能成为行动。那么,这一结论对于旅游业的意义就在于我们可以通过促成旅游者态度的转变使其作出各种购买决策。

(一)态度与旅游消费偏好

旅游消费偏好是指旅游消费者趋向于某一旅游目标的一种消费心理倾向。它是建立在旅游者持有积极态度情况下的一种行为倾向。

消费偏好形成的基础是态度,旅游消费偏好常常受到以下因素的影响:

1. 态度的强度

态度的强度是指人们对某一事物赞成、反对或喜爱、厌恶的程度。通常情况下,旅游目的地或某一旅游产品的属性越明显,越容易使旅游者形成鲜明的态度。旅游者对之积极态度的强度越高,越容易形成其对该目的地或旅游产品的旅游消费偏好。

旅游消费者态度的强度与态度对象的突出属性有关。具体到旅游产品对象,旅游产品属性的突出程度是指其各个组成部分对每个旅游者的重要程度,这是旅游者作出决策的根本需要所在。态度对象的性质越鲜明、越突出、越独特,旅游者越能从中满足自身的需要。

这里需要指出的是,在旅游领域,态度对象的属性不是旅游业所提供的自然风光、豪华饭店、文物古迹、娱乐场所,而是这些对象所带给人们的各种收获。这与消费者不是购买一个钻头,而是需要一个孔是同一个道理。

当然,态度对象的突出属性对消费者的重要程度是因人而异的。比如,有的游客看重的是酒店的硬件设施,而对于同样的酒店,有的游客却把服务作为最重要的部分。即使是同一个人,随着其需要或者购买动机的改变,其态度对象的突出属性也会发生变化。一个人在20岁和60岁的时候对待同一旅游项目或者旅游设施的要求通常是不同的,年轻时更加看重新鲜刺激,上了年纪就会更多地考虑安全因素。

2. 态度的复杂程度

态度复杂程度是指消费者对于态度对象所掌握的信息的情况,这些情况包括信息量和信息的种类等等,是个体感知水平的反映。通常来讲,个体态度的复杂程度与其所掌握的信息成正相关关系,即人们掌握的信息量越大,信息的种类越多,内容越丰富,则形成的态度越复杂,从而越容易形成对某一对象的偏好。比如,某一游客不仅知道地中海的阳光、沙滩和美丽的天空,还从朋友的旅游经历中了解到那里完善的旅游设施、友好的旅游氛围,那么他所形成的对地中海这个旅游目的地的态度就相对复杂,因而他也就更加容易作出去地中海旅游的决策。

态度越是复杂就越是难以改变,因为这样就需要改变态度中的很多成分才可以改变态度。这也很容易帮助我们理解为什么很难说服一个已经对旅游产生抵触情绪的人去旅游。

(二)认知度、美誉度与旅游消费决策

旅游消费者对旅游目的地、旅游企业、旅游产品的消费态度可以概括为两个指标,即知名度和美誉度。知名度代表的是旅游者对旅游目的地、企业或产品知晓和了解的程度,也就是态度中的认知要素;美誉度则表示旅游消费者对旅游目的地、企业或产品的信任以及赞许的程度。表示知名度的指标包括旅游目的地、企业或产品的知晓度和认知度。知晓度是指消费者对旅游目的地、企业或产品是否知晓;认知度是指消费者对旅游目的地、企业或产品了解的程度。表示美誉度的指标一般包括:目的地或企业的宗旨、经营方针、产品质量、企业信誉,其员工的精神面貌、办事效率、服务态度、业务水平等。知名度和美誉度反映了消费者对旅游目的地、企业或产品的总的态度和评价。

通过描绘旅游目的地、企业或产品形象地位分析图,可以确定旅游目的地、企业或产品在旅游消费者心目中的整体形象地位,也就是旅游消费态度倾向。例如,在 100 位调查者中有 60 人表示对旅游目的地、企业或产品有某种程度的认知,则该旅游目的地、企业或产品的知名度为 60%,其中,若有 70% 的人表示出对旅游目的地、企业或产品的信任和赞许,则其美誉度为 70%,该旅游目的地、企业或产品的形象地位如图 5-1 中的 A 点所示:

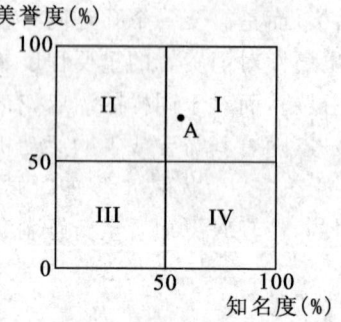

图 5-1　形象地位分析图

图中横轴线表示知名度,纵轴线表示美誉度。四个象限分别代表旅游目的地、企业或产品形象的四种不同状态:Ⅰ表示高知名度、高美誉度,这是比较理想的形象状态;Ⅱ表示低知名度、高美誉度,意味着旅游目的地、企业或产品应加强信息传播和市场营销工作;Ⅲ表示低知名度、低美誉度,这种情况一般是处于形象成长的初期;Ⅳ表示高知名度、低美誉度,这是旅游目的地、企业或产品最糟糕的状态,即"臭名远扬"。

三、引导和改变旅游消费态度

态度虽不能必然决定具体的决策和行为结果,但却是影响行为的重要因素。因此,可以通过引导和改变旅游消费态度,进而影响人们的旅游消费决策。

首先,旅游企业和经营者应了解旅游消费态度。附表中提供了两个态度调查样本,供参考。其次,在分析旅游消费态度的基础上,确定引导和改变旅游消费态度的方法。通常有以下几种方法:

1. 提高旅游产品形象

旅游产品形象是旅游者和潜在旅游者对旅游产品的总体评价,是旅游产品或服务的特征在现实旅游者和潜在旅游者心目中的反映。好的形象会产生好的感受,对增强或改进旅游者和潜在旅游者的态度起重要作用,对促进旅游者和潜在旅游者接受和使用该旅游产品或享受该服务产生重大影响。

旅游产品形象包含有多种因素,诸如一目了然的饭店建筑风格、客房的装饰、交通技术设备状况、娱乐设施、档次规模、菜肴品位、卫生环境、旅游从业人员的仪表、着装、态度、语言表达能力、技术水平、队伍规范等,以及能够表明旅游业精神、风格、凝聚力、实力、效率等内在因素。要想使人们对旅游产生肯定的态度,就必须努力去改变和提高旅游产品的形象,使之成为人们所乐于接受的事物。旅游产品具有无形性,不像有形产品那样仅从物理特性上便可以改变形象,旅游产品形象的改变更多地是通过旅游工作人员的改变才能完成的,如对服务人员进行专业的训练、提高人际交往的技巧、改进服务人员的服装、培养良好的服务态度、改进服务价格、提供便利的服务等,从而使产品产生良好的形象,进一步导致人们态度的改变,去接受这种产品和服务。

2. 引导参加旅游活动

俗话说"百闻不如一见","眼见为实"。实践之所以能够改变一个人的态度,主要是因为通过实践,人们得以相互了解、能够认识新的事物、吸收那些能够削弱现存态度或导致原有态度改变的新的信息。特别是当人们离开家,离开工作岗位,摆脱了个人在家中的义务和工作岗位上的责任,以及束缚自己的那些行为规范去旅游时,就更容易接受新事物,结交新朋友,吸收那些能改变现有态度的新信息。

态度的改变并非瞬间可以完成,要使一个对旅游或某个旅游目的地或某类旅游产品持强硬否定态度的人转变态度去旅游并非容易之事,而是需要一个过程。旅游经营者为持否定态度者提供体验旅游产品的机会,使其在接触旅游实际的过程中激发积极情感,从而引导其态度发生变化。

3. 输送新的知识和信息

向人们输送新的知识,是改变人们态度最有效的办法之一。在一般情况下,掌握信息有限的人最容易改变态度,因为信息有限,一遇到矛盾就会动摇。在旅游市场上常见到对旅游知之甚少的人,特别是儿童和文化程度不高的成年人,只要提供有关旅游的一些信息,这些人就最容易接受而改变态度。相反,文化程度较高的人,往往在许多问题上拥有较多的知识和信息,欲改变他们的态度就比较困难。一般说来,旅游市场主要是由文化程度较高的人组成的。他们成熟、旅游经验丰富,要想改变他们的态度,就必须向他们输送那些确实能够帮助他们解决旅游中的问题的有关知识和信息,才有可能使他们改变态度。目前,旅游业向人们输送新知识和信息常采用的方法是宣传,诸如广告、专栏报道、举办讲座、开办展览、发行小册子、旅游杂志、专刊、地图、广告画、旅游卫视、电影片、旅游专题光盘、旅游信息网站等。采取这些形式向人们输送新知识,对改变人们的态度起了很大作用。这些信息的输送有利于激发旅游消费态度的评价性侧面。

附表1 潜在旅游消费者态度调查样本

编号:010001

　　本调查是为掌握×××××地区的旅游消费者态度而实施的,调查对象为×××××地区的居民。请您就下列问题,提供宝贵答案。我们对您的合作与支持表示衷心的感谢。

请问您所在城市的旅游方面的问题

Q1 从旅游者的角度看您所在的城市,您在多大程度上同意或不同意以下陈述?(请针对每一项内容回答,在回答处划"√",如选"其他",请写明具体内容)

评价内容	完全不同意 1	不同意 2	不好说 3	同意 4	完全同意 5
1 (旅游行业)人员服务好			√		
2 积极提供免费的旅游信息		√			
3 旅游景区、旅游设施的导游图和导游人员的讲解易懂			√		
4 物价及饮食的价格便宜				√	
5 出行交通方便					√
6 本地人对外来人热情				√	
7 有很多观光的景点		√			
8 食物好吃			√		
9 有很多土特产				√	
10 其他(记述)					

Q2 为了促进您所在城市的旅游发展,您认为在多大程度上有必要采取下列对策?(请针对每一项内容回答,在回答处划"√",如选"其他",请写明具体内容)

需要的措施	完全不需要	不太需要	不好说	需要	完全需要
	1	2	3	4	5
1 增建饭店等住宿设施		√			
2 增建博物馆等文化设施				√	
3 增建主题公园等娱乐设施				√	
4 增建从事旅游专业教育的教育部门				√	
5 提高旅游服务质量					√
6 培养从事旅游教育的人才					√
7 加强旅游宣传					√
8 加强旅游区的基础设施的建设和保护					√
9 加强城市治安方面的安全性					√
10 其他(记述)					

请问您以往旅游经历方面的问题

Q3 在过去的1年里,您有过住宿1夜以上并且支付住宿费用的国内、国外旅游经历吗?(请在选项上划"√",在括号内写上次数)

    1.(   )有住宿1夜以上并且支付住宿费用的国内旅游

    2.(   )有住宿1夜以上并且支付住宿费用的国外旅游或赴我国港、澳、台地区的旅游

    √3.没有以上1和2的经历

Q4 在Q3中选答"2"者请回答下面问题

    请在您所去的出游国家和地区处划"√",并请回答旅游的次数。(选"其他"时,请写上具体的国家和地区)

	俄国	蒙古	韩国	中国	日本	中国澳门	中国香港	中国台湾	其他
所去的国家和地区				/					
次数				/					

Q5 下面的问题表示出您对旅游方面的信息所持兴趣的程度,请在您认为合适的选项上划"√"。

    1.丝毫没兴趣

    2.没兴趣

    3.稍有兴趣

✓4. 有兴趣
　　5. 很有兴趣

Q6 假设您有出国旅游的计划，请按照您想去的程度用数字将下列国家排列顺序。

蒙古	韩国	日本	俄国	中国	其他
1	2	4	3		

Q7 当您有1夜住宿的国内观光旅游时，可支付的住宿费（1个人）的上限是多少？请在选项上划"✓"。
　　1. 100元以下　　2. 100～300元　　3. 300～500元　　✓4. 500～1000元
　　5. 1000元以上

Q8 请您回答对以下国家的认知度
　　请在您认为合适的选项上划"✓"，并请分别写下两个您所知道的、您认为最有名气的旅游资源。

	不了解	不太了解	有些了解	了解	很了解	所知道的有名气的旅游资源（记述）	
	1	2	3	4	5	一	二
蒙古	✓						
韩国	✓						
俄国	✓						
日本				✓		京都古城	樱花
中国				✓		黄河	长江

Q9 您对下列国家所持的印象如何？请选择您认为合适的号码填在空格中。
　　1 完全没有魅力　　2 没有魅力　　3 不好说　　4 有魅力　　5 很有魅力

	蒙古	韩国	俄国	日本	中国
该国的自然	4	3	4	5	4
该国的文化、艺术、历史	3	3	3	3	4
该国的购物	2	2	3	3	3
该国的饮食和节庆活动等	4	3	3	5	3
该国的体育和娱乐，主题公园等游乐设施	3	3	2	3	4
该国的会展举办场所	3	3	3	3	3
该国的旅游产业	3	3	3	4	4
作为旅游的目的地	2	2	4	3	5

以下是您的基本资料

请在您认为合适的选项上划"√"。

1.性别

  √①男　　②女

2.您的年龄

  ①20岁以下　　②21岁～30岁　　√③31岁～40岁　　④41岁～50岁
⑤51岁～69岁　　⑥70岁以上

3.您的职业

  ①外企及合资企业职员　　②国营企业职员　　√③民营企业职员　　④公务员　　⑤学生　　⑥私营企业所有者　　⑦医生·教师·军人　　⑧农业人员　　⑨其他(记述)

4.您的学历

  ①初中　　②高中　　③大专　　√④大学　　⑤研究生　　⑥其他(记述)＿＿＿＿＿＿

5.您的家庭月收入

  ①2000元以下　　√②2000元～3000元　　③3000元～5000元
④5000元～10000元　　⑤10000元以上

注：本次调查由××××××××××组织实施。谢谢您的合作！

调查时间＿＿＿＿＿＿＿＿　　调查地点＿＿＿＿＿＿＿＿　　调查人员＿＿＿＿＿＿＿＿

资料来源：中日合作课题：环日本海地区各国旅游软环境研究—天津课题,项目主持人：杜炜.2005～2006

附录2 旅游消费者态度调查样本

尊敬的女士/先生：

欢迎您到×××来旅游！为了×××旅游的整体发展，营造一个更加美好的旅游环境，我们正在进行一项游客调查，您的意见对×××旅游发展非常重要，谢谢您的支持与合作！

×××××××××××

（请您在选择的"□"内打"√"）

1. 您在填写此表时：
   □ 游览刚刚开始　　□ 正在游览　　□ 已经结束了在×××的游览

2. 您这是第几次来×××：
   □ 第1次　　□ 第2次　　□ 第3次　　□ 3次以上

3. 您此次出游是：
   □ 独自一人　　□ 与朋友或家人同行　　□ 单位组织　　□ 旅游团

4. 您来自：＿＿＿＿＿＿＿＿＿＿＿＿＿＿＿＿＿＿＿＿

5. 您此次是乘坐＿＿＿＿＿＿＿抵达×××：
   □ 飞机　　□ 火车　　□ 长途汽车　　□ 自驾车　　□ 其他

6. 您觉得到×××是否方便：
   □ 很方便　　□ 方便　　□ 一般　　□ 不方便　　□ 很不方便

7. 您此次在×××停留的时间：
   □ 不过夜　　□ 1夜　　□ 2夜　　□ 3夜及以上

8. 您此次来×××的主要目的是：
   □ 观光游览　　□ 度假休闲　　□ 探亲访友　　□ 公务、商务　　□ 购物

9. 您主要通过什么途径了解到×××的有关情况：
   □ 网络　　□ 电视/广播　　□ 书籍/报纸/杂志　　□ 旅行社/宣传手册　　□ 亲友

10. 提起×××您最先想到的是（至少三项）：＿＿＿＿＿＿、＿＿＿＿＿＿＿＿、＿＿＿＿＿＿＿＿

11. 来×××之前，您怎样看×××（用三个词来形容）：＿＿＿＿＿＿、＿＿＿＿＿＿＿＿、＿＿＿＿＿＿＿＿

12. 您的×××之行最想得到什么：＿＿＿＿＿＿＿＿＿＿
    □ 城市观光/购物　　□ 欣赏自然风光　　□ 休闲娱乐　　□ 体验农家院　　□ 体验宗教文化　　□ 公务顺利　　□ 其他（请在上面横线处注明）

13. 下列景点,您知道的有:
　　□ 黄崖关长城　　□ 盘山　　　□ 独乐寺　　　□ 天后宫/古文化街
　　□ 大沽口炮台　　□ 大悲院　　□ 西开教堂　　□ 望海楼
　　□ 蓟县白塔　　　□ 海河　　　□ 基辅号航母　□ 食品街
　　□ 戏剧博物馆　　□ 和平路滨江道步行街　　　□ 鼓楼
　　□ 石家大院　　　□ 五大道　　□ 保税区国际汽车城
　　□ 国际会展中心　□ ×××港/海滨浴场

14. 上述景点中您最喜欢的三个：_____、_____、_____

15. 您在×××的总花费大约为_____元,主要用于以下哪三项：
　　□ 交通　　□ 住宿　　□ 餐饮　　□ 景点门票　　□ 娱乐　　□ 购物
　　□ 其他

16. 您对×××旅游各方面的评价：
　　卫生条件：　□ 很好　□ 好　□ 一般　□ 差　□ 很差
　　环境绿地：　□ 很好　□ 好　□ 一般　□ 差　□ 很差
　　社会治安：　□ 很好　□ 好　□ 一般　□ 差　□ 很差
　　餐饮住宿：　□ 很好　□ 好　□ 一般　□ 差　□ 很差
　　娱乐设施：　□ 很好　□ 好　□ 一般　□ 差　□ 很差
　　城市景观：　□ 很好　□ 好　□ 一般　□ 差　□ 很差
　　交通条件：　□ 很好　□ 好　□ 一般　□ 差　□ 很差
　　厕所设施：　□ 很好　□ 好　□ 一般　□ 差　□ 很差
　　服务态度：　□ 很好　□ 好　□ 一般　□ 差　□ 很差
　　旅游景点：　□ 很好　□ 好　□ 一般　□ 差　□ 很差
　　整体印象：　□ 很好　□ 好　□ 一般　□ 差　□ 很差

17. 到达后,×××给您留下什么印象(用三个词来描述)：_____、_____、_____

　　与您来之前的印象一致吗？　□ 很一致　□ 一致　□ 不一致　□ 很不一致

　　比您想象的好还是坏？　□ 好　□ 坏　□ 说不清

18. 您觉得×××最大的特色是：_____

19. 您觉得×××最大的不足是：_____

20. 您认为×××最吸引游客的是：_____

21. 您此次来×××将购买哪些纪念品留念：_____

22. 您对此次×××之旅的总体评价

☐ 很满意　　☐ 满意　　☐ 一般　　☐ 不满意　　☐ 很不满意

23.您会向别人推荐×××吗?

☐ 会　　☐ 不会　　☐ 说不清

24.在未来的几年中,您会重游×××么?

☐ 会　　☐ 不会　　☐ 说不清

如果您重游×××,主要原因是:

☐ 合适的价格　　☐ 较近的距离　　☐ 到×××购物　　☐ 对服务质量感到满意　　☐ 参加×××举行的节事活动　　☐ 再次观光游览　　☐ 其他:

以下是您的个人资料,我们将以此为依据进行分类,并严格为您保密。

1.您的性别:　　☐ 男　　☐ 女

2.您的年龄:　　☐ 16岁以下　　☐ 17~24岁　　☐ 25~35岁　　☐ 36~59岁　　☐ 60岁以上

3.婚姻状况:　　☐ 已婚　　☐ 未婚　　☐ 其他

4.受教育程度:　　☐ 小学　　☐ 初中　　☐ 高中及中专　　☐ 大专　　☐ 本科及以上

5.职业:　　☐ 学生　　☐ 教师　　☐ 个体　　☐ 企业职工　　☐ 政府/事业单位职员　　☐ 企业经营管理人员　　☐ 农民　　☐ 离退休人员　　☐ 待业/下岗人员　　☐ 其他

6.您的月收入:　　☐ 800元以下　　☐ 801~1200元　　☐ 1201~2000元　　☐ 2001~3000元　　☐ 3001~4500元　　☐ 4501元以上

7.请问哪一项最适合您的家庭情况:　　☐ 年轻、单身与父母同住　　☐ 年轻、单身但已离开父母　　☐ 年轻夫妇,无子女　　☐ 年轻家庭(孩子小于7岁)　　☐ 中年家庭(孩子7~16岁)　　☐ 在职中年夫妇(孩子已独立成家)　　☐ 退休中老年夫妇　　☐ 其他

最后,如果愿意,请您随便谈谈对×××发展旅游的建议:

_____
_____
_____
_____

资料来源:南开大学第四届本科生创新科研"百项工程"立项项目:天津市旅游形象测量与分析.项目负责人:赵亮.指导教师:李天元、杜炜.2006

思考题

1. 什么是旅游消费态度？态度的心理结构是什么？态度具有哪些特性？这些特性对于旅游经营者有哪些启示？
2. 态度有哪些功能？这些功能在旅游消费中有哪些具体的体现？
3. 什么是旅游消费偏好？旅游消费偏好是如何影响旅游决策的？试举例说明。
4. 旅游消费态度是怎样形成的？举例说明。
5. 态度的改变经历怎样的过程？需要把握哪些环节？如果你是一位旅游经营者，你打算如何通过引导消费者态度来促使他参加旅游活动？
6. 请对案例中的旅游消费者态度调查样本进行分析。按照旅游消费态度调查的方法、步骤和要领，拟订一份调查方案，实施模拟调查，写出分析报告。

第六章 个性与旅游消费行为

虽然人们的心理活动和行为表现存在共性,但是在现实生活中,人们的行为表现却总是千姿百态,其中的重要原因就是个性的存在。个性,亦称人格,是心理学研究中的一个重要问题,也是一个比较难以把握的问题。旅游者的个性是影响旅游消费行为的重要因素。本章在引入个性相关理论的基础上,将集中从个性特质、自我意识和生活方式方面探讨个性的问题,并着重分析旅游消费者个性及其行为表现,同时还将介绍旅游消费者个性测定的基本方法及其对旅游经营者的意义。

第一节 个性的含义和相关理论

一、个性的含义及其特征

个性,也称人格,来源于拉丁语 persona,最初指演员的面具,心理学家将其引申为个体的外在行为和心理特质。个性影响旅游者倾向与选择某种旅游产品的程度,比如对不同旅行交通工具的选择。

(一)个性的含义

心理学上对个性的定义纷繁众多。本书采用如下定义:个性是个体在先天素质基础上,在一定的社会历史条件下,通过社会交往形成和发展起来的带有一定倾向的稳定的心理特征的综合。它包含了以下几个层次的内容:第一,先天素质是基础,是前提条件。第二,社会历史条件是促进个性形成和发展的外在环境影响因素。第三,社会交往是促进个性形成和发展的方式。第四,个性是心理特征的综合,具有倾向性而且保持一定稳定性。第五,个性的形成是一个过程,而非短时可以形成。

依此观点,先天素质就好比一块天然的泥坯,在一定的社会历史条件经过社会交往的雕琢才能逐渐成形为具有一定倾向的、显示出其特点的、稳定的个性。

它包括使某一个体与其他个体相区别的特质、自我意识、行为方式等多个方面，影响着旅游者的旅游决策和对不同旅游产品的喜好程度。

(二)个性的特征

影响个性特征形成的因素包括先天因素和后天因素。先天因素指人的个性的生物属性，即定义中所说的先天素质。例如，神经活动兴奋性和感受外界的速度的差异都会对主体反映客观事物有不同程度的影响，从而形成不同的个性，比如有的人做事不慌不忙，有的人却表现出风风火火的个性特点。后天因素是个性的社会属性，例如，不同的家庭成长环境、不同的社会关系、不同的自然环境都会造成人的兴趣、能力、性格、气质的不同。两种因素相互联系、相互作用，形成了个性的以下特征：

1. 个性的差异性

每个人所具备的先天素质、所处的社会历史条件以及社会交往都是不同的，因此造成了个体独特的风格、独特的心理活动和独特的行为活动。在旅游上，这种差异性对消费决策的影响表现得尤为突出，如追新猎奇型旅游者更喜欢到新开发和充满新奇感的旅游地旅游和选择刺激的游乐项目，安乐小康型的旅游者更倾向于选择安静的旅游度假地和传统的旅游项目。

2. 个性的稳定性

人们通过不同的社会活动得到不同的社会体验，逐渐形成具有一定倾向性和相对稳定的心理趋势，并在以后的活动中针对外界刺激所表现出来的反应会比较稳定。比如，我们说某人是一个外向的人(或内向的人)，是就其个性的稳定性而言的。另一方面，个体行为中偶尔会表现出一些心理特征或心理倾向与个体的稳定个性不符，这些是不能代表个性的。比如，一个安乐小康型的旅游者可能在朋友的影响之下参加"过山车"等刺激活动，这不能说明他的个性是冒险和外向的。基于个性稳定的特征，经营者可将具有相同或相似个性的旅游者归为一类，组合出自己独特的旅游消费者市场，通过把握群体特征进行产品定位。

3. 个性的可塑性

由定义可知，个性在形成的过程中受到社会历史条件和社会交往的影响，因此，随环境的变化、年龄的增长和实践活动的改变，旅游消费者的个性会发生不同程度的变化。比如，一个年轻时冲动、追求时尚、活跃但收入不多的旅游者可能会选择富有冒险性但不太注重享受和休闲的探险旅游，但随着年龄的增长及所处社会地位、收入水平的变化，他可能在中年时转变为一个重视旅游产品休闲性和高品质的旅游者。另外，重大的事件以及环境的突变都可能对一个人的个性改变产生或大或小的影响。如亲人的逝世、工作环境的改变等。

二、个性相关理论

(一)弗洛伊德的精神分析论

根据弗洛伊德(Freud)的精神分析论,个性的结构由本我、自我、超我组成,个性就是在这三种力量的冲突中产生的。弗洛伊德认为个性的形成取决于个体在不同的个性心理阶段如何应付和处理各种相应的危机。

本我(id)是人与生俱来的推动行为的心理动力,不受任何理性和逻辑准则的约束,实际上反映的是人原始的欲望和冲动,是人生物性的一面。自我(ego)是在本我的基础之上,分化和发展起来的,是幼儿时期通过父母的训练与外界交往进程中形成的,是本我与外界环境的中介。超我(superego)是人在儿童时期对父母道德行为的认同、对社会典范的仿效和接收传统文化、价值观、社会理想的过程中逐步形成的,代表了"理智和良好的判断"。

弗洛伊德的理论建立在临床观察的基础之上,缺乏系统、严格的实验和经验验证,因此他的理论在西方学界毁誉参半,但对于理解和分析旅游者的行为仍具有重要意义。例如,该理论所涉及的愿望的实现、幻想的追求、摆脱生活压力等主题都可以用来解释当今旅游者所面临的"本我"、"自我"和"超我"三者之间的冲突。田园度假村便可以针对都市旅游者宣传其"回归自然、忘却烦恼"的美妙佳境。

(二)荣格的个性类型说

荣格(Carl Gustav Jung)前期为弗洛伊德精神分析论的支持者,后因观点不同而自创分析心理学。荣格的个性类型说认为,个性由很多两极相对的内动力形成,如感觉和直觉的对应、外倾和内倾的对应等。彼此相对的个性倾向力量的不平衡和不同相对个性的组合形成了不同的人的个性表现,例如有的人做事更为感性更倾向于直觉判断,而有的人则体现出理性的分析。由此,荣格将个性类型分为四种,分别为感觉思维型、感觉情感型、直觉思维型和直觉感情型。

感觉思维型表现为:决策理性、观点具有逻辑性和事实根据、决策遵循"客观性"导向、价格敏感性高、大量收集与决策有关的信息、风险规避者、实用主义、决策中的短视;

感觉情感型表现为:实证观点、决策受个人价值观影响、决策遵循"主观性"导向、考虑别人的想法、与他人共担风险、实用主义、决策中的短视;

直觉思维型表现为:视野开阔、决策时依赖想象并同时运用逻辑、想象很多选择方案、权衡各种方案、乐于承担风险、决策的长远性;

直觉感情型表现为:视野开阔、想象很多选择方案、在意旁人观点、决策遵循"主观性"导向、价格敏感性低、喜欢冒险、决策采用无限时间观。

（三）新弗洛伊德个性理论

被称为"新弗洛伊德者"的学者们认为个性的形成和发展与社会关系密不可分，从而不同意弗洛伊德关于个性是由本能或性本能决定的观点。比如，新弗洛伊德者阿德勒（Adler）认为，人具有追求卓越的内在动力即人类共同的个性特质，正是由于这种动力和人们在实际生活中追求的不同而形成了人不同的生活方式。另一位代表人物沙利文（Sullivan）认为人总是追求与他人建立互利的关系。

学者霍恩（Honey）将个性分为顺从型、孤立型和攻击型三种类型。顺从型的人在与他人交往中特别注重爱、赞许、慈善等需要，因而表现出同情、谦卑、慷慨的个性特点；孤立型的人躲避他人，注重独立、自由、自我依赖，漠视他人的期望，崇尚孤独；攻击型的人常与他人相违背，不怕冲突，注重权力、地位和控制他人的需要。

（四）特质论

和前三种建立在个人观察、自我报告、投射技术等定性研究方法上的理论相比，特质论强调根据具体的心理特征来区分人的个性，它着重于实证和定量分析。特质论认为，人的个性是由诸多特质构成的，是人拥有的品质或特征，它们作为一般化的、稳定而持久的行为倾向而作用，是个体以相对一贯的方式对刺激做出反应。

最具代表性的特质论是卡特尔（Cattell Raymond B.）的个性特质理论。除此之外，我国社会心理学家孙本文和美国个性心理学创始人阿尔伯特（Alben Ellis）也提出了比较典型的个性特质论。

孙本文认为个性特质有六个相互密切联系的方面，即：智能的特质、意志的特质、感情的特质、应付社会环境的特质、感受社会影响的特质、品格的特质。

个性特质论的创始人阿尔伯特认为特质是个性构造单位，是对个别行为习惯整合的结果。它具有相对持久性和动力性，能引导行为，并造成行为的一贯性，是个体独特性的来源。特质有三种：基本特质、核心特质和次要特质。基本特质主导着整个个性，人的所有行为都反映出它的影响；核心特质具有一般意义的倾向，是个性的重要组成部分；次要特质代表个人在某些情境下表现出来的个性特征，这些特征对一个人来说不是经常地、一贯地表现出的个性特质。

卡特尔理论的特点是用因素来进行特质的筛选和分类。他认为在构成个性的特质中，有些是世人皆有的，有些则是个体独有的，有的是由遗传决定的，有的是受外界环境影响形成的。这些个性特质可以分成两类：一是表面的特质，即在具体行动中表现出来的个性特点；二是根源特质，是由表面特质而推出的一个人的总体个性。经过长期研究，卡特尔归纳总结出了16种相关度极小的根源特质,如表 6-1 所示。不同的人的个性就是这些不同特质和相同特质不同表现程度的组合体。

表 6-1 卡特尔个性的 16 种根源特质

根源特质	低分特征	高分特征
乐群性 A	缄默、孤独	乐群、外向
聪慧性 B	迟钝、学识浅薄	智慧、富有才识
情绪稳定性 C	情绪激动	情绪稳定
好强性 E	谦虚、顺从	好强、固执
兴奋性 F	严谨、谨慎	轻松、兴奋
有恒性 G	权宜、敷衍	有恒、负责
敢为性 H	畏缩、退怯	冒险、敢为
敏感性 I	理智、着重实际	敏感、感情用事
怀疑性 L	信赖、随和	怀疑、刚愎
幻想性 M	现实、合乎成规	幻想、狂放不羁
世故性 N	坦白直率、天真	精明能干、世故
忧虑性 O	安祥沉着、有自信心	忧虑压抑、烦恼多端
激进性 Q1	保守、服从传统	自由、批评、激进
独立性 Q2	依赖、随群附众	自主、当机立断
自律性 Q3	矛盾冲突、不明大体	知己知彼、自律严谨
紧张性 Q4	心平气和	紧张、困扰

资源来源:符国群.消费者行为学.北京:高等教育出版社,2001 年.第 238 页.

第二节 旅游消费者的个性与行为表现

一、旅游消费者的个性特质与行为表现

对旅游业来说,个性特质的研究有助于理解旅游者如何进行选择及选择何种类型的旅游产品,经营者可据此设计和提供符合旅游者需要的旅游产品。

在旅游研究中,研究者们发现不同的旅游类型体现了不同的旅游者个性特质。某些相对的旅游交通方式或不同季节的旅游产品所体现出的旅游者个性特质恰恰相反。比如,和度假旅游所体现出旅游者的稳定的特征相对,探险考察旅游者体现出敢为的个性特质。表 6-2 列出了一些旅游行为类型和个性特质的对照。

表 6-2　旅游行为类型及其体现的个性特质

旅游行为类型	个性特质
度假旅游	乐群 A、忧虑 O、稳定 C、世故 N
观光旅游	乐群、兴奋、敏感、幻想、自律、聪慧、世故
探险考察旅游	乐群、独立、敢为、有恒、兴奋、聪慧、好强
国内旅游	激进、独立、稳定、兴奋、敏感、聪慧、怀疑
国外旅游	乐群、敢为、聪慧、幻想、好强
乘飞机旅游	乐群、忧虑、敢为、幻想
乘火车旅游	乐群、独立、紧张、怀疑
春季旅游	乐群
秋季旅游	稳定、自律
冬季旅游	乐群、敢为、好强

资料来源：甘朝有.旅游心理学.天津：南开大学出版社，2001年.第93页.

二、旅游消费者的个性类型与行为表现

研究个性类型与旅游者消费行为之间关系的代表性成果当推美国斯坦利·普洛格(S.Plog)博士建立的"安乐小康——追新猎奇"个性类型模式，如图6-1所示。

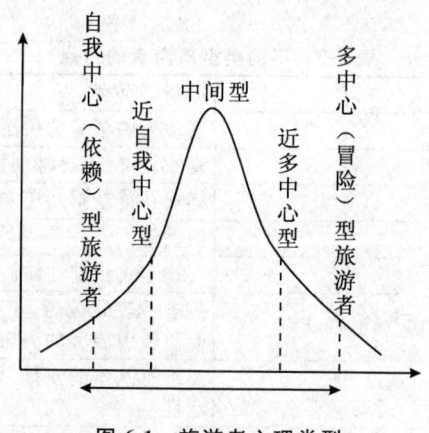

图 6-1　旅游者心理类型

资料来源：斯坦利·普洛格.为何旅游点受欢迎的程度出现大幅度摆动(1972年10月10日在旅游研究协会加利福尼亚分会上宣读的论文).

他结合旅游业实际情况将旅游者分为五个连续的心理类型。处于两个极端的个性类型分别是安乐小康型旅游者和追新猎奇型旅游者。他们在对旅游产品的喜好上有着明显甚至是相互对立的特征。安乐小康型旅游者在旅游交通上强调舒适和安全；在旅游产品的选择上倾向于具有完善旅游基础设施和发展成熟

的旅游产品；在旅游地的选择上多以能放松和休息为主题的熟悉的旅游地为主；希望旅程是安排得井井有条的，不出现意外情况的。恰恰相反，追新猎奇型旅游者更乐于尝试新的和刺激的交通工具，比如飞机和高山索道等；在旅游产品的选择上更乐于接受具有新奇感和挑战性的旅游项目；更喜欢探索鲜为人知的旅游地，他们往往是新的旅游地的发现和开拓者；他们也希望在旅途中发生预想不到的事以满足他们的对新鲜事物的渴望。居于两者之间的个性类型也是所占整体比例最大的旅游者的特征就属于两者特征的总和，有些人更倾向于安乐小康型，有些人更体现出追新猎奇型的特征。这一部分人是旅游者的主要组成部分。实际中的旅游发展过程往往是追新猎奇型旅游者作为先头部队前往新的旅游地，随后大众旅游者跟随而至，安乐小康型旅游者也会加入到这个旅游地的旅游活动之中，然而当该旅游地不再具有全新的吸引力，追新猎奇型旅游者又将转向下一个新的旅游地，带动新一轮的旅游潮流。分析不同个性类型对旅游产品的设计和市场定位提供了一个衡量标准。比如，对中国旅游市场而言，野外滑雪项目、沙漠探险旅游所吸引的对象就是具有一定经济实力基础而且在个性上倾向于追新猎奇的人群。五一、十一期间的传统团体观光游吸引的游客就多为其他四个类型的旅游者。安乐小康型与追新猎奇型旅游者的行为差异如表6-3所示。

表6-3 不同类型旅游者的特点

安乐小康型	追新猎奇型
喜欢熟悉的旅游地	喜欢人迹罕至的旅游地
喜欢阳光明媚的娱乐场所	喜欢新奇、不寻常的娱乐场所
喜欢老一套的旅游活动	喜欢获得新鲜经历和享受新的喜悦
活动量小	活动量大
喜欢乘车前往旅游地	喜欢坐飞机前往旅游地
喜欢设备齐全、家庭式饭店、旅游商店	只求一般的饭店，不一定要现代化大饭店和专门吸引旅客的商店
全部日程要事先安排好	要求有基本的安排，要留有较大的自主性、灵活性
喜欢熟悉的气氛，熟悉的娱乐活动项目，异国情调要少	喜欢与不同文化背景的人会晤、交谈

资料来源：斯坦利·普洛格.为何旅游点受欢迎的程度出现大幅度摆动(1972年10月10日在旅游研究协会加利福尼亚分会上宣读的论文).

三、旅游消费者的个性结构与行为表现

最早的个性结构理论是弗洛伊德的本我、自我、超我个性结构理论，后来在这个基础之上加拿大心理学家波恩(Eric Berne)博士和美国心理学家托马斯·

切尔斯(Thomas Chills)创造了新的个性结构理论。他们认为个性包括三个自我状态:儿童自我状态、父母自我状态、成人自我状态。在任何情况下,人们都受到这三种或其中某种自我状态的影响,而且这种影响还对人与人之间的相互交流起着很大的作用。在消费者的行为研究中自我状态理论运用十分广泛,在旅游者的消费决策中它也是相当重要的分析方法。

儿童自我状态是记录内部信息的主体,是一个人最初形成的自我状态。它是个性中主管情感的部分,包括自然状态和顺应状态两种形式。前者指行为不受其他因素的影响,想干什么就干什么,旅游者希望进行旅游的冲动就属于这一类;后者指按照幼时所受的训练行事。儿童自我状态在语言上的用词通常带有孩子气的口吻,如我想要、我不管、我不知道、我猜等等;语调通常为激动的、热情的、高而尖的、欢乐的、气愤的、悲哀的等等,体现出强烈的情绪化;身体动作和表情通常为噘嘴、可爱的眼神、咬指甲、撒娇等。

父母自我状态是记录外部信息的主体,指通过模仿父母或在心目中具有威信的人物的道德准则和其他信息而形成的态度和行为。父母自我状态是个体形成个人意见、行为方式和是非观念的信息来源,也常体现出安慰和同情的特征。父母自我状态的语言表现出结论、评论性和安抚性的特征,如应该、决不、让我告诉你怎么做、太不像话了、别再这样做了、你总该记住了吧、小家伙、宝贝儿、亲爱的等;语调一般表现为批评时的高声调和安抚时的低声调;非语言表现为皱眉、指手画脚、叹气、踱步、拍别人的头等动作。

成人自我状态是个性中支持理性思维和信息客观处理的部分。它对父母自我状态和儿童自我状态中的信息加以检验,以确定其是否符合具体情况。另外,成人自我状态还能预测可能发生的事情并作出理性决策。成人自我状态的语言表现为找寻原因和表明观点,如为什么、什么时候、什么地点、怎样、有可能、我认为、依我看等。语调镇定和理性。

通常情况下,在一个人的行为决策中,儿童自我状态充当的是提出要求的角色,父母自我状态给予否定,成人自我状态则进行理性的仲裁。在旅游者的行为决策中三者往往同时出现。

通常在旅游决策中最易受旅游吸引的是情绪性强、富有好奇心的儿童自我状态,当儿童自我状态希望摆脱熟悉的日常生活和工作或是被某些旅游产品所吸引,就会提出旅游的要求。而同时父母自我状态会对儿童自我状态的动机以及旅游产品所能提供的价值提出质疑:是否有必要进行一次旅游,通过这次旅游能否达到比如具有教育意义、放松身心、提高威望等的目的。而成人自我状态的理性会在父母自我状态和儿童自我状态之中进行调解和仲裁,最终作出是否旅游的决定。在这个决策过程中,儿童自我状态是最容易产生旅游需求的状态,因此旅游产品的宣传应突出特色以"吸引"潜在旅游者的儿童自我状态；其次，要提供充分的理由来"说服"父母自我状态同意儿童自我状态的旅游要求，父母自我状态所关注的是旅游产品的价值，是否具有教育意义、是否能达到休闲的目的等；最后，旅游企业还应提供详细的有关旅游产品的构成、日程安排、特色、价格方面的信息，以供成人自我状态的分析和慎重考虑，达到"打动"成人自我的目的。

四、旅游消费者的自我意识与消费行为

(一) 自我意识的定义与分类

自我意识是个体对自身一切的知觉、了解和感受的总和。自我意识就相当于一个人以客观的视角来评价自己，形成对自己外貌、行为、能力的看法。而由于自我意识要求与行动的一致性，自我意识就成为了个性的一部分。在消费决策中，旅游消费者多选择与自我意识相一致的产品和服务。这对销售者来说研究消费者的自我意识就很必要了。

人的自我意识具有多种类型，比较常见的分类方法将自我意识分为9类：(1)真实的自我，指人们如何看待自己的实际。(2)理想的自我，指人们希望自己能达到某种状态或理想。(3)社会的自我，指人们认为别人会如何评价自己。(4)理想的社会自我，指人们希望别人如何来评价自己，或者是说希望在别人眼里自己是什么形象。(5)预期的自我，指人们期待在将来如何评价自己，这是介于实际的自我与理想的自我之间的一种过渡形式。(6)环境的自我，指在特殊的外界环境中个人所表现出来的自我形象。比如在旅游的过程中，随着远离熟悉的生活环境，旅游者会越来越放松，体现出与平时在办公室的严谨作风不相符的活泼的一面。(7)延伸的自我，体现了所有物对自我形象的影响，比如某些特定产品或服务在一定程度上体现了客人的身份，最为明显的例子就是商务游客多选择高档酒店入住，因为酒店的档次在一定程度上是公司地位的象征。(8)可能的自我，指人们希望、预料或者害怕自己成为的一种形象。(9)连同的自我，描述了个人根据与他相关的个体或团体来定义自我的程度，也就是说以他人的一些标准来衡量自己。

(二) 自我意识与产品的象征性

人们购买某种产品或服务在一定意义上并不仅仅在于其使用价值，还在于其所给与消费者的自我意识认同感。特别是在日益讲求品质的现代社会，产品和服务向外界传递着关于自我的很重要的信息。比如法拉利、劳斯莱斯不仅仅是一种交通工具，它们传递的是一种更高的象征价值。如今丰富多样的旅游产品和服务，如探险游、自驾车旅游、出国游等也体现出了不同人群的自我意识特

点,也是具有象征意义的产品。贝尔克(Belk)用延伸的自我来说明这类产品和自我意识的关系,认为延伸的自我由自我和拥有物两部分组成。在一定程度上,人们倾向于用外在拥有物来界定自己的身份。如果丧失了某一特定所有物,他就会区别于当前的自我形象。所以,拥有物不仅仅是自我意识的外在显示,还是自我意识的组成部分。

产品或服务的象征性对自我意识的重要性如图 6-2 所示,它包括三个组成部分:个体的自我意识、参考群体以及象征性产品。首先消费者购买认为能体现自我意识的产品或服务,然后希望参考群体能感知到他所希望的象征性,最终达到让参考群体将产品和服务与消费者的自我形象联系起来,并认为象征性产品具有与消费者相同的个性的目的。

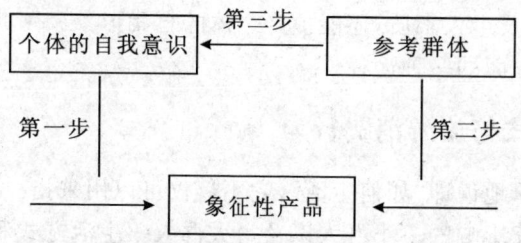

第一步:购买象征自我的产品
第二步:参考群体将人与产品联系起来
第三步:参考群体将产品的象征品质归因于人

图 6-2　自我通过象征性产品与他人沟通

资料来源:Jonn C.Mowen,Michaels Minor.消费者行为学.北京:清华大学出版社,2003 年.第 99 页.

容易被消费者当成象征符号的产品或服务通常具有三个特征:首先是用途的可见性。也就是说,产品的购买、消费和处置容易被他人感觉到或看到。其次,具有差异性。这是指由于购买能力的差异,一部分消费者能够购买,而另一部分消费者则无力购买,也就是说,能作为象征符号的产品或服务不是人人都可以随意消费的。最后是应具有个性,这是指产品或服务描述消费者的典型性的程度。

绝大多数的旅游产品和服务都具有以上三个特征,特别是随着人们生活水平的提高,可支配资金和闲暇时间成为现实,旅游成为潮流和时尚时,旅游的象征性日益突出。首先,旅游的购买、消费和处置都是显而易见的,去何处旅游、参加何种类型的旅游、住宿和出行交通工具的档次都是能被别人看得见和感受得到的。第二,不同档次的旅游产品针对的客户群体不同。越是高档的旅游产品对身份和地位的体现越高,这就是为什么商务游客对旅游产品质量更为关注的原因之一。第三，针对不断细化的旅游市场，销售者设计了更为丰富和独具特色的旅游产品，更好地体现出了旅游者的个性，符合他们追求与个性相符的产品的愿望。旅游产品和服务是具有鲜明个性的。比如背包客多为年轻健康、富有冒险精神和好奇心强但经济上并不富裕的人，而老年人更倾向于舒适和日程安排较为宽松的团队旅游。最能从象征性产品的三个特点体现旅游产品象征性的例子当属高档的"体验旅游"。它指综合的体力与脑力投入，往往也含有较大的知觉成分，大众化的方式包括爬山、狩猎以及探索未开发的土地。在当代，美国用于旅游的开支中这些项目已占 5%～10%，其中最典型的冒险旅游家就是那些有钱的中年男士。

正因为旅游产品是具有很强象征意义的产品，它不仅能反映一个人的社会地位、事业成就以及个人素质，还能提升个体的自我形象。因此它可以作为人们达到理想的自我方面的一种途径。

五、生活方式与旅游消费行为

生活方式简单地说即"如何生活"，它不仅仅可以用来指一个人如何生活，还可以用来描述相互影响的一小群人以及一大群人。生活方式和个性特质是相互区别又相互联系的。生活方式更倾向于用外在表现的不同来区分不同的人群，它关注的是人们如何决策、如何消费、如何安排时间，而个性特质则倾向于描述消费者特有的思维、感知和感知模式。二者又是相互联系的，个性特质对生活方式有很大的影响，在一定程度上可以说生活方式是个性特质的外在表现。比如一个内向型的旅游者会倾向于选择恬适安静的度假村作为旅游目的地。目前很多研究者倾向于将生活方式作为市场细分化的标准，再进一步分析某一细分化市场内消费者在个性上的差异。

习惯于不同生活方式的人们在是否旅游、到哪旅游、选择何种旅游产品的决策上也有着很大的不同。按照不同的分类标准，可将人们划分为不同的生活方式群体。

按照生活方式的开放和封闭程度来分，可划分出"封闭型"、"半开半闭型"、"开放型"三种生活方式群体。

"封闭型"的消费者追求平静和安宁并且重视家庭生活。他们生活规律，注意保持健康，很少暴饮暴食；朋友少而固定，不喜欢被不速之客打扰。此类人一般不选择出游，如果出游则倾向于选择空气清新、阳光充足、环境幽静的度假地。比如，海滨日光浴、山野别墅式度假村、湖畔垂钓等。总的特点是"静"。

"开放型"的消费者则恰恰相反，他们活跃外向、自信、容易接受新鲜事物。家只能满足这类人的基本需求，社会交往才能使他们的高层次需求得到满足。

因此,相比较而言,他们更倾向于积极介入社会和政治事务之中,也更容易选择远程的出国旅游。他们在旅游中积极与人交往,对新奇的异国文化和传统非常感兴趣。总的特点是"动"。

介于"封闭型"和"开放型"之间的便是"半开半闭型",这种类型的消费者追求动与静的结合。他们既希望生活的秩序性,又不满足于一成不变的生活,因此通常希望通过有计划的旅游来调节自己的生活。到较远的旅游地旅游时多对当地的历史遗迹、建筑、艺术等颇为青睐,在较近的旅游场所比较喜欢从事刺激性的娱乐活动。这类消费者旨在追求生活中动与静的平衡。

当然,生活方式的相对稳定并不意味着这一类型的旅游者一定会选择某种类型的旅游产品。其他因素,比如朋友的推荐、社会潮流的推动、想逃离平时生活方式的桎梏(如上班族受平时循规蹈矩的工作生活压抑,会在度假时选择比较新奇和刺激的度假方式,例如冲浪、到充满异国情调的地方去等)的影响也会促使旅游者作出不一定符合他惯有生活方式的决策。

第三节　旅游消费者个性差异比较

对于旅游消费者个性行为的比较可以选取多个角度进行,这里,我们主要从旅游消费者的性别、年龄和气质角度对其消费心理和行为特点进行比较。这一研究将有助于旅游经营者和旅游服务人员采取适当的经营和服务措施,使消费者达到真正的满意。

一、旅游者的气质差异及其行为比较

在日常生活中,人的情感在发生的速度上会有迅速、缓慢之分,在强度上有强烈、微弱之分,在表现上会有外露和隐蔽之分,在行为上会有灵活与迟钝之分,这些特点的综合就反映了一个人的气质状态。根据旅游者的言谈举止,可以将旅游者的气质概括为四种类型。

(一)急躁型旅游者

急躁型旅游者情感发生迅速、强烈而持久,并有明显的外部表现。对人热情,讲话速度较快,感情外露,在言谈中表现自信,喜欢讲"我认为……",讲话直率,不顾场合。这种类型的旅游者由于情感外露,碰到问题容易发火,一旦被激怒,就不容易平静下来,动作发生比较强烈、迅速,对自己的行为感到难以自控。

在游览中,他们常被导游生动的讲解、有趣的故事所吸引,并不由自主地发

出赞叹的声音打断导游的讲解。有时还会不假思索地提出一些问题去打断别人的讲话。他们在排队、等车、等飞机或在旅馆办手续、在餐厅结账的时候,往往比其他旅游者显得心急火燎,非常不耐烦。在购物时他们属于冲动型的顾客,买东西很少过多考虑和挑选。他们在宴席上多充好汉,自认酒量第一。他们喜欢与人争论问题,而且力求争胜。他们常常显得粗心,容易遗失东西。

在接待服务中,要注意不要激怒他们,万一出现矛盾应避其锋芒。办理一些手续时,应尽可能迅速。在适当的时候需特别注意提醒他们不要遗留物品。

(二)活泼型旅游者

活泼型旅游者表现为活泼好动,喜欢参与变化大、刺激性强、花样多的活动。他们反应快、理解力强,显得聪明伶俐。他们动作敏捷、灵活。他们对人热情大方、喜欢与人交往,喜欢讲话,常主动与旅游工作者攀谈。他们很快与人熟悉,并交上朋友。他们感情外露,情感多变,在多数情况下,显得非常乐观,整天笑声不绝,经常处于愉快的心境中。他们容易受感动,看到动人的场面会流下泪来。

接待他们时,在可能的情况下要多同他们交往,不能不理睬他们。在与他们讲话时,不应重复过多,否则他们会不耐烦。旅游服务人员应主动向他们介绍饭店内的娱乐活动场所,满足他们喜欢活动的特点,以示关怀。他们做事经常改变主意,在商场买东西容易退货。工作人员要做好耐心的解释工作。在餐厅应向他们介绍新推出的食物,活动安排要特别注意变化新花样。

(三)稳重型旅游者

稳重型旅游者平时表现安静,喜欢清静的环境。他们很少主动与人交谈,交谈起来也很少滔滔不绝。感情很少外露,很少大声谈笑,不容易受感动。他们常使人觉得不易打交道,难以接近,猜不透他们在想什么。他们很少发脾气,自制力很强,做事不慌不忙,力求稳妥,不做没把握的事情。生活有固定的规律,很少打乱。他们反应慢,在听导游讲解或听介绍时,总是希望别人讲话慢一些或多重复几次。他们的注意力稳定、不易转移、对新环境不易适应,但一旦适应了又非常留恋,经常有怀旧的情绪。

在接待他们的过程中,应当注意在安排住房时尽量选一些较为僻静的环境,不要安排在靠近电梯和附近有很多年轻人或有小孩吵闹的房间,以满足他们爱清静的特点。一般情况下,与他们交谈要简单明了,不要滔滔不绝,以免引起反感。在需要他们作决定时,不要过多地催促,允许他们做时间稍长的比较、考虑,以尊重他们处事谨慎、深思熟虑的特点。

(四)忧郁型旅游者

忧郁型旅游者情感不外露,心里有事一般不愿对别人讲,宁愿自己苦思冥想。性情比较孤僻,不合群,很少到热闹的场所去。他们很安静,甚至沉默寡言,不习惯在公开场合讲话。他们情感体验深刻,自尊心十分强,很敏感,好猜疑。他们的心境会因很小的事情而改变,很多时候是郁郁寡欢的。他们在遇到失败或挫折时内心会感到非常痛苦,如丢失了钱包、首饰、物品。碰到兴奋的事情或伤心的事都经常会失眠。他们讲话慢,有时会显得很罗嗦,生怕别人听不清楚产生误会,行动迟缓,反应慢。

在接待他们时,要注意讲话清楚明了,不与之开玩笑,以免引起误会。当他们遗失物品、生病或出现其他意外时,要特别注意关心、帮助,想办法安慰他们,使之感到温暖。在餐厅要临时调整餐位或在饭店临时调整他们的房间时,一定要对他们讲清楚理由,以免引起他们的猜疑和不满。安排住房时宜为其安排单独、清静的房间。向他解释问题时,一定不能露出半点不耐烦的神情。

在旅游活动中,很少有人纯粹表现出某一类型的气质,而大多数旅游者是以某一种气质为主,同时也表现出其他气质类型的某些行为特征,旅游服务人员应注意细心观察。

二、旅游消费者的性别心理与消费行为

男性与女性的心理差别主要表现在个性、行为和脑力等方面。心理差别可以通过外在的行为表现出来,从而引起人们的观察和研究。在旅游活动过程中,不同性别的旅游者具有不同的消费心理和行为模式。

(一)女性旅游者的心理特点

1.注重旅游产品的外在表现和情感体现

女性旅游者普遍具有求美的心理和情感性的特点,她们的感情比较丰富,善于联想,因而在参加旅游活动的时候,比较重视旅游产品的外在表现,比如:酒店的外观、清洁程度、旅游景点的魅力、纪念品的特点等等。在满足感官需要的同时,女性旅游者往往比较重视旅游产品的感染力,她们更易于体会旅游过程所带给人的精神享受。因此在设计、组合旅游产品的时候,一定要考虑旅游产品的吸引能力和情感内容,要使旅游者在旅游过程中可以看到美、亲近美、感受美,甚至创造美。

2.注重对旅游产品之间的比较

女性旅游者观察事物时比较仔细,作出购买决策时更舍得花费大量的时间,选购旅游产品时通常表现出较强的挑剔性。她们在对不同旅游产品的质量、价格等各方面的具体利益进行仔细比较后才会做出最终的选择。因此旅游企业在提供旅游产品的时候,一定要保证自己的产品具有足够的竞争性,同样质量的情况下,价格要有竞争力;同样的价格,旅游产品一定要更能引起人的兴趣。总之,旅游是一种高层次的消费活动,对于它的选择,人们往往倾向于对自己更有利的产品。旅游企业要想赢得顾客,就必须使自己的产品更能吸引顾客、满足顾客。

3.容易受外界因素的影响

在选择旅游产品的时候,女性消费者考虑的方面比较多,因而决策的时间比较长,在此期间,她们会对各种外部信息,比如旅游企业的广告信息、旅游专家的有关评论、朋友的建议、其他人的旅游消费经验等进行分析,在综合考虑各方面因素的基础上,做出最终的决定。

在消费旅游产品的时候,女性旅游者也比较重视外界的因素,旅游过程中发生的各种事情都有可能对她产生影响,进而表现出一定的行为特征。比如:饭店中其他客人与服务员之间的矛盾可能会使女性消费者对饭店产生坏的印象,旅游活动中偶然出现的非人为因素事件可能会使其旅游心情受到很大的影响等等。

因此,在旅游服务过程中,一定要针对女性旅游者的心理特点,详细认真地解释各种问题,对于可能发生的事件一定要提前与旅游者打招呼,当旅游者表现出对旅游活动的迟疑情绪时,要耐心地解释,认真地分析。

5.追求时尚的心理

现代女性消费者普遍具有求美心理和强烈的自我表现意识,在消费旅游产品时表现出一定的时代特点,她们更崇尚流行,追随时髦。在接受旅游服务的过程中,女性消费者更注重服务的个性化、时代性等特点。因此,旅游服务人员在提供服务的时候一定要讲究服务的艺术,不断提高自己的服务水平以满足旅游者的需要。

(二)男性旅游者的心理特点

1.重视旅游服务的整体感受

男性旅游者在接受旅游服务的过程中,更注重对消费过程的整体感觉,对于一些比较细小的琐碎问题,一般会表现出比较大度的态度。因此,旅游服务人员要保证服务过程的整体质量,但是对于一些细节问题也要引起足够的重视,不能因为旅游者的要求不高就降低服务的水平,要始终以高标准来严格要求自己。

2.消费选择比较独立

虽然在做出消费选择的过程中,每个人都会对各种条件进行比较、分析从而选择最适当的旅游产品,但相对于女性旅游者来说,男性旅游者只会有重点地考虑某些方面,所以更容易做出选择。而且在旅游过程中,男性旅游者表现出更大的独立性。因此在旅游服务过程中,服务人员要根据男性消费者的需要提供适当的服务,不要事无巨细的面面俱到,这样反而会引起某些客人的反感,从而降低其对优质服务的感知。

三、不同年龄旅游消费者的消费行为比较

一个人的年龄对其心理往往有很重要的影响。虽然年龄并不能完全代表一

个人的生活经历,但从一般意义上讲,年龄往往是一个人成熟与否的一个重要标志。旅游者在不同的年龄阶段,对社会事物具有不同的体会和感受,往往也会表现出不同的心理特点。

(一)儿童旅游者的消费心理特点

儿童消费者群体主要指由 0~15 岁的未成年人所组成的群体。儿童约占我国人口总数的 30%~40%。儿童旅游者的心理特点主要有以下几个方面:

1. 不稳定性

根据年龄大小,儿童旅游者具体可划分为两个部分。年龄较小的一部分比较重视生理需求,他们更看重旅游过程中满足其生理需要的服务,比如饭店的饮食、旅游景区的游览项目等等。年龄较大的一部分则开始倾向于个性化需求,不再单纯地考虑服务过程中的生理方面。儿童旅游者的心理容易受到环境和其他人为因素的影响,表现出很大的不稳定性。因此,旅游服务人员在提供服务的过程中,要针对不同年龄、不同经历、不同性格特点的儿童旅游者提供服务,当环境或者其他外在条件发生改变的时候,要注意观察儿童旅游者的变化,适时地改变服务的方式和内容。

2. 独立性不强

和成年人相比,儿童旅游者的独立性相对来说不是很强。儿童旅游者的行为一般处在长辈的监控之下,受长辈的影响比较大。因此,在旅游服务过程中,儿童更需要得到服务人员的悉心照顾和格外的注意。

3. 好奇心比较大

儿童与外界的接触比较少,当他们参加到旅游活动中的时候,面对陌生的环境往往会表现出极大的好奇心,为满足自己的好奇心就会采取一些特别的行动,在这种情况下,他们可能不会对安全等因素进行考虑。因此,旅游服务人员在旅游活动之初一定要讲清楚各种行为的利害关系,并和儿童旅游者的家长一起来监督儿童旅游者的行为,必要的时候要采取一定的强制措施。

(二)青年旅游者的消费心理特点

青年消费者的划分标准并不是很统一,一般认为是指 15~35 岁的人群。青年消费者约占我国人口的 25%。青年旅游者是旅游活动的主力军,分析他们的心理特点对于旅游企业更好地开展旅游服务具有重要的意义。

1. 注重科学,追求时尚

青年人的心理特点是感觉敏锐,富于幻想,勇于创新。反映在旅游活动中,就是比较重视旅游产品的时代性,注重服务的科学性。旅游活动本身就是一种时尚的消费活动,对青年人具有很大的吸引力。但是,在这个日新月异的社会,旅游产品必须跟上时代的步伐,必须不断地丰富其内容,而且,旅游服务提供者也要不断地对服务的内容、服务的方式和手段进行更新,要注重服务中的科学含量。

2.强调个性和自我表现

青年人的自我意识比较强,追求个性独立,希望形成完善的个性形象,因此,青年消费者更喜欢表现自己的特殊性。具体到旅游活动中,青年旅游者往往重视旅游活动是否适应自己的个性发展,他们会选择一些更具有特点的旅游产品,更希望得到一些个性化服务,更愿意在旅游过程中亲身参与某些活动来表现自己。因此,旅游企业要研究青年旅游者的个性需要,不断推出具有代表性的产品。在旅游服务过程中,不要一成不变、循规蹈矩,要根据旅游者的需要不断完善服务内容,同时,要适当地推出旅游者自助的服务项目,使旅游者利用旅游企业提供的设施进行自我服务,给旅游者提供表现的机会。

3.消费欲望强烈,冲动性购买行为比较多

青年消费者的经济一般都比较独立,而且负担比较小,因此消费的欲望比较强烈。而且,青年消费者的感情冲动,行为容易受到感觉的影响。因此,对于旅游企业和旅游服务人员来说,要通过各种渠道来刺激青年旅游者的消费欲望,促使其消费行为的发生。

(三)中年旅游者的消费心理特点

按照传统习惯划分,中年人指的是35岁以上尚未退休的消费者,女性在55岁以下,男性在60岁以下。中年消费者约占我国总人口的10%~15%,中年旅游者主要有以下几个方面的心理特点:

1.旅游消费行为比较理智

中年人的生活阅历广,生活经验比较丰富,情绪一般比较平稳,很少感情用事和冲动购买。在购买旅游产品的时候,他们会比较客观、理智地分析旅游产品的价值。在消费旅游服务的过程中,受外界条件的影响比较小,更尊重自己的想法。因此,旅游企业面对中年旅游者的时候,一定要设法凸显出旅游产品和旅游服务的价值,在提供旅游服务的时候,要尊重旅游者的选择。

2.旅游消费的计划性

中年人的生活负担一般比较大,虽然他们的经济收入比较稳定,但由于家庭负担比较重,因此生活的压力比较大,所以他们在做出任何决定的时候都要考虑多方面的影响因素,表现在对旅游产品和服务的选择上,则具有很强的计划性。对于旅游企业来讲,由于中年人的生活压力比较大,因此更需要通过各种方式来放松身心,而旅游则是一个比较理想的选择,旅游企业要通过各种宣传手段来争取更多的中年旅游者。另外,中年旅游者的理智性比较强,其旅游服务消费具有很大的计划性,因此,在提供服务的过程中,要讲究服务的艺术,促进旅游者的消费行为。

3.价格敏感性比较强

由于中年人的特殊家庭地位,他们对于价格是比较敏感的,在消费过程中,往往精打细算,寻求物美价廉。因此,旅游企业面对中年消费者的时候,对于自己提供的服务产品的价值一定要详细地说明,强调产品的物有所值。旅游服务人员在提供服务的过程中,切忌哗众取宠,一定要踏踏实实、细致周到。

(四)老年旅游者的消费心理特点

老年人一般指退休以后的人,包括55岁以上的女性和60岁以上的男性。在我国,老龄化人口已经占到10％左右,并呈现出持续上升的态势。老年旅游者主要的心理特点如下:

1.求实性消费明显

求实性消费特征一般包括三方面的含义:一是产品的适用性;二是服务的可靠性;三是价格的合理性。在日常生活中,尽管老年人的个性特征、生活习惯、消费方式有很大差异,但求实消费是多数老年人的基本心态,老年人消费一般要求方便适用、安全舒适、有益健康等,而对新颖性、趋时性无过高要求。对服务的求实性表现为对服务要求可靠、及时、方便,能消除不安全感。对价格的求实表现为要求物美价廉,在我国节俭传统的影响下,我国老年人对价格一般较为敏感。

2.怀旧心理强烈

老年人在数十年的生活实践中积累了丰富的经验,他们留恋自己过去的生活方式和习惯性的消费产品,对于新事物、新产品的接受性比较差。因此,旅游企业应该推出契合其怀旧心理的旅游产品,如旅游线路的设计体现出历史的沧桑感,提供更多的传统服务项目等等。在服务过程中,服务人员一定要保持足够的耐心,仔细认真地为老年旅游者提供服务。

3.对旅游服务期望较高

老年旅游者由于自身身体状况的限制,在旅游过程中,更看重服务水平和服务质量,他们希望自己投入财力以后可以享受到舒适的旅游过程。因此,旅游服务人员在服务过程中,要针对老年旅游者的消费心理,以高超的服务技术为其提供完善的高品质服务。

第四节　旅游消费者个性测定和研究意义

在目前的研究成果中,测定个性表现的方法有很多,比如测量自我和产品形象一致性的方法,测量生活方式的 AIO 结构法,以及 VALS 心理学方法。最常被企业用来细分化市场的为 AIO 结构法和 VALS2 心理学方法。本节就主要介绍这两种方法的内容与运用。

一、AIO 结构法

AIO 结构法又被称为活动、兴趣、意见(activity, interest, opinion)测量法,是为销售者了解市场消费者生活方式而设计的问卷调查方法。它从活动、兴趣、意见三个主要方面对消费者进行调查以期获得细分化市场的相关资料,见表 6-4。活动问题的主要内容通常包括消费者从事哪些活动、购买什么产品和如何分配时间;兴趣问题主要包括消费者的偏好和优先选择;意见问题主要询问消费者对社会、经济、文化事件的观点和感受。

表 6-4 生活方式分析要素

活动	兴趣	意见
工作	家庭	自己
嗜好	食物	社会问题
假期	时尚	政治
娱乐	社区	商业
运动	消遣	经济
购物	传播媒体	教育
会议	成就	未来
社区活动	职业	文化

资料来源:李东进.消费者行为学.北京:经济科学出版社,2001年.第 207 页.

AIO 问题分为两类:一类是笼统性问题,比如旅游者喜欢户外活动还是室内活动,旅游者觉得自己是内向还是外向。这种问题的目的在于了解消费者中的流行趋势以制定相关战略目标。另一类是具体性问题,比如旅游者是否购买过某种类型的旅游产品,是否喜欢,认为它的特点是什么等等。目的在于使销售者对某一特定产品的优缺点有一定的把握,进而采取相应行动,以提高企业的服务质量和改进产品。

AIO 结构法在活动方面的问题范围包括工作中的活动、爱好所偏向的活动、社会活动、度假、娱乐、购物、社区活动、体育活动等方面;兴趣问题的范围包括对家庭、工作、家务、社区事务、流行、休闲、食物、媒体、成就等方面的兴趣倾向;爱好方面的问题包括自身、社会问题、政治、商业、经济、教育、产品、未来、文化方面。

编制一份 AIO 量表的基本步骤为:首先尽量收集可能得到的有关市场调研的资料,找出有意义的关键变量。其次,针对关键变量,形成各种类型的陈述,以便反映研究者打算了解的消费者的活动、兴趣和意见。最后,将诸多陈述排列起来,以便让消费者去回答他们对每条陈述的同意程度。

AIO量表可以作为旅游企业进行市场细分化、产品定位和促销宣传活动的重要依据。如,针对表6-4,可以提出如下问题:

1. 活动方面的问题

(1)你每月至少参加两次或两种户外活动?

(2)你一年通常读多少本书?

(3)你一个月去几次购物中心?

(4)你是否曾经到国外旅游?

(5)你参加了多少个俱乐部?

2. 兴趣方面的问题

(1)你对什么更感兴趣——运动、电影还是工作?

(2)你是否喜欢尝试新的食物?

(3)每年一次出境游对你是否很重要?

(4)星期六下午你是愿意花两个小时陪你妻子还是一个人外出钓鱼?

(5)你是否每天上网?

3. 意见方面的问题(回答同意或不同意)

(1)环保问题是我们的当务之急。

(2)独生子女的教育是一个社会问题。

(3)黄金周假期应该长期保持下去。

(4)贷款消费是过度消费。

(5)我们必须做好应付核战争的准备。

二、VALS量表法

VALS心理学方法是斯坦福国际研究所(SIR)于1978年开发的价值观与生活方式项目,它是一种更受企业欢迎的调查方法。包括建立在动机和发展心理学基础上特别是马斯洛需要层次理论上的VALS和专门用于测量消费者购买模式的VALS2。[①]

VALS2较之于VALS更具广泛的心理学基础,并更强调对活动与兴趣方面问题的研究。它包括两个层面:资源的多寡和自我取向。VALS2将自我取向分为三种:(1)原则导向。持原则导向的人根据信念而不是感觉、事件或对感知

---

① Mowen J C. *Consumer Behavior*. New York: Macmillan Publishing Company, 1993. 224 Hawkins DJ, Best RJ and Coney K A. *Consumer Behavior: Building Marketing Strategy*. The McGraw-Hill Company, 1998. 438—445

的渴望做出消费选择。(2)身份导向。此类人多在意他人的看法。(3)行为导向。此类人依据对行为多样性、冒险的渴望来进行决策。

VALS2 按照以上资源的多寡和自我取向两个层面的标准,将美国消费者分成了 8 个细分化市场,分别为实现者、完成者、信奉者、成就者、奋争者、体验者、制造者和挣扎者。他们由于占有资源丰富程度的不同以及原则、身份和行为的不同而形成了各自不同的特点与地位。

1.实现者(actualizeers)。拥有丰富的资源,原则和行动取向;活跃,购买活动体现趣味、独立和个性;大学文化,占人口的 8%,平均年龄 43 岁,年平均收入 58 000 美元。

2.完成者(fulfilleds)。拥有较丰富的资源,原则取向;成熟、满足、富于思考,受过良好教育,从事专业性工作;一般已婚并有年龄较大的小孩,休闲活动以家庭为中心;占人口的 11%,平均年龄 48 岁,年平均收入为 38 000 美元。

3.信奉者(believers)。资源较少,地位取向;传统、保守、信守县城规则、活动很大程度上是以家庭、社区或教堂为中心;垂青于美国产品和有声望的产品,不喜欢创新;高中文化程度,占人口的 16%,平均年龄 58 岁,年平均收入 21 000 美元。

4.成就者(achievers)。拥有丰富资源,地位取向;成功、事业性、重视意志和稳定甚于风险和自我发现;注重形象、崇尚地位和权威;受过大学教育,占人口的 13%,平均年龄 36 岁,年平均收入 50 000 美元。

5.奋争者(strivers)。拥有资源较少,地位取向;寻求从外部获得激励、赞赏和自我界定;将金钱视为成功的标准,因常感经济的拮据而抱怨命运的不公,易于厌倦和冲动;他们中的很多人追赶时尚,企图模仿社会资源更为丰富的人群,但总是因超越其能力而倍感沮丧;占人口的 13%,平均年龄 34 岁,年平均收入 25 000 美元。

6.体验者(experiencers)。拥有较丰富的资源,行动取向;年轻、充满朝气、喜欢运动和冒险;单身、尚未完成学业,属冲动型购买者;占人口的 12%,平均年龄 26 岁,年平均收入 19 000 美元。

7.制造者(makers)。拥有资源较少,行动取向;保守、务实,注重家庭生活,勤于动手;怀疑新观点,崇尚权威,对物质财富的拥有不是十分关注;受过高中教育,占人口的 13%,平均年龄 30 岁,年平均收入 30 000 美元。

8.挣扎者(strugglers)。生活窘迫,教育程度低,缺乏技能,没有广泛的社会联系;一般年纪较大,常为健康担心,常受制于人和处于被动;他们最关心的是健康和安全,在消费上比较谨慎,对大多数产品和服务来说,他们代表了一个中等程度的市场,对喜爱的品牌比较忠诚;占人口的 14%,平均年龄 61 岁,年平均收入 9 000 美元。

三、旅游消费者个性研究对旅游经营者的意义

旅游者个性的研究能对旅游企业在以下几个方面起到一定的指导作用：

（一）对市场调查的意义

进行市场调查对旅游企业来说具有两个重要作用：首先，市场调查是获得测量旅游者个性的第一手资料并对其进行分类的基础；其次，旅游企业还可以利用调查来检验其为某一特定个性旅游者群制作的广告和宣传材料是否达到了预期效果。市场调查是获得旅游者个性信息及其对决策影响的方式。

（二）对旅游市场细分的意义

本章的一个重要目的就是提供一种方法，将不同的人按一定标准分为具有相似需求、欲望、希望和愿望的群体，以便于旅游企业寻找到合适的目标市场。随着旅游的发展，大众化的观光旅游形式已不能完全满足旅游者的需要，旅游者越来越要求旅游的个性化并希望通过旅游达到休闲和娱乐的目的；同时在传统的大众观光旅游市场上，旅游企业之间的竞争已异常激烈，利润空间也越来越低。一个旅游企业要求新的发展，就需要发现新的旅游需求和开发新的旅游产品。旅游企业应根据人们不同的个性特质、自我意识以及生活方式来分析和细分化市场，结合自身的优势和外在便利条件，选择适当的旅游细分化市场来开发旅游产品，做出自己的特色品牌。这样，旅游企业不仅能更进一步地提供细化服务和特色产品，提高在同类产品市场上的竞争力，而且适应了旅游者追求个性化的要求。例如，更具文化性的主题旅游的兴起和针对素质较高的银发旅游市场的开发。

（三）对旅游营销策略的意义

个性的研究对旅游促销和产品策略有着明显的意义。可以根据对目标市场的个性特质、自我意识和生活方式的了解来设计促销策略。例如：基于电子商务的发展和网络已成为年轻人生活一部分的现实，在网上做相应的广告会有一定的意义。此外，针对细分化市场的个性特征，旅游企业可制定目标明确和针对性强的销售策略来给旅游产品定位并使其区别于竞争者。

案例 1
特色旅游

最近兴起的一项特色旅游——主要针对电视电影追星一族的电影旅游就充分体现了按照人群的特殊生活方式设计旅游产品的思路。电影旅游产品借助电

影大片和火爆电视剧的强大吸引力,将拍摄地设计成旅游路线,吸引 fans 前往。它所吸引的顾客多为青年人群。2003 年电影大片《指环王》的拍摄使新西兰的美景成为众人的向往,同年旅游业闻风而动,设计了大量以该片拍摄地为主的旅游产品,此产品一举成功吸引了大量爱好电影的旅游者。而《哈利·波特》的拍摄也使霍格华兹学校的拍摄地苏格兰的奥维克城堡成为一个旅游热点。另外,日本公社(JTB)推出的《冬日恋歌》游,游客可游览拍摄电视剧的主要外景地,从 8~10 月已经有 1500 人报名参加,是原计划的 3 倍。此路线已接待 4000 多名游客,此类旅游使偏僻的拍摄地一举成名,串联该电视剧拍摄地的旅游路线也受到众多影迷的青睐。虽然这些外景地的旅馆和参观价格比较高,但对影迷来说,为体验心目中的偶像生活,对价格并不敏感。在 2004 年 11 月举行的第 25 届旅游展上,印度也提出将重点开发以"宝莱坞"著称的电影旅游。计划游客将可以到电影拍摄地参观,并和著名影星见面。

资料来源:杜炜.旅游心理学.北京:旅游教育出版社,2005 年.第 80 页.

案例分析

在传统的大众旅游时期,旅游者的需求表现为愿意参加任何大规模旅游团队,进行标准化、统一的旅游活动。旅游企业仅需制作大批量、易于操作的旅游产品,提供统一的规范化服务,即可满足大多数旅游者的需要。此时,旅游者的个性化需求由于经济技术条件、旅游业发展水平及旅游者自身成熟程度的限制而受到严重压抑,以至呈隐性状态。

而新时期的旅游者需要的是"参与、体验满足个性需要的旅游经历"。他们从被动的服从者转为主动的参与者,不仅要求享受到高质量的旅游产品和服务,而且要参与到旅游产品的设计制作和信息服务中,获得"我喜欢的"或"单独为我定制的"产品与服务,从而使自身的个性化需要得到最大限度满足。这种个性需求反映了现代旅游者对传统的模式化旅游方式的厌倦和反叛,也体现了随着消费水平提高旅游需求趋向高级化的发展趋势。

案例 2
金陵饭店的个性化服务

这是许多入住"金陵"的中外宾客都有的一个共同感觉,来到"金陵"就如同回了"家"。他们常常发现,这里的服务是直接面对他们个人的,他们的生活习惯、兴趣偏好、临时需要,都会出乎意料地得到照应和满足,这里建有完备的"客史档案",每天下发到各服务班组,让服务员更有针对性地提供"个性化"服务。

许多客人在"金陵"住上了瘾,据统计,300多位客人下榻饭店已超过100次,最高的达到180多次。

为了给他们提供个性化的服务,该饭店通过各种信息渠道,收集客人资料,准确地了解他们的消费爱好。当客人下次住店时,不需要登记,服务人员就会恰当地称呼他们,并引导客人直接入住,而且各项服务均符合这些顾客的要求,如客房的朝向和内部布置,及时接通长话和提供商务支持,床上和洗浴用品也符合他们的个性化要求等。

为了更好地与客人沟通,及时了解客人的需求和意见,金陵饭店网站自2006年8月全新改版上线,深受"金陵"许多客人的喜爱。网站的访问量和预订量都成倍增长。2007年,金陵网站又推出了"宾客点评"系统,客人可以通过该系统自由在线留言、评分、发表评论。网站成为饭店与客人之间多向互动交流平台,客人不仅通过这个平台与饭店可以直接沟通,而且客人之间也相互交流,分享信息、分享入住感受,其乐融融。

注:南京金陵饭店位于中国江苏省南京市中心新街口商业区,于1980年3月17日破土动工,1983年10月4日正式开业,是一家拥有804间套客房的大型涉外旅游饭店。经过20多年的努力,南京金陵饭店于2002年发展为集团公司即南京金陵饭店集团有限公司,成为江苏省旅游服务行业的重点企业。2007年3月12日,证监会下发了《关于核准金陵饭店股份有限公司首次公开发行股票的通知》,金陵饭店股份有限公司成功上市。

资料来源:杜炜.饭店优秀公关案例解析.北京:旅游教育出版社,2007年.第87页。

案例分析

一次个性化服务的经历会给客人留下深刻的印象。许多顾客都有与饭店建立友好关系的潜在要求,他们希望能长期从该饭店获得个性化服务,希望服务人员熟悉他们、关心他们、主动与他们联系,为他们提供高质量的服务。饭店要保证提供个性化的服务,就必须了解客人、了解其不同的个性和需要,主动与他们联系,使客人认为饭店如同自己的家一般,这样在他们需要到饭店消费时才会下意识地首选该饭店。金陵饭店通过多种方法和途径使客人真正感到了"宾至如归"。

思考题

1.结合卡特尔的特质理论,分析近年兴起的自驾车游、探险游等所吸引的旅游消费者体现出来的个性特质。

2.举例说明旅游消费者在旅游决策中体现出的儿童状态、父母状态和成人状态,并讨论针对这些状态旅游企业应采取何种对策。

3.如何从旅游者个性的角度把握近年来旅游产品出现的新趋势和新特点？举例说明。

4.从旅游经营者的的角度分析如何利用产品的象征性吸引旅游者。

5.试分析不同生活方式的人的个性特征及其在旅游活动中所表现的行为特点。

6.根据所学内容设计一个调查旅游者个性相关信息的 AIO 问卷并进行模拟调研。

第七章 参照群体和信息传播对旅游消费行为的影响

前几章我们主要探讨了影响旅游消费行为的个人心理因素,然而人作为社会中的一员,其消费行为不仅要受到内在因素的影响,还要受到社会因素的影响。旅游消费行为最终是内因和外因相互作用的结果。我们每个人都生活在群体之中,同时,我们每天也都处在信息世界里,接收着来自人际传播和非人际传播的各种信息,这一切都在影响着我们的价值观、态度和行为。虽然这些影响更多地是一种潜移默化的过程,但是对旅游消费行为的理解不能不考虑这些影响因素,否则,就难以把握旅游消费者及其行为的全貌。

第一节 参照群体对旅游消费行为的影响

一、群体概述

人的社会属性使我们不可避免地与群体联系在一起。在社会心理学研究中,群体的研究已占据一定的地位,但是对于群体的定义,至今仍未达成一致意见。一般情况下,群体成员具有以下特征:第一,在心理上,同一群体的成员能够意识到其他成员的存在,认同自己属于某个特殊群体;第二,在行为上,同一群体的成员按一套准则、价值观行事,按照其他群体成员希望的方式去思考、感受及采取行动,他们相互依赖、相互影响,并具有互补性;第三,群体成员的这种"一致性"大多是为了一个共同的目标。

从人类社会的角度看,群体有两种存在形式:它可以是实体群体,即人们面对面地相互作用的具体群体;也可以是心理群体,即人们内心的一种模糊的抽象概念。许多群体是用可观察到的标准(如社会人口统计学标准、地理学标准或某种结构标准)来定义的,而有些群体则不是。无具体形态的群体可能仅仅存在于观察者的头脑中,这些"心理群体"可能有也可能没有社会人口统计学标准或结构形态。在群体形式的连续体上,一端是纯粹以抽象形式存在的群体,另一端是以实体存在并有具体形态的群体,这两端并不是完全对立的,其间有着广泛的过渡带。在现实生活中,这两种极端形式的群体数量很少,常见的是二者之间的过渡形式。

人们之所以参加群体,主要是因为群体能够满足他们的某些需要,这些需要主要包括:归属需要,即与他人共处的需要;自我认同和自尊需要,即由个体在群体中的身份决定个人的角色、价值观和立场;证实和建立社会性需要,团体建立了关于事物如何存在及如何运行的观念;安全需要,群体成员相互支持以控制焦虑、减少不确定性的需要;参照需要,群体对其成员而言,具有直接的参照作用,以利于问题的解决。

我们一出生就存在于形形色色的群体中(例如家庭群体、工作群体、俱乐部群体、社区群体等等),并与这些群体共同成长,在整个生命过程里,我们也会不断地进入或者离开各种群体。因此,整个社会都是由群体组成的,群体是我们社会存在理所当然的一部分。同时,每个社会成员对群体并没有单一的从属性,他能够同时是很多群体的成员,例如:一个人既可以是一个家庭的成员,又可以作为基督教徒群体的一员,如果他去旅游,则同时又成为旅游团队的一员。

二、参照群体的概念和影响

(一)参照群体的概念

参照群体就是能够影响一个人态度、价值观、行为的所有群体。它包括血缘的、社会的、经济的、职业的等不同类型的组织、群体及个人,小到几个人,大到一个政党或军队,既可以是正式团体,也可以是非正式团体。参照群体可以是自己为其中一员的群体,如班级、协会等;也可以是自己非其中成员,但对自己的行为有参照意义的群体。参照群体的意义就在于它会影响人们对事物的看法和意见,并影响人们的自我概念。

(二)参照群体的类型

消费者个人的参照群体的范围包括家庭、朋友、同事、社会阶层、亚文化圈、其所属的文化以及其他文化。

根据个体与群体的隶属关系及群体对个体具有积极性影响或消极性影响,可以将参照群体分为:交往群体、向往群体、否认群体和躲避群体四种类型。

交往群体:个体与其交往群体具有经常的、面对面的交往形式,并赞同该群体其他成员的价值观、态度和行为标准。因此,交往群体对个体的态度与行为都具有积极的影响作用。

向往群体:个体不是该群体的成员,与该群体没有面对面的交往,但对这个群体极为赞赏,所以,这个群体对该个体也会有积极的影响作用。

否认群体:个体是这个群体的一员,也与该群体有面对面的交往,但反对该群体的价值观、态度和行为,因此,这个人会倾向于接受与该群体规范相对立的态度和行为模式。

躲避群体:个体不是某群体的成员,与该群体无面对面的交往,同时反对这个群体的价值观、态度和行为方式。这样,他会倾向于接受与该群体相反的价值观、态度和行为。

(三)参照群体的影响

参照群体对于消费者行为的影响可以概括为三个方面,即信息性影响、规范性影响和价值表现性影响[①]。

1.信息性影响

消费者进行购买决策时的一个重要决定因素就是有关产品及其供应者的信息或知识,群体的作用之一,就是可以向其成员提供大量的相关信息。有关研究表明,在以下几种情况下消费者更愿意从参照群体那里获得相关信息:其一,产品的象征性明显,那么其主要的信息来源就是人际沟通;其二,如果某种产品的功能主要是社会性的,那么消费者在产生购买欲望之后,更有可能到参照群体的其他成员那里去搜寻信息,而不是去找客观的或大众的信息来源;其三,当消费者对所购产品缺乏了解,仅凭眼看、手摸又难以对产品的品质做出判断时,他人的使用和推荐就更容易被视为非常有用的证据。旅游产品就是带有这种特点的产品。当然,参照群体对个体在信息性方面的影响,取决于被影响者与群体成员的相似性,以及施加影响的群体成员的专长性。如,好朋友之间的影响就会更大一些;在某方面知识和阅历特别丰富的人所提供的建议就更容易让人信服。

带来信息性影响的消费者行为方式主要有:消费者从职业社团或专家群体搜寻品牌信息;消费者从专门从事有关产品的工作的人那里搜寻信息;消费者从朋友、邻居、亲戚或同事那里搜寻有关品牌的知识和经验;消费者观察到的专家的所作所为,影响到他们的品牌选择。

2.规范性影响

规范性影响体现在群体规范或期待的作用。规范是指在一定社会背景下,群体对其成员行为合适性的期待,它是群体对其成员确定的行为标准。群体内的期望或规范可能不为局外人所觉察,但置身于其中的成员却能明显地体验到。只要群体存在,规范就会对其成员发挥作用。规范性影响之所以发生和起作用,是由于奖励和惩罚的存在。为了获得群体的奖赏或避免惩罚,成员会按照群体的期

---

① 李东进.消费者行为学.北京:经济科学出版社,2001年.第342页.

待行事。例如,班集体组织集体旅游活动,为了与自己热爱的班集体的其他成员保持一致,其成员往往服从组织的决定。旅游企业常常利用这一点争取消费者。

带来规范性影响的消费者行为方式主要有:为迎合同事的期望,消费者容许以同事的偏好来影响自己的品牌选择;消费者的决策顺从于经常交往的人的偏好;家庭成员的偏好影响消费者的选择;为迎合他人的愿望,容许他人的愿望影响其品牌选择。

3.价值表现上的影响

群体影响消费者行为的一个途径就是促进价值表现,即通过左右成员的购买来表现自己的价值取向。消费者自觉遵守或内化参照群体所具有的信念和价值观,从而在行为上与之保持一致。例如,同属于汽车俱乐部的会员,为了维持与特定群体的同一性,会经常对照其他成员的偏好和购买行为,参加俱乐部组织的自驾游活动等。成员这样做基于两种力量的驱动:一方面个体可能利用参照群体来表现自我,提升自我形象;另一方面,个体可能特别喜欢该参照群体,或对该群体非常忠诚,并希望与之建立和保持长期的关系,因而将群体的价值观视为自己的价值观。

带来价值表现影响的消费者行为方式主要有:消费者感到购买或使用某种品牌可以改善在他人心目中的形象;消费者感到购买或使用某种品牌的人具备他们极想拥有的品质和特征;消费者感到成为广告中所显示的使用某种品牌的那类人是相当不错的;消费者感到那些购买某种品牌的人受到他人的崇敬或尊重;消费者感到购买某种品牌有助于向他人显示自己是怎样的人或将成为怎样的人。

(四)参照群体影响的应用

参照群体的影响经常被应用于营销策略中,如广告中的名人效应、专家效应、普通人效应等。

名人效应在旅游业中表现突出。旅游业利用名人的方式与其他行业不同的是,在旅游业中,对人类某项事业做出过杰出贡献的历史名人最具吸引力。他们所"提供"的是旅游消费品本身,名人故居、名人下榻过的地方、名人重要的活动场所、名人墓地都是重要的旅游吸引物。此外,利用名人、明星作形象大使也是不少旅游目的地使用的促销手段。

在影响旅游消费行为方面,专家效应往往比名人效应更为突出。旅游消费主要是体验服务,由于服务的特性,消费者往往难以对其质量作很明确的把握。消费者与其效仿名人,不如听从专家。

普通人效应是通过普通人的形象和言行,使消费者产生亲近感,引起共鸣。旅游卫视栏目中就经常由普通人为观众作讲解,收到很好的效果。

三、旅游活动中参照群体的影响

上述参照群体的影响同样也体现在旅游消费行为方面。需要说明的是,参照群体不仅影响旅游者的购买决策,而且在旅游过程中也发挥明显的作用。

实际上,当旅游者开始旅游活动的时候,就已经处在一个以旅游为背景的广泛的参照群体中。如果旅游者加入旅游团队,那么旅游团就是他接触的最直接的参照群体。即使旅游者选择散客旅游的形式,在旅游过程中他仍然受到许多群体的影响,例如同一旅途中的乘客、各个旅游景点的游客、旅游目的地当地居民等等。个体在社会中要扮演多种角色,而当其以旅游者的身份进行旅游活动时,就会遵循"旅游者"的角色,并受到相关群体的影响。

旅游活动是一项人们为了放松身心、休闲娱乐而进行的活动,它为旅游者的个性展示提供了广阔的空间。在旅游这个宽松的舞台上,旅游者的表现更具灵活性,他们挣脱了工作和社会中的若干定式、制度,在这段时间内彻底忘记生活的压力,纵情游览,尽情欢笑,充分释放自我。我们可以看到,平时外向活泼的人玩得兴高采烈,平时严肃、不苟言笑的人也会喜笑颜开,甚至表现出一反常态的兴奋。这都是旅游者心理释放的表现。旅游者在旅游过程中尽情放松自己并向其他人表示出友好、热情的态度,展示以往不为人知的优点,同时旅游者也在自己营造的愉悦氛围中接受着他人的影响。例如,一个态度冷淡的旅游者在其他旅游者热情善意的关怀下常会表现出对他人同样的热心;一名游客在其他人对某一风景赞不绝口时,也会在心中对其产生美好的印象;游客很容易禁不住诱惑,在其他人竞相品尝某种风味食品或购买当地特色纪念品时慷慨地掏出腰包,作出非理性的购买决策……总之,一个人处在旅游群体中,他的行为同他在日常生活中的行为有很大的不同,常常具有较大的冲动性和知觉范围的广泛性,甚至出现异于寻常的戏剧性。

除了旅游者自我个性的张扬外,很多旅游者也会表现出社会群体研究中的一个典型现象,即"从众心理"。

"从众心理"是指在社会群体的压力下,个体成员放弃个人的意见并使个人意见符合群体的要求,采取与大多数人一致的行为与信念的心理过程,即"随大流"的心理。这种心理在旅游活动中经常可以看到,一般表现为两种形式:一是旅游者呈现出无意识倾向,例如对于旅游项目的选择,许多游客并没有明确的好恶,其他游客去哪里,他们也欣然前往;二是旅游者违背自己的真实意愿而随声附和,例如尽管他们对某一旅游景点不感兴趣,甚至还有反对的情绪,但由于其他游客都希望去该景点游览,他们也会遵从大多数人的意愿。

"从众心理"的产生受外部条件和内部因素两个方面的影响。外部条件是群体的同化力，这种同化力从两个方面作用于主体：一是有形的、强制性的作用。每个群体内部都有一套约束其成员的行为规范，要求个体必须这样，否则将受到冷淡、批评甚至处罚。二是无形的、暗示性的作用。每个群体都会在特定的时间空间里，产生一种特定的氛围，从而暗示个体的行为。由于旅游活动较日常生活的松散性质，旅游者的从众心理多是在群体的暗示下形成的。旅游者从众心理的内部因素一般源于三种动机：一是亲和与依赖动机。人们在旅游活动中倾向于有人陪伴，和他人共同分享快乐，孤独的旅游难以达到最大的效用。二是社会赞许动机。尽管是无意识的，人们在旅游活动中也期望他人能欣赏自己，得到他人的承认和赞许。三是明哲保身动机。人类自我保护的本能也使得人们有害怕脱离主流的恐惧，随时审视自我行为，努力做到不孤立。

　　了解到旅游者在群体中的角色扮演和群体对其的影响，旅游经营者在接待游客过程中就应采取适当的策略。一方面，旅游经营者在为游客提供周到服务的同时，还要向其提供自我展示的舞台，例如增加游客参与的项目。另外，要更多关注游客的精神状态，提高他们的精神享受，游客只有彻底地释放和放松才达到旅游的真正目的，也才能对本次旅游活动满意，特别是对于游客的一些不违背原则但有悖常理的行为，要持谅解的态度。另一方面，旅游经营者在推销旅游产品时，要注意运用群体压力，促使交易的顺利进行。

第二节　信息传播对旅游消费行为的影响

　　我们所处的时代是信息时代，现代技术使信息传播速度快、范围广，信息传播影响到我们工作生活的方方面面，也影响到旅游消费行为。

一、信息传播概述

（一）传播的概念和特点

　　从词源上看，传播（Communication）来源于拉丁文 Communicare，具有"共享"的意思，就是传播者与受传者之间信息交流与共享的过程。

　　完整的传播过程是：一方（信息源）有意地将信息编码并通过一定的渠道传递给意向所指的另一方（接受者），以期唤起特定的反应或行为；意向所指的接收者感受到信息的传递，对接收的信息予以解释（破译编码），并受其影响而做出反应。

　　传播具有以下特点：

1. 动态性

传播是信息的流动,是变化的。作为传播的参与者,不断地受到来自其他人的信息的影响,经历着连续的变化。作为连续变化的个体动态的人而存在的一个不可或缺的前提是人与人之间的传播是动态的。

2. 双向性

传播必须在信息源和接受者之间进行。双方相互传递信息并提供反馈信息,从而形成信息的双向流动。

3. 不可逆性

由于传播的进行性特点,接受者一旦被某一信息影响,这一影响后果就不可能再收回。虽然可以发出补救信息以修正原信息的影响效果,却无法消除已经实现的效果。

4. 广泛性

广泛性是信息被所有传播媒介所追求并经传播媒介而广泛扩散。现代科学技术的飞跃发展,为信息传播的广泛性实现提供了现实条件。

二、传播要素和传播形态

(一) 传播要素

传播要素主要分为两类:一类是传播的基本要素,包括信源、信宿、信息、信道和反馈,是传播的"硬件"要素;一类是传播的隐含要素,包括传播活动的时空环境、心理因素、文化背景、信息质量等,被称为传播的"软件"要素。其中每一个要素,都会对传播效果产生一定的影响。

1. 基本要素

(1) 信源。信源是指信息的发布者,也叫传者或主传者。

(2) 信宿。信宿是指接受并利用信息的人,也叫受众或受传者。

(3) 信息。信息是指具有新内容、新知识的消息、信号、编码、符号、观念、情感、态度等。

(4) 信道。信道也称媒介,是指信息传递的途径、渠道。

(5) 反馈。反馈在这里是指受者对传者所发出信息的反应。在传播过程中,这是一个信息的回流。传者可以根据反馈意见来检验传播的效果,并据此调整、充实或改进下一步工作。

2. 隐含要素

(1) 时空环境。时空环境指的是传播的时间环境和空间环境。"时",包括时间、时机。"空",指空间,包括视觉空间(光线、色彩、造型)、听觉空间(音量、音调)、感觉空间、心理空间(接受、反对)等。

(2)心理因素。心理因素主要是指信息接受者的情感心理状态。不同的情感状态下,人们接受信息的效果是不一样的。因此,传播行为的发生、延续和发展,应建立在双方心理愉悦的基础上,心灵不通,传播效果会受到很大影响。

(3)文化背景。文化背景是传播过程中的一种文化现象,它反映了广泛的时代文化背景,又受到文化特质的制约。传播过程中,传播双方的文化差异往往影响传播效果。不同文化履历、习俗、性格、思维方式、价值观的人,对同一信息会产生不同的认识和感受。

(4)信息质量。信息质量是指该信息对接受者的利用价值。对受传者来说,时刻面临着大量的信息袭击和选择,而那些最有价值的、最适合他自身需求的信息方能引起其有效注意,才有可能产生预期的效果。

衡量信息质量的指标一般有三个方面:

第一,相关度,即此信息与受传者的关联程度,是有用的还是无用的。

第二,可靠度,即受众对信息的信任程度,是真实的还是虚假的,其真实性占多大比重。

第三,精确度,即信息自身的针对性和准确性,是针对的还是宽泛的,是精确的还是模糊的。

(二)传播形态

传播有三种形态:人际传播、组织传播和大众传播。

1.人际传播

人际传播是指人与人之间的传播,它是构成并维持社会关系、使人际交往和人际关系得以实现的前提。人际传播的表现形式分为面对面传播和非面对面传播两种。

人际传播有以下几个特征:

其一,人际传播在少数人中间展开,它的最小规模是两人之间的传播。

其二,人际交流具有直接性,反馈及时、准确。接受信息的人转瞬之间就可以成为信息的传者,角色交替随时进行。参加者可以根据对方的反应,或修正对方发出的信息,或详加说明,或改变话题。

其三,信息交流方式非常灵活。在人际传播中交换的信息,只要少数人之间理解就行,不一定非得具有一般性。如果参加者关系亲密、互知脾性,信息的形式就会极不正规。

其四,影响人际传播的因素很多。人际间的互相吸引是其中最重要的因素,这种吸引表现在人们的相互影响、相互感知、相互理解和互有好感上。其次是时空上的接近,即时间、时代的接近和地理位置的接近。另外,一个人的生活态度如何,对自己和别人关系的认识如何,也会影响到人际传播。

2.组织传播

组织传播是指组织与其成员、组织与所处环境之间的交流。组织传播的主要特点有:

其一,规模比较大,多依靠人体以外的信息传播媒介,如文件、告示、内部刊物、扩音设备等。

其二,传播的主体是组织。所谓组织,是指按照一定的目的、任务和形式建立起来的,有着不同部门的分工协作、不同层次的权利操作和责任划分的社会集团。

其三,传播的对象是公众。传播的对象广泛而复杂,但并非是不特定的多数人,而是具有某种共同性的、与组织存在着某种现实或潜在利益关系的群体,即"公众"。

其四,传播具有明显的目的性和可控性。什么时候、什么人、对什么人、发出什么信息,都有其目的性,都有相当严格的规定。发文件、下指示都不能随心所欲,而只能在规定的时间、向特定的对象、以适当的方式进行。

3.大众传播

大众传播是指传播组织运用现代传播媒介向广泛的受众所进行的传播。大众传播是传播的高级形态,是人类社会发展的产物,反过来又促进人类社会的进一步发展。大众传播的主要特点是:

其一,大众传播的主体是大众传播机构,如报社、出版社、广播电台、电视台等。

其二,受众广泛而多样。它可以包括各种不同的社会群体,所以具有某种程度的异质性。

其三,传播过程缺乏灵活性。传者和受众互不相干,几乎没有同一时刻参加同一传播过程的意识。传者和受众的角色相对固定,传者是专业化的职业集团,信息被定期传向受众,几乎没有角色的交换,基本上是单向传播,受众的反应和意愿很难及时地反馈给传者。

其四,大众传播以高技术为传播过程的中间媒介。要使众多分散的人们同时参加传播,印刷媒体、电波媒体等大众传播媒介是不可缺少的。大众传播机构正是利用大众传播媒介将信息复制传给广大受众的。

其五,大众传播的信息是一种可以大量生产、不断复制的符号结构物,它面向广大受众,因而必须具有一般性,否则就不能为广大参加者关心和理解。

三、新技术给传播带来的影响

随着传播技术的不断发展,传播手段的运用也在不断变化和更新。在开展旅游营销活动时,旅游营销人员应该密切地注意和研究新的传播技术的发展与应用所带来的影响,从而及时扩充自己的知识,不断调整自己的传播策略,改变传统的、习惯的传播方式,不断适应新的变化和需要。新技术给传播带来的影响突出体现在以下几方面:

1. 信息数量的增长

随着社会文明的进步、科学技术的发展、各种先进技术在信息传播中的应用,信息的数量日益增长。

2. 传播渠道数量的增多

各种先进工具在信息传播中的应用,大大扩充了信息的传播渠道。

3. 大众传播的细分

由于信息数量的增加,传播渠道的激增,大众传媒日益追求专业化,针对特殊的目标公众,不断创新自己的传播能力。社会公众也日益习惯通过特定的媒介来获得自己所需要的信息。

4. 公众呼声的加强

由于新的传播技术的采用以及各种媒体为了吸引对象公众,都在不同程度上加强了对来自公众的信息的传播。

四、传播媒介的类型和特点

传播媒介是传播信息得以传递和交流的途径、方式和手段,是传播信息的载体。信息不能独立的存在,必须依赖于一定的手段或方式进行传递。传播信息和传播媒介相辅相成,密不可分。没有传播媒介,信息就无法传递;没有传播信息,媒介就无法生存。二者相互作用,共同完成对信息的交流。

现实生活中,传播媒介多种多样,依据不同的分类标准可以划分出不同的类型:

1. 依据传播媒介物质构成和表现形式划分

(1)符号媒介

符号媒介是现代社会中被广泛应用的一种传播媒介,也是旅游信息传播经常采用的传播媒介。主要包括以下几种:

①有声语言媒介,即人类语言。在旅游信息传播活动中,此种方式被广泛应用。其优点是:交流直接、反馈迅速、形式灵活、效果明显。缺点为:感染力较弱、印象不深刻,影响面较小。

②无声语言媒介,即印刷制品。其优点是:跨越时空界限、内容详尽深刻、影响持久,便于保存。缺点为:反馈滞后,交流不及时。

③有声非语言媒介,即发出声音但并非语言。例如:笑声、掌声等。其特点

是要在语言环境中得以传播,同一形式在不同的环境里具有不同的寓意。

④无声非语言媒介,即人体语言。可以是人的动作、表情、服饰、行为等。无声非语言媒介可以加强有声语言媒介的作用,强化传播的效果。

(2)实物媒介

实物媒介指的是利用实物来充当传播信息的载体。例如:纪念品、宣传册、广告牌等。其特点是:直观明确,可信赖程度高,视觉和感觉的冲击力较强,可以引起公众的强烈反应。

(3)人体媒介

指借助于人的各种优势如言谈举止、外貌服饰、个体素质等作为信息传递的载体。例如:旅游企业员工、新闻人物、形象大使等。其特点是:渗透力强、影响面大、容易形成传播双方的情感交流。

2.根据传播对象和手段划分

按这种方式可将之分为个体传播媒介、群体传播媒介、大众传播媒介。这里主要介绍大众传播媒介。

大众传播媒介由于具有传播范围广泛、传播速度快、传播内容重要等特点,对于旅游业信息传播具有重要的作用。在旅游业信息传播中它发挥着传播信息、引导舆论、传递社会文化传统、提供娱乐休闲享受等多方面的功能,使其他诸多传播媒介的效果得以加强和优化。

旅游业信息传播主要选择的大众媒介有报纸、杂志、广播、电视、电影、互联网。它们各有特点,需要结合旅游业信息传播的具体情况加以选择。

①报纸。指用文字形式表达的、以刊载新闻为主的、定期的、连续印刷的出版物。它是受众面最大的一种印刷类大众传播媒介,主要有以下特点:

第一,报导具有广度和深度。可以刊载国内外的各种消息、报导、评论、新闻图片和理论文章等,同一则消息,报纸可以深入细致、周密详尽地进行报导,而且可以根据读者的反应,对信息进行整合。

第二,信息可以储存。报纸作为一种印刷制品可以较长时间地进行保留。

第三,读者可以灵活自主地选择信息。读者可以根据自己的个人爱好和现实需要,选择自己最急需的信息。

第四,成本低廉,价格便宜。

第五,对读者有一定的要求和限制,比如文化水平、理解能力,因此,限制了信息传递的对象。

第六,感染力相对较差。

②杂志。又被称为期刊,是指以文字形式表达的、用于刊载各种文章的定期或不定期的连续出版物,是旅游业公关活动常选用的一种传播媒介。特别是一

些专业性杂志,其读者比较专一,因此定位于较单一客源市场的旅游企业非常重视这种传播媒介。它有以下特点:

第一,专业性比较强,可以对某一问题进行跟踪调查,深入研究;

第二,读者固定,感受性强,便于向特定的旅游公众传达信息;

第三,印刷精美、图文并茂、感染力强;

第四,受众面相对狭窄;

第五,生动性相对较弱;

第六,周期性较长。

③广播。即利用有线或无线电波传送信息的一种传播媒介。其主要特点有:

第一,传播迅速及时,不受时空限制;

第二,机动灵活,可以随身携带,便于收听;

第三,对受众的要求比较低,因此普及率比较高;

第四,只有音响效果,没有视觉感官的冲击;

第五,信息传递稍纵即逝,保留程度较差。

④电视。电视是当今社会最重要、最普遍、最生动、最形象化的大众传播媒介,它是通过电能,以声音、图像为主的一种传播方式。它是旅游业普遍使用的一种手段。其主要的特点是:

第一,形象生动具体,感染力较强,容易引起轰动效应;

第二,传播迅速及时,可随时更新;

第三,效果广泛普及,老幼皆宜;

第四,信息不易保留,稍纵即逝;

第五,对信息内容的创意性、时代性、轰动性要求较高;

第六,使用费用高,非一般的旅游企业所能承受。

⑤电影。电影媒介也是大众传播和公共关系活动的重要手段之一。它的某些功能是其他媒体无法取代的。其主要特点是:

第一,作为一种综合艺术,电影既有动态图像,又有音响效果,比电视具有更大的场面和更理想的音响效果,尤其是旅游风景片等所带来的视觉冲击是其他媒介所不可比拟的;

第二,观赏电影一般是在与外界隔绝的情况下,因而可以高度集中观众的意识,形成一种感情气氛,有较好的传播效果;

第三,电影可以全面、形象、直观地介绍宣传的内容;

第四,影片便于长期保存,有较大的保存价值;

第五,电影制作的周期较长,耗资费时,在所有的媒介中成本最高,而且传播范围受到限制。

⑥电子网络。计算机是20世纪40年代问世的高科技电子运算工具,现代计算机广泛采用电子传媒技术,不仅可以处理数字和文字,还可以处理各种静态、动态图像,具备电子传媒的功能。互联网(INTERNET)是全球最大的、最开放的、由众多网络互连而成的、主要采用TCP/IP协议的计算机网络。互联网的出现是一场无处不在的重大传播革命,与其他电子媒体相比,互联网具有以下几个特点:

第一,传播范围广泛。互联网是由一个或无数个局域网连接起来的世界性信息传输网络,被称为是"无边界的媒介"。

第二,不受时空限制。网络传播沟通是在电子空间进行的,能够突破现实时空的限制和障碍。网上没有距离和时间的限制,只要可以连接网络就可以随时随地接受和传递信息。

第三,高度开放。网络是一个高度开放的系统,在这个电子空间里,没有红灯,没有障碍,没有种族、国家的界限,任何人都可以平等地利用它来获得和传递信息。

第四,双向沟通,平等参与。网络融合了大众传播和人际传播的优势,实现了大范围和远距离的双向沟通,大大加强了受众的主动性、选择性和参与性,使双方可以平等地表达各自的意愿。

第五,服务的个性化。互联网在传播中的应用实现了一系列的个性化服务如信息内容制作、媒体的运用和控制的个性化,传播和接受信息的方式方法的个性化等,使信息传播借助于高科技而大放异彩。

第六,多媒体,超文本。网络以超文本的形式,使文字、数据、声音、图像等信息转化为计算机语言进行传递,相同的信息以不同的方式在网上传播,可以综合其他大众媒体的优势。

第七,成本低廉。与网络的巨大功能相比,其成本是低廉的。无需重建线路设施,利用现成的通讯网络,支付地方性的服务费用就可以使用全球性的网络。

第八,不可控性。网络的高度开放性和人员的广泛参与使网络的控制成为一个难题,这也是目前互联网的一大缺陷。

案例
首届中国(温州)网络旅游节开幕

中广网温州2008年9月2日消息2日上午,由温州市人民政府和搜狐网联合主办,亚太旅游协会(PATA)、北京大学旅游研究与规划中心、中国旅游报及央视旅游、新华网旅游等全国几十家知名网络媒体、平面媒体、电视媒体支持协办的首届中国（温州）网络旅游节暨第十一届温州旅游节在温州万豪商务大酒店开幕。

举办网络旅游节在国内尚属首次，这次由温州市人民政府与搜狐网主办，温州市旅游局与搜狐旅游承办的首届中国网络旅游节，旨在通过中国最大的门户网站搜狐网及广大合作媒体的强力推广和报道，增强广大网民和游客对温州旅游的深度了解，提高温州旅游知名度与美誉度，同时借此提高各地对网络营销重要性的认识，进一步强化旅游网络营销工作。

本次旅游节从9月2日正式开节，活动为期3个月，至12月2日结束。首届中国（温州）网络旅游节暨第十一届温州旅游节的主要活动内容有网络旅游节开幕式说明会暨温州旅游推介会、"谢灵运杯"全国山水诗大奖赛颁奖仪式、"寻找最美温州"网络摄影大奖赛、温州山水游记网络有奖征文、温州旅游知识竞答赢门票活动及第十一届温州旅游节配套系列活动。

现代社会已进入网络信息时代，网络营销正逐渐成为旅游营销的重要方式，成为现代社会旅游业营销的主流。为了进一步加强我市旅游宣传促销力度，适应旅游发展新的业态变化，突破旅游营销模式，做大做强旅游节庆产品，推进温州旅游经济又好又快发展，温州市政府及旅游部门秉承温州人一贯的创新精神，开旅游节庆举办形式之先河，首次将旅游节放到网上办，于9月2日开始，与搜狐网共同推出首届中国（温州）网络旅游节暨第十一届温州旅游节。

资料来源：http://www.cnr.cn/lvyou/jxzh/200809/t20080902_505089838.html

思考题

1. 消费者个体的参照群体有哪些？它们给消费者个人带来哪些影响？
2. 为什么消费者个人要参照相关群体的价值观、态度和行为？这一点在旅游消费行为中是如何体现的？举例说明。
3. 旅游经营者如何有效地利用参照群体对消费者个人的影响？设计一个营销方案。
4. 信息传播有哪些类型？大众传播主要有哪些传播媒介？比较其各自特点及其对旅游消费行为的影响。
5. 旅游企业怎样利用传播手段影响旅游消费行为？举例说明。
6. 结合案例，谈谈你怎样看待网络信息传播对旅游消费行为的影响。

第八章 家庭群体的旅游消费行为

家庭是构成人类社会的最基本的单位,也是最基本的首属群体。在旅游消费决策中,家庭因素包括家庭的环境条件、家庭成员的文化背景、经济条件、教育方式等,都在影响着人们的行为观念与行为方式。当今,家庭度假旅游是一种重要的消费方式,家庭是最主要的旅游客源市场,因此,探索研究家庭因素对旅游消费行为的影响是很有必要的。本章首先阐述家庭形态与消费决策、家庭生命周期与消费行为之间的关系;然后进一步探讨家庭群体旅游购买决策的参与者、类型及决策过程;最后分析家庭旅游消费行为的特点和影响因素。

第一节 家庭形态及生命周期

家庭是人类社会关系最原始的结合形式,是社会的细胞即基本组成单位。家庭对个体行为的影响是直接的、深刻的、长远的。家庭的环境条件,父母的生活方式、价值观念、社会地位等都会在一定程度上影响着家庭成员的观念,对家庭成员的行为有着潜移默化的作用。不同的家庭形态以及不同的家庭生命周期阶段都会对旅游消费者个体及其家庭成员产生影响。

一、家庭形态与消费决策

在现代社会中,典型的家庭形态有三类:核心式家庭、延续式家庭以及逐渐兴起的"DINK"式家庭。同时,社会上还存在各种非典型式的家庭形态,如单亲、未婚独身、离异无子女的家庭等。不同形态的家庭,对旅游的需求及在旅游方式的选择上,存在很大差别。

(一)核心式家庭,包括丈夫、妻子和未婚的子女,其消费主要考虑夫妇及孩子的需求,决策可以由夫妇双方商量作出,也可以由夫妇中的一方作出,但一般都会从孩子的角度出发。另据有关专家研究,在家庭旅游决策中的确存在一些共同的、带有普遍性的情形。詹金斯通过对美国家庭的调查研究认为:在旅游地点和住宿条件的选择上,往往是丈夫起着主导作用;在是否度假、旅游度假花费多少钱的决策中,往往是双方共同商量、共同决定;在是否带孩子一起旅游、度假时间的长短、度假日期、活动内容及度假交通工具的选择等方面,往往又是双方共同商量。

(二)延续式家庭,包括丈夫、妻子、子女及其祖父母或外祖父母,其消费决策不仅要考虑孩子的需要,还要考虑到老人的各种需要,因此消费决策较难作出。

(三)其他形态的家庭包括"DINK"(Double Income No Kids)家庭以及单亲、未婚独身、离异无子女的家庭等。随着社会的发展及受教育程度的提高,人们婚育年龄向后延长,"DINK"家庭以及未婚独身的家庭随之增多,这两种家庭成员较少,因此比较容易作出消费决策。但是这种家庭的旅游行为可能较为随意,缺乏计划性,容易受外界促销的影响。旅游企业应对此类潜在的消费者,多做宣传促销活动,并开展相应的服务,多组织带有交际性质的旅游活动。

家庭形态对旅游消费决策的影响,主要取决于家庭成员在消费中扮演的角色,以及在家庭中所处的地位和所发挥的作用。

二、家庭生命周期与旅游消费行为

家庭生命周期是指一个家庭由形成到消亡所经历的不同阶段,是由婚姻状况、家庭成员年龄、家庭结构等变量因素结合而成的复合变量。家庭生命周期关系到家庭成员的态度和行为,并随着时间的推移而变化,是影响旅游消费决策的重要因素。消费者的家庭状况,可根据年龄、婚姻状况、子女状况的不同,划分为不同的生命周期。在生命周期的不同阶段,消费者的行为呈现出不同的主流特性。

本书采纳家庭生命周期五阶段划分法,即未婚期、新婚期、满巢期、空巢期、鳏寡期,每个阶段都有其独特的旅游消费行为。

(一)未婚期——年轻单身家庭:未婚期的家庭成员经济上自立、无负担,身体处于一生的最佳状态,他们自身的学习、娱乐、交友、健身、求新、求奇等需求心理较为突出。而旅游活动恰好有助于满足其以上几种需要,故可将此类"家庭"或者说单身年轻人视为旅游活动的生力军。尤其是旅游活动发展至今,一些新型的旅游项目如探险、攀岩、蹦极和自助游等旅游方式更具有时尚特征,最能适合年轻人的需要。另一方面也应看到,受我国传统的影响,年轻人一般不离开父母单独"成家"。他们虽然有了自己的一份经济收入,但对消费行为包括旅游行为并没有充分的自由支配权。但总体来看,年轻单身家庭以及由年轻单身者组成的群体是最具旅游潜力的群体。

(二)新婚期——年轻夫妇无子女家庭:在国外许多发达国家,旅游与年轻人结婚几乎是相伴而行的,许多人同时把旅游纳入结婚计划之中,称之为"蜜月旅行"。在中国,"蜜月旅行"已被经济较发达地区的许多年轻人视为时尚。而对于经济不够宽裕的年轻人,新婚期是比任何时期都更有可能去旅游的时期。因为经济不够宽裕的人习惯于把旅游看作"奢侈消费",而新婚期正是"奢侈一把"的好时机。年轻无子女夫妇消费欲望强、节俭意识差,他们此时最舍得大把大把地花钱,在短时间内把大量积蓄换作高档家具、名牌服装、金银珠宝等。相形之下,旅游对他们显得既有精力又有能力。由于现在的年轻人并不是一结婚就准备要孩子,新婚期的时间越来越长,因而可将这类家庭视作潜力巨大的旅游者群体。随着社会的发展,人们观念的改变,这一阶段时间会延长,因为无子女,所以这一阶段夫妻外出旅游的可能性很大,也是家庭外出旅游消费的最理想时期。在旅游方式和内容的安排上,他们更热衷于参与一些新、奇、特、刺激性较强的旅游活动。

(三)满巢期(I)——年轻夫妇有一个六岁以下孩子的家庭:儿童家庭——满巢期I的家庭,处于这一阶段的消费者往往需要购买住房和大量的生活必需品,常常感到购买力不足,对新产品感兴趣并且倾向于购买有广告的产品。而且这一阶段夫妻二人的大部分时间被照料子女所占用,加上孩子幼小不便外出,外出旅游的可能性不大,此时家庭旅游消费跌至最低谷。他们不大可能考虑远途旅游,只在家庭附近的公园、动物园进行休闲娱乐,且频率较高。这一期间,举家出游的情况不多,但不排除夫妇一方尤其是男主人因商务活动等工作原因而外出旅游的可能性。

满巢期(II)——年轻夫妇有一个六岁以上孩子的家庭:儿童家庭——满巢期II的家庭,孩子进入学龄期,教育成了家庭的主题。旅游也成了对孩子进行教育、让孩子扩大视野的一个重要方面。家长会有意识地趁节假日期间带孩子外出旅游,这时家庭对旅游目的地的选择非常慎重,多以博物馆、纪念地、历史文化名城等人文景观为选择对象,使旅游活动为教育子女服务,旅游方式多为一家三口同时出游。

据最近一次的人口普查结果显示,目前中国的户均人数为3.44人,0~14岁的人口占总人口比重的22.89%。据此两项结果可以推知,满巢期I和满巢期II的家庭所占比例相当大,人们还将此种家庭类型称作核心家庭。鉴于此,如何抓住时机,对此类家庭开展有针对性的旅游服务,是值得旅游服务部门加以重视的一个问题。随着人们对素质教育的重视,家长尤其是城市家庭的家长已日渐重视对孩子的全方位多方面的培养教育。许多人已看到了这一趋势,并予以积极回应。例如,社会上普遍举办针对中小学生的各类艺术培训班、体育训练馆等。旅游部门在这方面的呼应还显得很欠缺。据统计,2000年城镇居民出游者中14

岁以下居民出游率只占总数的 7.7%，而 14 岁以下儿童占总人口的比例为 22.89%，这说明 14 岁以下儿童家庭的出游潜力还有待挖掘，因此旅游企业应多提供有益于青少年接受教育和健康成长的旅游产品。

满巢期(III)——年龄较大夫妇与孩子已自立的家庭：孩子组成的家庭——满巢期Ⅲ的家庭，孩子已自立，并且父母也多有固定的收入，可被看作消费水平最高、购买能力最强的家庭，这种家庭成员外出旅游的潜力很大。但是否都会外出旅游还很难说，因为还有一个观念问题：中国传统上先攒钱后花费、父母应帮孩子"成家立业"的观念在大部分人心中还普遍存在。所以这种结构的家庭，由于父母考虑到孩子的"成家"问题，储蓄意识非常强烈，即使有钱也不舍得用于旅游。目前，我国已连续采取多项刺激消费的措施，例如连续降低储蓄利率，增加多项消费贷款并降低贷款利率，延长节假日休息时间等。只有当人们的观念彻底改变后，潜在的旅游消费需要才能变为现实。

满巢期Ⅲ的家庭具有旅游成员搭配比较灵活的特点，三口集体出游、年轻人单独出游、父母双双出游、父母之一与孩子一起出游等各种方式都很常见，而家庭集体出游的机会也会大一些。

(四)空巢期(I)：指子女已经成年并且独立生活，但是家长还在工作的家庭。处于这一阶段的消费者，子女已参加社会工作，经济上也有了收入，他们会选择和同学、朋友结伴外出旅游。而中年夫妻此时事业有成，经济上比较宽裕，在身体、时间允许的情况下，外出旅游的可能性也极大，这一阶段是家庭旅游消费的黄金时段。

空巢期(II)：从消费需求水平和结构来看，空巢期的家庭需求较为单调，多以日常生活必需品和医疗保健品为主要内容，加之我国老年人一向崇尚节俭，故老年人的消费支出较少。对于城市离退休人员而言，普遍存在工资"花不完"的现象。结合旅游活动的特点来看，旅游是最适宜"有闲+有钱"阶层人士的活动。而在所有年龄阶段的人中，最符合这一条件的就是城市离退休人员。最新资料显示，我国男性 60 岁、女性 55 岁以上的老年人已达 1.33 亿，并以每年 3.2%的速度增长。综合我国居民收入持续增长及人均寿命不断延长两种趋势，老年人无疑是越来越大的旅游市场，极具开发潜力。"夕阳红"之旅在全国遍地开花、搞得红红火火，就是一个典型的例证。这说明只要积极开辟适合老年人参加的旅游项目，抓住时机向老年人进行有针对性的宣传促销活动，并提供针对老年人的良好服务，老年人必定会给旅游部门一个满意的回报。据对 2000 年城镇居民出游情况的统计，65 岁以上的老年人平均出游率占总出游率的 6.6%，这与该年龄段的人口在我国人口总数中所占的比例 6.96%基本上持平。该群体的各城市之间出游率占总出游率的比例已超过 15%，而昆明、海口、长沙、长春等市的该项指标尚不足 2%。当然这与一个城市的老年人所占人口比例、当地的气候、交通、旅游资源特点、传统文化等多种因素都不无关系,但仍显示出较明显的不平衡性。例如,南京、无锡、苏州三个城市同属江苏省,65 岁以上老年人出游率占全市人口出游率的比例分别为:南京 10.9%、无锡 3.5%、苏州 17.3%。三城市存在着明显的差异。城市之间老年人出游率的差异性,从一个侧面反映出老年人旅游市场的潜力之大。

据有关部门统计,2005 年全国老年人出游人数已达到出游总人数的 25%,而发达国家则已高达 60% 以上。[①] 专家预测,如果我国老年人出游比例能达到发达国家水平,我国的年国民经济总收入将增长 0.3 个百分点。与其他旅游不同,老年旅游今后必须树立品牌观念,针对老年人的生理、心理特征制定出行路线和服务项目,也就是"以老年人为本"。对高龄老人的市场,必须制定"家庭旅游"项目,家庭成员的陪同有两个好处:一是方便照顾老人,因为子女最了解父母的身体状况和生活习惯;二是增加两代人之间的感情,给儿女们一个孝敬父母的机会。这种"亲情式家庭旅游"将在今后老年旅游市场中占较大份额。

(五)鳏寡期——单身老人家庭:这一时期在消费特点上除与空巢期有多方面相似之外,还有两个方面的特点:一是老年人讲究夫妇间老来相伴,一方的去世必然会影响另一方的出行积极性。这样看来,孤独期的老人会比空巢期的老人出游的积极性低。另一特点是,中国具有尊老爱幼的传统美德,如果家里只剩下老父或老母一人,晚辈就会加倍予以关照。与父母不在一个城市的子女会主动邀请父母到自己所在地旅游以及生活居住,与父母同在一地的子女也会主动陪伴父母外出旅游。从这个角度看,孤独期老人出游的可能性反而更大。

以上仅仅是对常规家庭的消费动机与生命周期的描述,而事实上不少家庭并不一定按此模式组织和发展。如有些家庭从蜜月阶段直接转入"离婚青年无子女"这个特殊阶段。在这个阶段,除非有薪俸优厚的职业,否则,离婚青年很难把钱花在旅游消费上。另有一些家庭,可能在青年时期出现另一个特殊阶段——"离婚青年有子女"阶段。在这个阶段,无论子女由谁监护,双方都要负担孩子的抚养费,况且,如果双方都准备再婚的话,旅游消费的动机就会被遏制。

因此,在关注常规家庭的消费动机与消费决策的同时,不应忽视一些非常规型的家庭。这类家庭的旅游行为,可能较为随意,缺乏计划性,容易受外界促销的影响。随着社会各种复杂因素的发展、变化,我国非常规家庭的数量与比例都将呈上升趋势,其旅游行为有很大的独特性,足以引起人们的关注。这些新型家庭有:

---

① 伽雯.老年旅游市场前景分析.中国老年报.www.zhglnb.com.cn.

(1)独身主义者家庭。他们一身轻松来去自由,是各类旅游活动的积极参加者。

(2)拒绝生养孩子的家庭。其成员往往也是热衷旅游的活跃分子。

(3)单亲家庭:由父亲或母亲一方抚养孩子。这种家庭往往因为孩子年幼或经济负担过重而对旅游活动疏远。

(4)离异后的单身家庭在旅游方面有较大的随意性。此类家庭是否参与旅游,问题在于时间和金钱,并受个人性格、兴趣等的影响,有的人离异后会成为旅游活动的积极参加者,并把旅游视为满足其社交等需要的一种重要途径,有的人离异后却甘愿离群索居,对旅游毫无兴趣。所以旅游企业应多做有针对性的宣传促销活动,并积极开展相应的服务。

第二节　家庭群体旅游购买决策

一、家庭购买决策的参与者

家庭对一个人的消费行为往往起着最大的影响作用。家庭成员之间交往频繁,彼此在价值观、态度和行为模式上形成广泛的相互作用。对一个家庭来说,旅游属于比较重要的购买决策,因此,常常是由家庭所有成员共同讨论决定。家庭是一个最基本的决策单位。许多市场开发人员将宣传和研究重点放在家庭主要决策者身上。其实,在多数情况下,主要决策者也要了解和分析家庭其他成员的态度和意见。家庭成员在家庭旅游消费决策过程中扮演着不同的角色,主要有:

(一)引发人,即提议购买旅游产品的家庭成员,他能引发家庭其他成员对旅游产品的兴趣。

(二)影响人,即影响决策者最后作出旅游购买决策的家庭成员,他所提供的信息或建议对决策者有较大影响力。

(三)决策人,即最后决定购买旅游产品的家庭成员。

(四)购买人,即实际购买旅游产品的家庭成员。

(五)使用人,即实际享用旅游产品的家庭成员。

家庭决策不同于并复杂于个人决策,是家庭成员意见的交流和碰撞过程。在家庭旅游决策制定中,家庭成员扮演着不同的角色,其所扮演的角色随决策阶段以及单项决策内容的变化而不同,同时家庭成员的角色和作用又受到家庭生命周期等多种因素的制约。在一项旅游产品的购买消费过程中,一个家庭成员有时要扮演几个角色——引发人、影响人、决策人、使用人;有时几个家庭成员可能要扮演相同角色——影响人、使用人。例如,已成年的子女可能是影响者、决策者和购买者,年老的父母只是准备者和最终消费者。在另一个家庭消费过程中,夫妻二人都是影响者、决策者、购买者、准备者和最终消费者。在家庭中应当分析谁是商品的直接购买者,谁是商品购买的影响者,谁是商品信息的搜集者等,并且要分清家庭成员中谁是主要影响者,谁是次要影响者。只有将不同成员的角色搞清才能将信息最大程度地传达给每个人,为购买者的旅游消费决策提供一定的参考,从而影响其购买行为。

二、家庭购买行为的类型

家庭是社会的细胞,也是最重要的相关群体。人们的价值观、审美观、爱好和习惯多半都是在家庭的影响下形成的。家庭使其成员的行为趋于一致化,在购买决策的所有参与者中,购买者家庭成员对其决策的影响最大。社会学家按家庭权威中心点的不同把家庭分为四类:丈夫决定型、妻子决定型、共同决定型和子女决定型。家庭权威中心点会随着社会政治经济状况的变化而变化。例如,由于社会教育水平的提高和妇女就业的增加,妻子在购买决策中的作用越来越大,许多家庭的购买决策由以前的"丈夫决定型"转变为"共同决定型"甚至是"妻子决定型"。

(一)丈夫起主导作用。传统的家庭类型是丈夫为一家之主,妻子和孩子处于附属地位,所以家庭的购买决策一般都是丈夫作出决定,妻子和孩子没有发言权,只是听从丈夫的决定。并且在一个家庭中,如果妻子仅仅是照顾孩子而没有工作,家庭主要的收入来源都靠丈夫的收入时,那么在面对一些昂贵的决策时,丈夫起主导作用。

(二)妻子起主导作用。随着双收入家庭增加、女性受教育程度的提高,妻子参与决策水平大大提高,在一些决策中的影响已经超过了丈夫,甚至起主导作用。妻子学历越高,在家庭中参与决策的程度就越高,也就是说教育能帮助女性获取有效参与决策的某些潜质,另外妻子工作时间越长,在金钱方面就更具有自主权,有更多参与决策的机会。

(三)夫妻双方商量决定。20世纪50年代以前,研究认为家庭决策是由作为一家之主的丈夫独自作出的;从20世纪50年代开始,这种观点逐渐被妻子作为购买代理的观点代替。虽然学术界一直存在丈夫和妻子谁主导决策的争论,多数学者还是赞同这样的观点:家庭旅游决策通常是共同决策,几乎所有阶段的决策都是夫妻双方共同制定的，仅存在影响作用大小的差异[1]。Mayo、Nichols 与 Snepenger 的研究发现度假决策中至少有 2/3 的项目是由丈夫和妻子共同主导的，包括问题识别、信息收集以及最终的目的地选择。Wang Kuo-ching (2004)在对旅游决策 3 个主要阶段的研究中也发现，家庭旅游以共同决策为主，特别是在问题识别和最终的决策阶段[2]。

（四）子女起主导作用。虽然丈夫和妻子是家庭中的主要决策者，但是也不能忽略孩子的作用。在以往的研究中孩子往往被作为被动的角色来看待，认为孩子提出要求，而父母为其计划，特别是在出境度假游中，孩子服从父母的选择。其实孩子不仅简单地接受父母的选择，还对父母的选择产生重大影响，他们有自己的偏好，是决策制定中潜在的力量之源，特别是在度假中一些高频率的、花费较少的单项决策中，孩子是直接影响者。

随着现代社会的发展，独生子女家庭越来越多（特别是在城市），我们不能忽视子女在家庭中的地位及在旅游决策中的作用。现代家庭中的父母越来越重视对孩子的教育，而外出旅游又是让孩子接受教育的重要方式之一，通过旅游可增长见识、陶冶情操、放松身心等。父母在度假地点、日期、交通工具等的选择上往往要考虑孩子的需要。这给我们在旅游产品的开发设计上提供了有益的启示。

孩子在决策中扮演的角色可以从直接和间接两个方面来看：一方面是他们直接与父母协商以参与决策项目，另一方面是他们通过自身需要照顾以及固定的生活习惯而对父母产生影响进而达到对决策的影响。年龄大一点的孩子往往通过与父母协商而影响决策；年龄小的、没有协商能力的孩子则通过诸如对饮食、时间的固定要求等来影响父母的时间安排。虽然孩子拥有提供建议的能力，但最终决定权仍在父母手中。

孩子对家庭旅游计划的影响力有多大，看一看以下统计数字，结论不言而喻。美国一项休闲旅游调查报告显示，被调查的 1600 个美国成年人中，有 57% 认为孩子对旅游目的地选择有影响。让孩子积极参与到旅游的每个阶段——从计划旅游到行李准备再到旅游目的地的活动安排；给他们一系列目的地的照片，让他们对即将开始的旅游充满向往；让他们选择最喜欢的目的地，写下在旅游目的地最想做的事……都将大大提高他们对旅游的兴趣和保持他们在旅游过程中的兴致。给他们机会在旅游中去计划、思考和决策，随着他们去旅游，那么这个

---

[1] Fodness, D.. The Impact of Family Life Cycle on the Vocation Decision-making Process[J]. *Journal of Travel Research*, 1992, 31(2): 8—13

[2] Wang, K.C.et al.. Who Is the Decision-maker: The Parents or the Child in Group Package Tours [J]. *Tourism Mananement*, 2004, 25: 183—194

家庭旅游对于孩子将是终生难忘的。

美国旅游市场专家预言,在过去的十年里已迅速发展的家庭旅游,在 21 世纪将继续保持迅猛的发展态势。未来家庭旅游的焦点将集中在十几岁的青少年,非热门旅游目的地,动态度假及教育旅游。①

纽约《与你的孩子一起旅行》栏目负责人 Dorothy Jordon 评论说:"对一个家庭来说,世界变得越来越小,航空旅行成为常事。人们对传统度假地的兴趣减少,而更多的转向 SOFT 探险,寻找回归自然的感觉。"Dorothy Jordon 预言,家庭带孩子走出学校去非传统度假地旅游将成为儿童教育组成部分。学生和年轻人的旅游资源是巨大的,开始旅游的年龄要比他们父辈早得多。以前人们要等到大学毕业后才开始旅游,但现在的年轻人在高中时就已开始了远行。

www.familytravelforum.com 的编者 Kyle McCarthy 认为,尽管旅游者的年龄结构发生变化,年轻人数量大增,动态旅游渐多,但"娱乐消费规则"是不变的。无论是快餐、运动鞋、计算机、运动装,只要是家庭消费产品,都适用于这个新旅游趋势——家庭旅游。随着 BABY BOMMER 一族时代的结束,"亲和家庭"类的旅行目的地开始用尽解数争取 18 岁以下的青少年。

"一旦旅游业明白了其中的关键所在",McCarthy 说:"我敢打赌整个行业都会针对我们的孩子大做广告,你将看到所有的旅游地、航空公司、酒店、旅游经营者还有主题公园都会围绕孩子大做文章,大派免费礼物,推出疯狂的活动、极限体育运动及所有类似的玩意儿。"当热度过去以后,McCarthy 预言,父母们在 21 世纪将会拿出更多的钱及时间去旅行,希望度假地能提供更多的身心休息。

三、家庭购买决策过程

(一)认识需求:认识需求是家庭成员购买决策过程的起点。比如说核心式家庭的儿童看到别的家庭出去旅游,则他会产生旅游的愿望,而父母出于使孩子增长见识和扩大视野的目的,也会产生旅游的需求。

(二)收集信息:当家庭成员产生了购买动机之后,便会开始进行与购买动机相关联的活动。这时候家庭的每一个成员都会努力地搜集与自己相关的旅游信息,这些信息来源有:个人来源,如亲友、邻居、同事等;商业来源,如广告、推销员、分销商等;公共来源,如大众传播媒体、消费者组织等;经验来源,如操作、实验和使用产品的经验等。以 Howard and Madrigal 为代表的研究者认为,妻子是各个阶段的主要影响者,强调女性在家庭决策中的作用,认为妻子往往是信息收集阶段的主导者。但是他们对亚洲国家的研究得到一些不同的结论,特别是

---

① 中国旅游智网 http://www.davost.cn/html/xueshulilun/qita/

一些老年家庭受到传统思想的影响一般由丈夫来主导几乎所有阶段的决策。①

(三)选择判断:当家庭成员从不同的渠道获取到有关信息后,便会对可供选择的各种信息进行分析和比较,并对各种旅游企业的产品作出评价,最后决定购买。

(四)购买决定:当家庭成员对某一旅游企业的产品产生好感和购买意向,但真正将购买意向转为购买行动,其间还会受到两个方面的影响:①家庭成员的态度,当有家庭成员持反对意见,且持反对态度者与购买者关系愈密切,修改购买意图的可能性就愈大;②意外的情况,如果家庭成员发生失业、意外急需或者遇到旅游产品涨价等,都有可能改变购买意图。

(五)购后行动:家庭成员购买商品后,通过家庭的使用和他人的评价,会对家庭购买的商品产生某种程度的满意或不满意。如果家庭成员的预期与产品的实际效用相符,他们就会感到满意;如果产品的实际效用大于消费者的预期,他们就会非常满意,反之,他们则会失望或不满意。这种不满还会影响到其他家庭的消费行为,形成连锁反应。

由于家庭旅游决策具有独特的特点,因此在开发家庭旅游市场时必须有针对性:

一是加强宣传促销,努力扩大家庭旅游市场占有率。在家庭旅游促销上一定要设计好宣传促销广告,要让广告语充满温情和亲情。如"让您的孩子在旅游中成长"、"让您的孩子在大自然熏陶中身体更加强壮"、"旅游,献给父母亲的爱"等等,通过广告打动消费者,促使家庭成员作出决策,最终购买旅游产品。②

二是做到主次兼顾,搞好家庭旅游客源市场的定位。就目前情况看,我国家庭旅游客源市场应主要放在大中城市。其中,有正常双休时间的家庭应是家庭旅游客源开发的重点。由于教师有着寒暑两个假期,所以更应将教师作为家庭游客源的重中之重。

三是坚持适应需求,开发喜闻乐见的家庭旅游产品。首先在价格上要制定有别于其他类型旅游者的优惠措施,刺激家庭出游。如在一些景区景点门票方面,可针对家庭旅游者推出"家庭套票",并给予一定程度的优惠。其次,景区景点的组合要注意突出教育内容,满足家庭旅游者通过旅游真正让孩子达到"行万里路、读万卷书"的目的。家庭旅游者对生态旅游、文化旅游、探险旅游、吃苦旅

---

① Howard, D.R., Madrinal, R.. Who Makes the Decision: The Parent or Child? The Perceived Influence of Parents or Children on the Purchase of Recreation Services [J]. *Journal of Leisure Research*, 1990, 22(3): 224—258

② http://www.whls.gov.cn/xwzx/content.asp?id=609&parid=79

游等专项旅游产品也有着较大需求。此外,在家庭旅游产品设计上,节奏不宜太快,景点景区间的组合要有充足的时间空隙,以满足他们休闲的需要。只有尽量满足家庭各个成员的需要,才能为企业赢得好的口碑,为企业以后的发展提供更大的空间。

第三节 家庭旅游消费行为的特点和影响因素

一、家庭旅游消费行为的特点

(一)年轻单身:单身年轻人已具有较强的独立性和购买潜力,他们追求时尚,具有冒险、大胆尝试的精神,往往是新开发旅游目的地的探险者,并逐渐影响更多的消费者,引领消费的新潮流;单身年轻人的消费倾向由不稳定向稳定过渡,他们希望确立自我价值,实现自己的目标,追求个性的独立,要求与别人有所区别,在旅游过程中,注意自己的形象并喜欢结交朋友;他们的购买倾向趋于稳定,大多具有一定的文化水准,接触的信息增多,分析、比较、判断能力进一步提高,因此他们在追求个性化的同时,也追求商品的实用性和科学性,注重商品的货真价实,表现自己的成熟性。针对年轻人的购买行为及心理特征,旅游企业必须制定相应的营销策略,及时推出能反映时代潮流的、能代表现代技术且实用合理的新潮旅游消费品。要注意青年消费者共同的心理特征和不同的兴趣爱好,把推出的旅游商品与年轻人的个性、气质、性格、兴趣联系起来,通过有特色的促销手段,刺激这类消费者的购买动机,满足他们的需要。

(二)新婚无子女:因为是新婚,家庭没有什么大的消费支出,而且随着70年代末及80年代初出生的年轻人的消费观念的改变,蜜月及新婚旅游非常受欢迎(见本章案例2),婚庆和蜜月旅游者的消费水平高出平均旅游消费水平,在消费档次和停留时间等方面也极大地区别于普通旅游者。

(三)夫妇有子女:该群体人数众多,分布均匀、广泛,在消费活动中具有重要的地位,处于购买商品的决策者位置。如果家庭中孩子年龄很小,则该家庭外出旅游的机会相对较少;随着孩子年龄的增大,家庭外出旅游的机会增多,旅游消费多会考虑孩子的要求,多注重娱乐性、参与性强的旅游活动。同时中年消费者注重商品的实用性和便利性,在购买商品时理性购买要多于冲动性购买,所以旅游企业要尽可能推出物美价廉的旅游产品,很好地满足中年旅游消费者求实用的心理。对于有孩子的夫妇,孩子的年龄、喜好在选择旅游目的地中是必要的考虑因素。可是在考虑孩子的同时，也应考虑自己的喜好，在满足孩子好奇心的同时也应达到自身放松的目的。旅游对于家长来说也应该是外出看风景，看世界，而不是看孩子。所以在旅游计划中要平衡自己的喜好和孩子的喜好，合理安排旅游项目：可以安排一天的时间陪孩子去游乐场，也应该安排一天的时间给作为母亲的你去购物，或作为父亲的你去钓鱼攀岩；留给两人半天的时间，把孩子留在酒店的"孩子俱乐部"，或交给专门的保育员照顾，去享受浪漫的情侣晚餐。对于父母，家庭旅游不应该成为负担，而是也应该达到放松身心、体验新鲜事物的目的。

据 2002 年初的调查，过去半年中 40％的北京居民曾至少外出旅游一次。而在外出旅游时家庭度假是主流，72％的人外出旅游是与家人同行；合家旅游者中，中年人（35～44 岁组）的比例最大。这部分人上有老人，下有孩子，平时忙于工作，一旦有假期，则会尽量带家人同游，共享天伦之乐。寒暑假带孩子出去旅游是许多父母的一大愿望。家庭度假者外出旅游多喜欢去有一定名声又不太拥挤的地方。为了让孩子开阔眼界，增长见识，喜欢选择文化底蕴厚重的目的地。在决定去哪里旅游时，孩子或主妇的意见往往更起作用。

（四）老年夫妇：老年旅游消费者在生理上和心理上同中青年相比都发生了明显的变化，在食、宿、行、游、购、娱等方面的需求上都体现了年龄的特征。他们比较关心吃、住、行的安排，一般会选择文化性强的名胜古迹旅游，虽然老年人有一定的储蓄，但是受中国传统文化的影响，老年人的旅游消费行为相对比较谨慎，讲究经济实惠。

二、家庭旅游消费的影响因素

国外学者研究发现，家庭旅游决策中的角色分配和决策模式的形成主要受以下几种因素的影响：孩子、家庭收入、个人资源贡献、家庭生命周期、旅游产品以及服务的种类、决策的不同阶段及因子、家庭结构、旅游经验、游程满意度、出游的空间距离以及旅游产品的价格等。下面就其中较为重要的因素展开论述。

（一）孩子：在家庭生命周期的特定阶段，孩子的影响非常重要，他们通过生理上以及偏好上的限制影响家庭旅游决策和行为。以 Ryan 和 Seaton and Tag 为代表的研究者通过实证研究发现，孩子是家庭出游的催化剂，父母非常看重孩子的满意度，孩子不愿意去的地方容易被排除在备选目的地之外。另外孩子也会影响夫妻间的角色分配，在有孩子的家庭由于妻子承担照顾孩子的责任，多由丈夫主导决策，在没孩子的家庭多为夫妻共同决策。但是当孩子参与到家庭旅游活动中的时候，更多的则是母亲主导决策。在涉及孩子的娱乐服务活动中，母亲主导信息收集和最终决策的制定；而且在家庭决策中，有孩子参与的时候，妻子往往会单独作出决策。

另外,孩子的年龄对其参与家庭旅游决策的程度存在一定影响,随着年龄的增长,对决策的影响逐渐变大。在 Swinyard and Sim 有关孩子对家庭决策过程影响的研究中,将孩子分为两组:12 岁以下以及 12~19 岁。研究发现,在信息收集阶段,年龄最大和最小的孩子的影响作用存在重大区别[1]。在 Howard and Madriga 的研究中,根据孩子的年龄划分为三组:4~5 岁、6~10 岁以及 11~14 岁。结果也发现随着年龄段的提升,对决策的影响变大。但是在亚洲国家出现一些不同的情况,处于 13~18 岁年龄段的孩子要面临高中或大学的升学考试,他们对决策过程的影响最小。

(二)家庭收入:旅游需求是高收入弹性的,家庭收入能够影响家庭旅游决策,这首先体现在对夫妻间角色差别的研究中。低收入家庭多由妻子主导决策,中等收入的家庭多为共同决策,而在高收入家庭则多由丈夫主导决策制定;其次表现在孩子参与家庭旅游决策方面。研究发现,双收入家庭的父母拥有更多可自由支配的收入,并且往往感觉"很忙,对孩子感到愧疚",因此,对孩子的要求更温和。双收入家庭的孩子在问题识别和最终决策阶段的影响要大于单收入家庭的孩子,而且二者在购买决策三个阶段的影响作用均有很大区别。

(三)个人资源贡献的影响:近年来,以 Soo 和 Cathy 为代表的学者将资源理论运用到对夫妻在家庭旅游决策中影响的研究中,以解释个人诸如收入、职业及教育等资源的贡献与其在家庭旅游决策中影响作用的关系。根据此理论,家庭旅游决策中起主导作用的一方对家庭的资源贡献要大于另一方,有工作的女性比没有工作的女性参与家庭度假决策制定的可能性大得多。如果在一个家庭中,妻子的职业就是照顾孩子,由丈夫主导经济,那么在面对一些昂贵的决策时,丈夫起主导作用。学历与妻子参与决策的程度呈正相关,教育能帮助女性获取有效参与决策的某些潜质。另外,妻子工作时间越长,在金钱方面就更具自主权,有更多参与决策的机会。

根据资源理论,妻子在家庭旅游决策中的作用将逐渐提高,同时夫妻共同决策的现象将更为普遍。而作为零收入群体的未成年人,对家庭旅游中高价产品的决策影响微乎其微,尤以出国旅游以及一些高档度假旅游产品为甚。

(四)家庭生命周期:家庭生命周期不同阶段的家庭成员在决策中扮演的角色不同,随着年龄的增长,夫妻双方或家庭成员之间熟知彼此的喜好,作决定的时候常为对方考虑,这种熟悉效益促使决策人作出双方都满意的选择,在决策制

---

[1] Swinyard, W.R., Sim, C.P.. Perception of Children's Influence on Family Decision Processes[J]. *The Journal of Consumer Marketing*, 1987, 4(3): 25—38

定过程中合作大于冲突,同时每个人扮演的角色愈加专业化,而且倾向于参与划分更细的决策。

(五)除了上述几个方面以外,还有一些因素也影响着家庭旅游的决策制定和角色分配,主要有:

满意度。积极参与旅游决策的一方通常对购买的结果不会太挑剔,且易于产生满意的心理;反过来同样成立,即对游程满意的人,更倾向于积极参与决策,特别是发生在目的地的单项决策。

家庭结构。首先,家庭成员的数量会影响角色的分配;其次,在当前出现的一些新型家庭结构中,决策模式和角色分配与传统的情况有所差别,其中表现最明显的是在越来越多的单亲家庭中,孩子的决策影响相比双亲家庭为大。

旅游经验。先前积累的旅游经验是此次旅游决策的基础,家庭成员中因公或因私出游机会多的人更常在家庭出游决策中成为主导者,他们的意见常被采纳。

出行距离与产品价格。距离越远、产品价格越高,计划就越复杂,参与准备的重要性越大,所以对于远程和高价旅游通常由夫妻双方共同作出决策以确保考虑周全,孩子的决策影响很小。

三、家庭旅游消费的经济价值和社会功效

(一)家庭旅游消费的经济价值

据统计,在美国人参加的娱乐活动中,每三项就有两项以上是以家庭为单位的。在文化性质的休闲活动中,大约有40%是家庭性质的。来自华坤女性消费指导中心的一份调查报告显示[①],2007年我国79.8%的城市中高收入家庭把旅游度假列入了消费计划,预计开支平均为10 206元;2006年《GOOD好主妇》与华坤女性生活调查中心在我国16个大中城市的中高收入家庭中开展了"城市家庭生活质量调查"。调查显示,2006年超过一半的(55.5%)被调查家庭全家旅游过了;这些家庭用于旅游的平均消费为9 109元;有52.7%的家庭有全家旅行的计划;出国度假成为家庭旅游首选,超过1/3被调查者最想出国旅游。由此可见,在当今社会,家庭度假旅游是家庭的一种主要消费形式,也是旅游市场上最主要的客源。

(二)家庭旅游消费的社会功效

首先,家庭旅游能融洽家庭成员之间的感情,有利于社会秩序的稳定和社会进步。家庭旅游由全体家庭成员共同参与,夫妻可以利用这个过程相互交流,有

---

① 朱艳燕.2007城市中高收入家庭消费:旅游度假成首选.中华工商时报.2007.03.01

利于感情的融洽和升华;子女则通过家庭旅游倍感家庭的温馨和欢乐。总之,通过家庭旅游的方式可以弥补平时或因工作的原因而造成家庭成员之间的隔阂,或因一方的责任导致家庭气氛的不和,以维系和稳定家庭这一社会最基本的细胞,从而起到维护社会秩序、推动社会进步的作用。

其次,家庭旅游能消除家庭成员的工作疲劳,有利于社会劳动生产率的提高。现代社会,人们的生活节奏不断地加快,如果再加上来自家庭方面的压力和负担,则容易导致个人精神的不振,从而影响工作的质量。西方发达国家已意识到这一点,它们通过增加工人闲暇时间的方法来改变这一状况,并采用优惠政策,鼓励人们利用闲暇时间外出旅游。如今越来越多的人利用闲暇时间参加旅游活动,回归自然,呼吸大自然清新的空气,放松平时紧张的心情,这些都为提高工作效率起到了良好的促进作用。

最后,家庭旅游有利于青少年的健康成长及其素质的提高。旅游是一个综合性的学习过程,它涉及社会科学和自然科学的多种科目,其中与旅游关系较为密切的有文学、艺术、历史、考古、地理、生物、天文、气象、建筑等等。随着经济收入的增加,人们在注重自身精神享受的同时更加重视对子女的教育,他们携子女外游,让儿女们有机会去接触各种各样的文物,领略大自然的美景,以期开发他们的智力,启迪他们的灵感,提高他们的素质。

总之,家庭旅游,既有利于家庭成员间的思想沟通和感情交流,又有利于社会的发展和安定团结。

案例 1
丁克族与旅游

多年以来,旅游业一直将重点放在家庭旅游和个人旅游上,例如:"Club 18～30"。但是,没有子女的夫妇旅游怎么办呢?

近年来,由于以下一些原因夫妇旅游市场开始受到重视。

(1)越来越多的夫妇决定不要小孩;

(2)丁克夫妇有更多可以自由支配的收入,并且每年休假次数也会增多。

对于这块市场主要吸引力在于浪漫情调和共同爱好,同时可以在不受孩子的打扰,完全是在成人环境内享受度假。

一些旅游经营商为吸引夫妇旅游专门建立了品牌,或者在其旅游手册中特意宣传适合的饭店和景区。

很多乡村宾馆有试图通过禁止儿童入住或者限制儿童晚间活动内容来吸引这块市场。然而,当饭店同样希望家庭市场时,就产生了矛盾。

夫妇市场的主题往往是浪漫情调,需要引起注意的是,即使是为人父母的夫妇也可以暂时离开自己的子女,这时的他们也应当属于夫妇市场。

资料来源:[英]约翰·斯沃布鲁克,苏珊·霍纳著.旅游消费者行为学.俞慧君,张鸥,漆小燕译.北京:电子工业出版社,2004年.

案例分析:

在家庭度假市场,有一个细分群体——双薪无子女家庭(国际上称之为DINK家庭,即Double Income No Kids 的简称,中文又称丁克家庭)。这部分消费者更具备外出旅游的条件,旅游消费的模式比较新潮,喜欢到少有人去的地方或喜欢探索性的旅行。

选择丁克家庭的人群具有三个明显特征:年轻化、高学历和高收入。一份调查显示,在18～34岁的受访对象中选择丁克家庭的占10.4%,明显高于35～54岁受访人群的同类选择。在不同学历的人群中,大专以上学历者选择丁克家庭的比例最高,达到10.3%。收入越高者,选择丁克家庭的比例越高。家庭月均收入在5 000元以上的受访者中该比例达到13.7%,而在1 500元以下的人群中仅为5.5%。丁克家庭出现的原因主要是:传统的"养儿防老"意识的基本转变;一部分夫妻对婚姻的稳定性没有把握,惧怕将来发生变故,会增加离婚成本,怕孩子抚育等经济负担和麻烦,而且也会给单亲家庭的孩子带来不幸,因此干脆不要孩子;有助于夫妻双方专心于自己的事业上。一对结婚7年、酷爱背包旅游的夫妇说:"赚钱、出去旅游,然后再挣钱、再出去。用文字和镜头记录每一次走出去的感受。我们忙得要命,又乐此不疲。要孩子会改变我们的共同追求。"这也许代表了大多数丁克家庭的想法,所以旅游企业应该制定适合丁克家庭旅游的方案,推出一些时尚的、个性化的旅游项目,努力满足丁克家庭的需要。

案例2
蜜月旅游,不能不重视的市场

在中国旅游市场上,商务游和休闲游一直扮演着主角的戏份。随着经济条件的改善和人们出游意识的不断提高,蜜月旅游作为一个新的消费行为,悄然间改变了整个旅游市场的份额。

报道1:出境蜜月游成市场新宠

相比一般观光休闲旅游市场而言,蜜月旅游市场有着自身的特点:消费能力较强、停留的时间更长、季节性明显。蜜月旅游市场主要以年轻人为主(再婚中老年人也是一个重要市场),他们对目的地的环境要求较高,倾向于充满阳光和沙滩等极具休闲特点的目的地,当然,如果能在享受阳光和沙滩之余还能领略到有地方特色的民俗风情,则是目的地吸引新婚夫妇的一个极佳卖点。

随着时间的推移,出境度蜜月已经成为越来越多的新婚夫妇的首选。除了眼下手续上的简化,更重要的原因是,不少短途出境游的价格并没有比国内游贵多少,但异域的风土人情无疑有更多的吸引力。据了解,选择港澳和东南亚度蜜月的新人很多,最适合的还是海岛线。不少国际旅行社也看中了这个潜在的商机,推出了一些相对适合蜜月游的线路。

据悉,目前结婚人数的上升,也同时带旺了蜜月游。2005年5月1日前,以做自由行著称的携程网就推出了"境外海岛蜜月旅行系主题馆"系列,地点则都在东南亚,包括巴厘岛、苏梅岛、马尔代夫和电影《夏日么么茶》主要取景地热浪岛等,并专门提供蜜月房,吸引了不少新人报名。

中国国际旅行社总社出境部市场营销总监林康先生告诉记者:"出境游产品中,蜜月游占中国国际旅行社总体业务的10%左右,目前这个数字还在不断攀升。"在结婚时选择出境蜜月游,除了满足旅游参观的需求之外,更能趁此机会走出国门满足一下猎奇心理。

业内人士分析,蜜月是两个人的事,一般会选择两个人都没去过的地点,相对来说,选择出境游的可能性更大些。另外,中国新人结婚大都选择在如"五一"、"十一"、春节等节假日,方便亲朋好友前来道贺。但恰恰这个时间又是中国旅游市场的旺季,此时出行很难达到蜜月游的预想结果。蜜月旅行团是目前旅游市场的高端消费,新人对食宿和交通条件要求较高,讲究行程的舒适、休闲、保健与私密性。相比较国内的蜜月胜地而言,国外的蜜月胜地在满足新人蜜月游的私密性、刺激性、挑战性上显然是技高一等。

报道2:各国(地区)纷纷亮出"蜜月胜地"的招牌

据了解,新婚旅行最看好的目的地当然是风景迷人、山清水秀的地方,除了桂林、昆明、杭州、大连、张家界、北京、上海、海南等地外,近年来我国港澳地区、新马泰、日韩、澳大利亚、马尔代夫、欧洲等境外蜜月游市场也行情看涨。各国(地区)抓住商机依靠自身的旅游资源纷纷打出"蜜月胜地"的招牌,吸引来自世界各地的"新人"。

泰国是最早向中国开放的旅游国家之一,中国人对泰国也再熟悉不过。据泰国旅游局驻北京办事处处长周仰远先生介绍,泰国每年接待中国到访游客的总人数是80万,中国已成为泰国旅游业的第三大海外市场。其中,中国入泰国蜜月游人数占总人数的15%,蜜月游市场在泰国极其可观。他说由于诸多因素的影响,今年访泰游客有所减少。通过"蜜月游"的方式,他希望中国年轻人对泰国旅游亮点有一个重新的感知。

拉斯韦加斯(Las Vegas)也是众多新人蜜月旅游的目的地。这里不仅是名闻世界的赌城,同时也是世界著名的结婚之城和蜜月之都。据统计,平均每年在拉斯韦加斯登记结婚的男女有10万对左右,很多名人巨星如小甜甜布兰妮等都选择到这里度蜜月,留下终身难忘的浪漫记忆。在这种背景下,中国人赴拉斯韦加斯的蜜月团也相应产生。据携手推出该产品的《Modern Bride 新娘》杂志和内华达旅游局说,这是中国游客赴内华达的首个蜜月团,因而具有很多的惊喜,比如在名人教堂举办婚礼、颁发拉斯韦加斯结婚证书、享受豪华酒店蜜月套房等。马来西亚旅游局驻京办的赵刚说:"在马来西亚,专业的蜜月游公司通常会安排新人去海岛沙滩等地度蜜月,甚至有的地方已经出现了专门的蜜月胜地。蜜月游在马来西亚已经很成熟了,当地有很多专业的蜜月游产品。这些专业的蜜月游产品给马来西亚旅游业带来很可观的收益。"

资料来源:青年时讯中国旅游周刊网站.蜜月游迅速升温旅行社何去何从[EB/OL]. http://www.51766.com/2005年9月13日

思考题

1. 典型的家庭形态有哪几种?他们是怎样作出旅游消费决策的?
2. 家庭旅游购买行为有哪些类型?试举例说明。
3. 家庭旅游消费的影响因素有哪些?
4. 处于家庭生命周期不同阶段的家庭一般有哪些消费特点?分析其旅游需求特点,并提出开发适路旅游产品的基本思路。
5. 结合案例说明你是怎样认识"蜜月游"的?如果你是旅游社的老总,你会采取怎样的措施应对迅速发展的蜜月旅游?

第九章 社会阶层与旅游消费行为

社会阶层与旅游消费行为有密切的联系,同一社会阶层的消费者的旅游消费行为的各方面(如对消遣时间和活动的选择,消费内容和形式,购买行为等)都存在着趋同的特点,而不同社会阶层之间则有较明显的差异。因此,社会阶层成为影响旅游消费者的重要环境因素。本章主要讨论社会阶层的概念、测量方法,社会阶层的决定因素,不同社会阶层成员的行为方式,以及与社会阶层有关的态度和行为对旅游消费的影响等问题。

第一节 社会阶层的概念与决定因素

一、社会阶层的概念和作用

(一)社会阶层的定义

所有社会和文化中都存在着社会阶层。社会阶层是指由具有相同或类似社会地位的社会成员组成的相对持久的群体。也就是说,社会中相对持久和同质的部分、个体或家庭享有类似的价值观和生活方式,往往在社会地位上相接近而属于同一社会阶层。

在行为科学中,地位通常是指由具体地位因素决定的社会阶层成员的相对等级。相对的财富(经济财产的数量)、权力(个人选择或影响他人的程度)、威望(被他人重视的程度)是评价社会阶层的三个最常用的因素。在消费者行为研究中,地位经常依据以下因素中的一个或几个:家庭收入、职业地位和受教育水平。

(二)社会阶层的作用

一个人所隶属的社会阶层常常构成了他的消费态度和消费行为框架。社会阶层测量将社会所有的人划分为不同的等级,对市场细分具有重要价值。社会等级有以下一些特点和作用:

1.社会阶层使社会出现了等级。社会阶层具有从地位高到地位低的纵向等级体系。人们可能并不知道划分这些等级的所有依据，但任何人都能意识到这种等级的存在，有些人可能并不了解自己所属等级的行为规范，但他却能够感觉到自己确实属于这个等级，通过对他人社会阶层的认识（即高于自己、低于自己，还是与自己相等）来决定与其交往的方式。

在消费方面，消费者趋向于选择能被自己所属社会阶层或更高社会阶层所接受的产品或服务，而对那些属于被视为更低阶层的人享用的产品和服务则从心理上有一种抵触感。

2.社会阶层与市场细分。社会阶层的层次为许多产品和服务的市场细分提供了天然的基础，这使得消费行为的研究人员在许多情况下都能够把产品使用与社会阶层的所属关系相结合。市场开发与促销人员则可以有效地为产品和服务选择传播渠道、推销方法，以满足特定社会阶层范围内消费者的需要和兴趣。

3.社会阶层对行为的约束。把社会中的人划分为一些不同的阶层，使研究者能够进一步注意到在同一社会阶层内，人们在价值观、态度和行为模式等方面存在着一致性，而不同社会阶层之间却在上述几方面有一定的差异。

在现实生活中，大多数人都感到和那些在价值观念、行为模式等方面与自己类似的人在一起更安全，更愉快。因此，不同社会阶层之间的交往总是有限的。同一社会阶层的人因在教育背景、职业、收入水平、生活方式等方面大同小异而能频繁往来。

社会阶层对消费行为也有一定的约束作用。所以，人们可以把社会阶层的所属关系与对某种产品或服务的消费态度相联系，研究社会阶层对具体消费行为的影响作用。

4.社会阶层的参照作用。社会阶层的所属关系为消费者发展其态度和行为提供了一个参考框架（即参照群体）。在参照群体的联系中，某一社会阶层的成员经常是以同阶层的其他成员作为"适当行为"的参照标准的。

5.社会阶层的动态特点。一个人的社会阶层是会发生变化的，尽管这种变化一般不会很大，或很突然，但绝大多数人不可能一生中始终属于同一个阶层。导致一个人社会阶层发生变化的原因主要有两个：一是社会制度的变革，整个社会的价值观念发生了变化，从而导致人们社会地位的升降。另一个原因是个人的生活变迁有可能使其在社会中的地位上升或下降。

二、社会阶层的决定因素

同一阶层的成员具有类似的价值观、兴趣和行为，在旅游行为上相互影响并趋于一致，但是社会划分为多个阶层，个人的社会阶层归属不是仅由某一个因素决定的，而是受到教育、职业、收入、价值观、家庭背景、居住区域等多种因素的制

约,人们能够在一生中改变自己的社会阶层归属,既可以迈向高阶层,也可能跌至低阶层。社会阶层的决定因素大致有以下几个方面:

(一)职业。职业是社会阶层划分中较有说服力且已得到较为完善研究的影响因素。首先,这是因为相同或类似的职业的经济收入与社会地位比较接近;其次,社会成员为了获得相似的职业必然接受相类似的教育,容易形成相似的态度与价值观;再者,由于从事接近的职业,人们也比较容易形成相似的行为习惯和生活方式。因此,从职业方面可以比较全面地分析人的阶层属性。在社会分工越来越细的今天,同一职业内部的细分越发地明显,收入差距也有不断拉大的趋势,所以仅凭职业来划分社会阶层不尽如人意,不能很好地预测购买能力。

(二)受教育程度。个人接受正式教育的水平是衡量社会阶层中被广泛使用的变量。一般来说,受教育越多,收入也越多,职业地位也越高。并且在一个正常发展的社会,职业类型与收入的高低、生活方式与价值观念,以及人们受教育的程度是密切相关的。伴随着知识经济的到来,技术的复杂化和职业的专门化,受过高等教育的阶层在信息化的经济体系中,凭借他们的能力,获得了较高的社会经济地位。从市场营销的角度看,他们在市场中的地位、在消费中的作用是举足轻重的,因此,教育程度是划分消费者社会阶层的一个重要因素。

(三)经济收入。收入也是最常用的测量社会阶层的指标。在使用收入这一指标时,一方面考虑消费者的收入数量,另一方面也考虑其收入的来源。

收入多少可以反映消费者的支付能力,但对确定其社会阶层仍有一定的局限。如一位属蓝领阶层的工人的收入有可能与一位属白领阶层的文员的收入相等,甚至更多,但二者在可支配资金的花费方向上差别很大。

上个世纪初,收入几乎是社会阶层唯一的标志,研究者可以凭借收入的不同,清楚地区分出阶层。但随着经济的快速发展,人们的收入普遍提高,收入指标不再具有明显的区分性,不同职业、教育程度、文化水平的人都可获得相近的收入,而拥有相似收入的人的价值观与生活方式的选择则出现了千差万别的变化,消费行为也没有规律性。因此,依据收入水平已很难预测消费模式。

(四)财产。它涵盖了多方面的内容,诸如:住房条件、住房标准以及住房的档次;是否拥有私家汽车;是否藏有名表、名画、古玩等贵重物品。这些往往是身份、地位的象征,也是评价社会阶层的衡量标准之一。

(五)其他。诸如个人的价值观念、家庭背景和社会技能等也会影响到社会阶层的划分。

一定社会阶层的成员基本上都把同阶层的其他人视为与他们平等的人,当与这些人一起参加社会活动时,他们不会感到那些人与他们的地位是不相称的;

同时他们把较高一层社会阶层的人看作较重要的人物,生活在他们一般达不到的圈子里。而较低一层社会阶层的人则是社会地位较低的,他们与这些人一起参加活动的兴趣不大。

社会群体的阶层性特征对营销者制定营销策略十分重要。购买者消费某种产品或服务,可能是出于这些产品或服务被同阶层或更高阶层消费者所倚重;而被低一阶层青睐的消费品,可能并不被较高阶层的成员所接受。

三、社会阶层的分类和测定方法

(一)社会阶层的分类

社会学家们在一个社会应分为几个社会层次的问题上意见很不一致,多数早期的研究者将所有社会成员分为五个等级或六个等级。然而后来的研究者在社会等级结构划分上差异更大,有的分为九个等级,有的采用四级、三级甚至两级的社会结构。选择哪种划分取决于研究者的研究目的和他所确定的划分因素。以下是对社会层次的主要划分形式:

两层次划分方案:

蓝领阶层;白领阶层/低层;高层

三层次划分方案:

蓝领阶层;灰领阶层;白领阶层/低层;中层;高层

四层次划分方案:

低层;低中层;上中层;上层

五层次划分方案:

低层;劳动阶层;低中层;上中层;上层/低层;低中层;中层;上中层;上层

六层次划分方案:

低低层;上低层;低中层;上中层;低上层;上上层

七层次划分方案:

绝对低层;属于低层群体但不在最底层;劳动阶层;中层;上中层;低上层;上上层

九层次划分方案:

低低层;中低层;上低层;低中层;中中层;上中层;低上层;中上层;上上层

产品和服务的提供者所感兴趣的是哪种等级划分最能够体现自己的产品或服务的消费潜力。所以,不仅要了解社会分为几个等级,还要掌握每个等级的人口比例,在一般的社会中,极端等级,即最高层和最低层的人口所占比例都比较小,许多企业干脆不考虑他们的特殊需要。

(二)测量社会阶层的方法

测量社会阶层的目的是为了定义细分市场并进一步理解这些细分市场的消费特点。测量的方法主要有印象测量法、主观测量法和客观测量法三大类。

1. 印象测量法

这类方法主要是选择彼此认识或居于同一社区的人参加,每个人根据自己的印象定义其他人(而不是自己)的社会阶层。当然最后的结果产生于研究者的分析和总结。这种方法适合于社会学家做个案调查和研究。对消费者行为特别是旅游消费者行为研究不太实用,分析旅游消费者行为可以将社会学的调查研究的结果作为参考。

2. 主观测量法

主观测量社会阶层的方法要求被调查者自己估评自己的社会阶层的位置。以下是主观测量法中使用的比较典型的一个问题:

以下四种社会阶层哪一个层次适合于你?

低层( )

中低阶层( )

中上阶层( )

上层( )

不知道/拒绝回答( )

在这种调查中,社会阶层隶属关系的划分结果完全根据参加者的自我知觉或自我认识。社会阶层被当成一种"个人"现象,反映出一个人对自己与他人关系的认识。同时也受到一个人对各阶层的了解的限制。在消费者行为研究中偶尔会使用这种方法,但其价值并不很大。这里有两个原因:一是被调查者有高估自己社会阶层的趋向;二是由于消费者有意避免,或不愿承认自己居于"上层"和"下层"这样的极端社会阶层,而使"中层"的比例不真实地过大。

消费者行为的分析研究有时需要消费者对自己所属的社会阶层进行自我鉴定,但可以不直接询问其社会等级,而是让消费者有选择地表达与自己所属社会阶层的特点有间接关系的态度和观点,这就需要引进一些客观的因素,如教育、收入等。一个人对自己社会阶层的知觉是自我形象的体现,应该与其消费行为有一定的联系。

3. 客观测量法

与印象测量法和主观测量法不同,客观测量法既可以评估自己的社会阶层也可以评估他人的社会阶层。客观测量法由所选择的与被研究者有关的人口统计和社会经济方面的变量组成。这些变量的测量是通过问卷向消费者询问有关他们自身、家庭、住处等方面的问题来进行的。在社会阶层客观测量法中最常使用的变量包括:职业、收入、教育、住房大小和类型、财产所有权和所属社会组织（如党派）等。在具体实施时可以采用单项指数测量法,也可以采用多项指数测量方法。

(1)单项指数测量:单项指数测量只使用一个社会经济变量来评估一个人的社会阶层的隶属关系。以下为最常用的几种变量：

①职业。职业反映了一个人的职业地位,所以被广泛应用。在平时的人际交往中,人们常常相互询问对方"做什么工作",对这一问题的回答成了评估对方的重要参考依据。

另据调查,各职业的最上层收入最多,要求获得的正式教育也最多。越往下,收入和所需的正式教育也越少。这说明,在现代社会中,职业地位、收入和教育是有一定关系的。

②教育。一个人接受的正式教育的水平是另一个被广泛使用的衡量社会阶层的变量。一般来说,受教育越多,收入也越多,职业地位也越高。

③收入。收入也是最常用的测量社会阶层的指标。在使用收入这一指标时,一方面考虑消费者的收入数量,另一方面也考虑其收入的来源。

④其他因素。居住区域的质量,居民对金钱价值的认识等很少被用来衡量社会阶层,但也经常作为辅助的或参考性指标修正一个人的社会阶层所属关系。有时家庭财产也被作为一个参考变量。

(2)多种变量测量法

该测量法系统地将一些变量组合起来,以求全面衡量一个人的社会阶层。这种方法比单一变量测量法更能反映社会阶层的复杂性,因此对消费者行为研究更有价值。常见的测量社会阶层的因素组合包括：身份特点指标,由职业、收入来源、房产类型、居住地点等子指标构成；社会经济地位指标,由职业、家庭收入、受教育水平构成；双因素社会地位指标,由职业和教育系指标构成；城市地位指标,由夫妻二人的职业、教育水平、居住的社区环境、住房质量、宗教、社会交往构成；文化阶层指标,由职业、教育、应付房租或房产价值构成。

四、当代中国社会阶层结构的基本形态

(一)社会阶层的划分

社会理论中,曾把社会分为六个不同阶层,即上上层、上下层、中上层、中下层、下上层和下下层。按照美国学者沃纳(W.L.Warner)的研究,美国社会阶层的六个层次为:

1.上上层(1.5%),他们是继承了大量的遗产、出身显赫的达官贵人。

2.上下层(1.5%),他们是职业和业务能力非凡、拥有高薪和大量财产的阶

层,包括未被上上层社会接纳的高级行政官员、大企业创始人、医生、律师等。

3.中上层(10%),他们没有高贵的出身,又没有多少财产,关心的是自己的职业前途。包括中企业主、中等行政人员,有地位意识,以子女及家庭为中心。

4.中下层(33%),是普通人社会的上层,非管理者身份的职员、小企业主及蓝领家庭,这些人努力向上,有一定社会地位,但是比较保守。

5.下上层(38%),是普通劳动阶层、半熟练工人,收入常不亚于上两个阶层,但是热爱生活,每天都过得很愉快。

6.下下层(16%),包括非熟练工人、失业者及未归化的外来民族,有宿命思想,处世麻木冷淡。

(二)我国现阶段社会阶层的划分依据

1.职业因素。职业因素对社会阶层分化的影响主要表现在两个方面:一是体力与非体力劳动者之间的社会经济差异扩大,二是管理者与非管理者之间的社会经济差异扩大。这两个方面的表现都是工业社会的技术进步和阶层组织发展所导致的必然结果。

2.制度因素。包括所有制、户籍制度、部门差异以及国家在资源配置中的强有力的作用。

3.生产资料所有权。这也是市场经济社会的普遍特征。

4.经济体制转轨因素。在过渡时期的利益调整中,大部分人的收入和生活水平会逐渐提高,同时也会有一部分人因为收入和生活水平相对下降而落入社会低层;另外,在过渡时期还会出现阶层位置不确定的边缘性群体。

(三)我国社会阶层结构的基本形态

2001年底,在中国社会科学院承担的"当代中国社会阶层研究"的重大课题中,划分了我国的"十大阶层"和"五个社会等级"。(见图9-1)

1.十个社会阶层

(1)国家与社会管理者阶层:指在党政机关事业单位和社会团体中,行使行政职权的领导干部。

(2)经理人员阶层:指国有大中型企业、城乡各种股份所有制大中型企业、大中型三资企业和私营企业中的中高层管理人员。

(3)私营企业主阶层:指拥有私人资本,雇用八人以上的企业主。

(4)专业技术人员阶层:指在国家机关、事业单位、各种经济成分的企业中从事科学技术工作的专业人员。

(5)办事人员阶层:指协助党政机关、企事业单位的领导处理日常事务的专职业务人员。

(6)个体工商户阶层:指拥有少量资本,从事小规模生产、经营活动的小业主、工商户。

(7)商业服务业员工阶层:指在第三产业中从事体力或非体力劳动的员工。

(8)产业工人阶层:指在第二产业(工业、建筑业)中从事直接或辅助性生产的体力、半体力劳动的员工,其中农民工占大多数。

(9)农业劳动者阶层:指从事农林牧渔业生产,并以此收入为主要生活来源的农民。

(10)城乡无业、失业、半失业者阶层:包括失业、失地、待业的人员。

2.五种社会等级

(1)社会上层:包括高层领导干部、大企业经理人员、高级专业人员及大私营企业主;

(2)中上层:包括中低层领导干部、大企业中层管理人员、中小企业经理人员、中级专业技术人员及中等企业主;

(3)中中层:包括初级专业技术人员、小企业主、办事人员、个体工商户;

(4)中下层:包括个体劳动者、一般商业服务人员、工人、农民;

(5)底层:包括生活处于贫困状态并缺乏就业保障的工人、农民等。

各社会阶层及地位等级群体的高低等级排列,是以职业分类为基础,以其对组织资源、经济资源和文化资源三种资源的拥有量和其所拥有的资源的重要程度来决定的。在这三种资源中,组织资源是最具有决定性意义的资源,因为党和政府组织控制着整个社会中最重要的和最大量的资源;经济资源自20世纪80年代以来变得越来越重要,但它在当代中国社会中的作用并不像在资本主义社会中那样至关重要,相反,现有的社会制度和意识形态都在抑制其影响力的增长;文化(技术)资源的重要性则在近十年来上升很快,它在决定人们的社会阶层位置时的重要性并不亚于经济资源。

有关专家认为,就结构形态而言,目前中国社会阶层结构还只是一个中低层过大,中上层有所发育但还没壮大,最上层和底层都比较小的"洋葱头"型结构。国家有关部门应创新和制定恰当的经济社会政策,推进户籍、就业、人事、社会保障等改革,调整城乡、区域和就业结构,引导培育形成一个合理的开放的现代社会阶层结构,才能为构建和谐社会打下坚实基础。

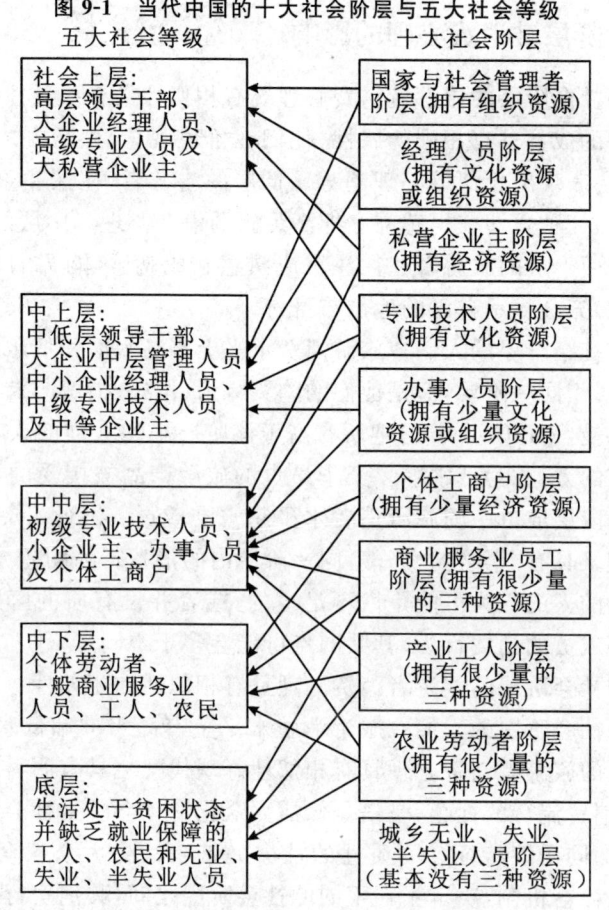

图9-1 当代中国的十大社会阶层与五大社会等级

资料来源:中国网 http://www.china.com.cn/2002年2月4日

第二节 社会阶层对旅游消费行为的影响

在社会生活中,每个消费者都归属于一定的社会阶层,他们的消费观念、生活方式必然要受到所属阶层的制约与影响,因而同一阶层的消费者在消费心理与行为上会有许多相似之处,而不同阶层的消费者则表现出明显的差异。

一、社会阶层对消费心理的影响

(一)同一社会阶层的旅游者消费心理既有相似性又有差异性

同一阶层的成员具有相同的属性,他们在价值观念、生活方式、旅游商品的购买等方面,会表现出相似的心理趋势。低层的旅游者,往往注重安全和体验、讲究实惠,存在一种立即获得感与立即满足感的消费心理。中层的旅游者,一般讲究体面感。而上层的旅游者往往注重成熟感和成就感,购买的旅游商品要具有社会象征性,充分显示自己的地位与身份。

处于同一社会阶层的人们在旅游消费水平上有高水准和低水准之分。就经济而言,他们属于同一阶层,但是他们的购买行为、偏好、消费与储蓄方式可能相差很远。柯尔曼(R.P.Coleman)把所有高于该阶层平均水准的人,称为超水准;低于平均水准的人,称为低水准。豪华昂贵的旅游产品被接受的群体往往是高阶层成员和低阶层成员中的旅游消费水平超水准成员。因此,同一阶层的旅游者的消费心理又具有差异性。当然,同一阶层内的消费行为的差异性,比起两个不同社会阶层的人的行为可能是微不足道的,或者并没有质的区别,也就是说,同一阶层内部成员的消费行为,其共同点可能会多于不同点。

(二)不同社会阶层的旅游者消费心理具有相似性和相差性

处于同一社会阶层的人们在旅游消费水平上有高水准和低水准之分,因此不同社会阶层的旅游者消费心理具有相似性。现代社会具有明显的大众社会的特征,是大众消费流行的社会,是信息传播大众化的社会。从社会心理的特征来看,具有明显的同质性特征。同质性的社会又带来社会大众从众性、攀比性特征。这种大众社会机制,决定了在不同的社会阶层之间,其消费行为在某些方面会有某些共性。

另外,不同社会阶层成员在收入水平、受教育程度及价值观念等方面存在明显差异,因此,其旅游消费行为自然会有较大的不同,具体表现在旅游地、交通工具、活动内容等方面的选择上。一般来讲,高阶层的人往往喜欢高雅温和及高档次的接待规格等,而低阶层的人往往喜欢刺激性项目,如激烈的活动项目和色泽鲜艳的产品外观等;在审美观点上,高阶层和低阶层的旅游者也有明显的不同,低阶层的旅游者对美感的刺激多依赖于主观体验,高阶层的旅游者往往喜欢诗一般的意境,含蓄、幽默而富于变化的想象等。

二、社会阶层对消费行为的影响

(一)社会阶层对支出模式的影响

消费者在选择和使用产品时,尤其是在住宅、服装和家具等能显示地位与身份的商品的购买上,不同阶层消费者的差别非常明显。例如,许多人将拥有某类商品作为身份和地位的象征。此外,下层消费者的支出行为在某种意义上带有"补偿"性质。一方面,由于缺乏自信和对未来并不乐观,他们十分看重眼前的消费;另一方面,教育水平普遍较低使他们容易产生冲动性购买。而且,基于向上攀升的"高攀心理",一些低级阶层者宁可省吃俭用,也要购买象征高阶层的商品,以此获得"我是有钱人"的暂时的满足感。

(二)社会阶层对休闲活动的影响

一个人所接受或偏爱的休闲活动通常是同一阶层或临近阶层的其他个体从事的某类活动,他进行新的休闲活动往往也是受到同一阶层或较高阶层成员的影响。例如,基于希望被同一阶层成员接受的"认同心理",一些自认为是"上等阶层"的人,不管是否真心喜欢,都倾向于打高尔夫球、钓鱼、打桥牌等休闲活动,以配合其上层身份。虽然在不同阶层之间,用于休闲的开支占家庭总支出的比重相差不大,但休闲活动的类型却差别很大。

(三)社会阶层对信息接收和处理的影响

随着社会阶层的上升,消费者获得信息的渠道会随之增多。低层的消费者在购买过程中可能更多地依赖亲友提供的信息,中层消费者则比较多地从媒体上获取信息。不仅如此,特定媒体和信息对不同阶层消费者的吸引力和影响力也有很大的不同。电视媒体对越高层的消费者影响越小,印刷媒体则正好相反。

(四)社会阶层对购物方式的影响

研究表明,消费者所处的社会阶层与某商店的社会阶层定位相差越远,他光顾该商店的可能性就越小。高社会阶层的消费者喜欢到高档、豪华的商店去购物,从而产生优越感,得到心理上的满足。例如,基于避免向下降的"自保心理",一位自认为是有名望的富翁,可能会认为跟普通百姓坐在一起吃路边摊上的食物是一件非常"有失身份"的事情。而低社会阶层的消费者在高档、豪华的商店则会产生自卑、不自在的感觉。

当然,尽管同一阶层的消费者,在价值观念、生活方式以及消费习惯等方面都表现出基本的相似性,但因各个消费者在经济收入、兴趣偏好和文化程度上存在具体差别,因而在消费活动中也会表现出一定程度的差异。就企业而言,区分同一阶层消费者的差异,可以使企业的市场细分更加细致有效,从而使营销策略更有针对性。

第三节　不同社会阶层旅游消费行为特点

消费者研究表明,每个社会阶层都有自己独特的生活方式。人们的信仰、态度、活动和行为无不体现出其社会阶层的印迹。这些差别是我们划分旅游市场的重要基础,也有助于加深我们对旅游消费者行为的理解。

在我国,社会阶层往往是从政治意义上划分,从消费角度划分社会阶层的极少。但不管是否有人进行研究,社会阶层确实存在,而且在消费领域,尤其是旅游消费领域表现突出。

在研究我国的旅游消费者行为时,有些特殊的因素,特别是"公费"现象影响了社会阶层与旅游消费行为之间的联系。与其说人们的旅游消费行为与其生活特点有关,不如说与其工作特点有关。但在研究我国国际旅游消费市场时,社会阶层却是一个不可忽视的因素。根据沃纳(W.L.Warner)以及他之后的研究者的调查和分析,在发达国家中,虽然很难在不同社会阶层的生活方式之间划定一个鲜明的界限,但仍可以看出各自的特点。下面将简单陈述不同社会阶层的消费特点。

同一社会阶层的成员由于具有相类似的经济基础和文化教育背景,因而在价值观、生活方式上也会比较接近,从而形成某种群体行为规范。这一行为规范往往可以转化为群体内成员相似的消费心理和消费行为。而不同的社会阶层由于其经济能力与文化教育背景不同,所具有的价值观与行为准则也不同,因而在消费倾向与消费行为上具有明显的差异。

因此,同一阶层消费心理与行为的相似性与不同阶层消费心理与行为的差异性是社会阶层消费决策的两大基本规律。

一、高阶层旅游消费特点

(一)高阶层的消费内容

1.上上层

上上阶层的消费模式与其他阶层差异很大。虽然不计较花费多少,但也不是为了给别人留下富有的印象而购买。他们并不追随时尚,而且经常使用很古老的东西。在他们的消费结构中,服务占很大的比例。

2.下上层

下上层消费者的消费特点是摆阔气性的挥霍。他们要通过物质和服务的消费显示自己的富有和地位,衣、食、住、行全部追求最高档次,是高价奢侈品的主要市场。在旅游消费方面,不论旅游目的地的类型怎样,只要是著名的就要一睹为快,在旅游目的地也维持着很高的消费标准,他们往往是其以下社会阶层的消费榜样,因此常常是广告人物。

3. 上中层

这一阶层的消费范围远远超过其他任何一个阶层。由于他们是成功者,所以他们的消费决策反映出较强的社会影响。他们想通过消费反映出自己是事业成功者的形象。所以对产品和服务,不仅追求其质量,而且追求其情趣和格调。

由于这个阶层是个很重要的消费群体和市场,许多企业都扩大吸引范围,以上中阶层为主要促销对象之一。如一些以上层人为主的俱乐部改变原有的形象,接收上中阶层的成员加入。

上中阶层一般都受过较多的正式教育,这影响到他们的消费行为。如前面所讨论过的,中上阶层的理想消费形式是以"经历"为中心,不讲究购买实物而是把钱花在"能留下典型的记忆"方面。

(二) 高阶层的购买行为

不同社会阶层的购买行为也存在着差异。例如,早就有研究发现消费者的社会阶层所属关系与其对零售商店、酒店、旅行社、航空公司的选择有很密切的关系。这说明并非所有的人都想在豪华、高档的商店购物,或在高档酒店下榻。相反,人们在做上述选择时,要求将自己的价值观和期望与选择对象在社会上的地位相匹配。在这样的商店里,消费者会感到非常熟悉和自然,因为商品的价格和质量符合他的要求,其他顾客的社会阶层也与他相仿。但如果社会阶层低的消费者去高级商店,或社会阶层高的消费者去低档次的商店,他们都会有一种陌生感或感到不自在。所以,在消费者的心目中,任何一家服务企业,不论是零售商店、酒店,还是航空公司、旅行社,都有其社会地位。其结果是,不同社会阶层的消费者可能购买同一种商标的同一种商品,但却选择不同的零售商店。因此,服务企业也都通过为自己确定一个社会地位而吸引相应的目标市场。例如半岛酒店专以新、老贵族为吸引对象,而假日酒店则以吸引大众旅游者为主。甚至一些海滨浴场也有贵族型、大众型之分。

一项关于城市女性购物行为的调查在社会阶层影响购物过程方面提出了一些有价值的观点。这项调查认为哪一个社会阶层的女性都喜欢购物。但其原因却不相同。所有阶层的女性消费者都喜欢购物的社会性和娱乐性,喜欢看到新产品和对各种产品进行比较。然而,较低社会阶层的人认为能得到这件新的东西是最令人欣喜的,而上中层以上的消费者常常更重视商店的气氛、摆设等。

中层及其以上社会阶层的女性比较低阶层女性的购物行为更频繁。社会阶层越低,在商业区购物的比例就越大。较低社会阶层的消费者较高阶层的消费者更喜欢去折扣商店。

购物是旅游目的地的重要旅游活动,是旅游收入中弹性最大的部分,也是各旅游目的地提高旅游收入的重要手段。下面我们简单分析各阶层购物形式的本质,以更好地理解市场战略决策。

上层和上中层的消费者购物的目的性和效率都强于较低层次的消费者。他们的目的很明确,也知道自己该去什么样的地方购买。这些消费者选择目标明确,却也范围广泛。他们喜欢在购买前先收集信息,读一些宣传介绍的手册、报纸等。

这一群体很注重商场的环境。他们去的商店必须干净、整齐,并有高雅的格调。所以,这些商场的职员不仅要熟知所销售的产品,而且应很清楚地意识到顾客的地位。顾客的这种态度使他们倾向于到专业化的商场去购物,而不是去综合性商场。但这并不意味着他们不去折扣商店,对有些商品来说,他们对商标的信誉深信不疑,其不论在什么档次的商店出售,都可能去买。

(三)高阶层的消费特点

高阶层成员是社会上最富有、地位等级最高的人。其消费心理明显的特点是显示和炫耀,愿意在他人面前突出自己的富有和地位。在消费行为上表现为奢侈和挥霍,消费倾向可以定位为"炫耀型消费"。其消费特点主要有:

1.奢侈享受型消费,如对高级住宅、高档别墅、高档家电、时装、化妆品和保健品的消费。为了显示其与众不同,在对上述奢侈品消费时通常会不厌其烦、不计代价地要求为其单独订制。要通过物质和服务的消费显示自己的富有和地位,衣、食、住、行全部追求最高档次,是高价奢侈品的主要市场。

2.显示型消费,偏重于一般人难以企及的贵族型消费活动,如在豪华度假区度假,打高尔夫球,住星级饭店的豪华套房,出国旅游等,或者收藏各类文物古董、名人字画、珠宝首饰等。

3.投资型消费,如投资房地产、股票等。

二、中产阶层旅游消费特点

(一)中产阶层的起源、演变及划分标准

"中产阶层"一词来源于英文里的 middle class,虽然国人对"中产阶层"一词并不陌生,但许多人依然对其本来含义不甚了了。中产阶层最初的含义没有今天这样丰富,是指在社会层级当中,处于社会最高层与最底层之间的一部分人。通常,对于中产阶层的划分有个人收入、社会行为、历史背景及经济关系等多种标准。

众多标准的形成,是因为"中产阶层"一词具有久远的历史,并与英国封建等级制度有关。起源于欧洲的"中产阶层"一词,一开始特指那些在欧洲社会中,介于贵族和小农阶层的社会阶层。当时贵族拥有庄园,而小农阶层在庄园里务农,随着城市商业的逐渐发达,一个住在城市里以经商为生的中产阶层逐渐成型。后来,随着英国商业社会的发展,中产阶层开始被用来指那些事实上比较富裕,甚至握有一定权力,但缺乏世袭贵族身份的人。

进入20世纪以后,由于非世袭方式产生的贵族数量日益增多,尤其是在1911年英国议会法案颁布及贵族院(上议院)的权力相对于平民院(下议院)有所下降后,英国的贵族头衔在含义上开始出现分化,这主要是由于新产生的贵族中有相当部分来自原有的中产阶层。进入20世纪中叶之后,随着新贵族头衔大幅减少,以及旧有贵族的自然消亡,在英国,"上流社会"不再是贵族的代名词。

在工业化早期,中产阶层最初被定义为"白领"工作者,他们虽然不是老板,但是他们的工作环境比被称为蓝领工作者的工人阶层要安全和舒适得多。"白领"作为中产阶级的代名词持续了很多年。直到20世纪70年代,随着美国工会的没落和大量家庭妇女走出家门,加入就业大军,许多"粉领"工作随之兴起,产生了一批虽然比工会组织下的蓝领工人挣得少,但是工作环境比蓝领工人舒适安全的新中产阶层,人们也不再将中产阶层和"白领"划等号。

到20世纪后期,英美等发达国家逐渐形成了以中产阶层为主,低下阶层为辅,上流社会仅占极小部分的社会结构,英美发达国家进入中产社会。随着中产社会的形成,英美社会的政治经济等各个层面都发生了深刻变化。比如英国的工党脱胎自有组织的工人运动,其主要支持力量亦来自工人阶层,但在托尼·布莱尔的"新劳动"概念指引下,工党不仅争取工人阶层的选票,而且和保守党争夺中产阶层的支持。而在今日美国总统的选举中,各州中产阶层的选票几乎都对选举结果具有决定性的影响。

就现代意义而言,以下几个因素经常被用来归类中产阶层:

职业划分。包括金融家、律师、医生和神职人员。

价值观。信仰中产阶层价值观,比如高质量生活、安稳的工作和尊尚法治民主等。

生活方式。在英国,社会身份与财富的联系不如美国那么密切,除了财富之外,人们也非常关注一个人的口音、仪态举止、教育背景和社交圈的层次。在美国,中产阶层是流行文化的热衷参与者。新移民的第二代往往以摒弃其原有族类传统文化作为融入美国中产阶层的标志。

收入标准。在美国,由于大多数人都渴望成为中产阶层,所以虽然美国的人均年收入约为35 000美元,但是一般而言,年收入介于25 000美元到80 000美元的美国人都被认为是中产阶层。

净资产标准。大多数经济学家将拥有个人净资产介于30 000美元到300 000美元的市民划入中产阶层。而那些净资产介于300 000美元和550 000美元的人们被通常被划入上等中产阶层。

社会科学文献出版社推出的《中国中产阶层调查》显示：中国中产阶层在社会中所占的比例为11.9％。该课题组是依据以下标准得出这一结论的：经济上月收入超过5000元；职业为事业单位管理人员或技术专业人员、党政机关公务员、企业技术人员、经理人员、私营企业主；接受过大学本科及以上教育。

另据该调查，85.5％的城市居民认为自己是中产阶层，其中，自认为属于中上层的占14％，自认为属于中中层的占43.1％，自认为属于中下层的占28.4％。南京大学社会学博士生沈晖认为，这个数据说明当前我国的"中层意识"占据了社会主流。

另外，2005年1月，我国国家统计局公布："6万元～50万元，这是界定我国城市中等收入群体家庭年收入（以家庭平均人口3人计算）的标准。"这一标准亦不失为一种有意义的参照。

(二)中产阶层的消费特点

中产阶级是接受过高等教育并事业有成者。在消费心理上表现为关注自身形象，不仅注重消费品的质量，更追求其格调和情趣。在消费形式上，看重的是"经历"，关注的是能留下美好回忆的过程和品味。因此其消费倾向可定位为"形象型消费"。其消费特点主要有：

1.象征标志型消费，注重商品的品牌，到著名的风景名胜区度假等。用消费品的品牌和名声来标志并突出自己的身份和地位。

2.高雅舒适型消费，讲究吃得精细，住得舒适，穿得时尚，偏爱高品位、高格调的消费品。

3.高效快捷型消费，注重省时、高效的消费品，偏爱科技含量高的新型消费品，如不断更新个人电脑、手机等。购物时比较快捷，有较强的品牌忠诚度。

三、低阶层旅游消费特点

(一)低阶层的消费方式

低阶层的消费思想是获得即时的满足和享乐，不像中层阶层那样顾及未来。他们追求实用而不追求名贵。在家庭日用品和耐用品的消费方面劳动阶层与中层消费者的差距并不显著，但在对服务的消费方面却落后许多，其原因包括：(1)他们喜欢自己动手制作；(2)他们在孩子教育方面花费较少；(3)他们喜欢在家里度假，或探访亲友以节省在旅馆、交通方面的开销；(4)他们不常去花费高的餐厅,但有时和亲友一起去比较经济的餐馆或快餐店。

可以说,服务业发达在某种意义上是一种"中层现象"。旅游服务业的顾客主要来自中层阶层以上的消费者群。

(二)低阶层的消费行为

这一阶层的购买行为往往是一种常规的标准化的形式。他们不像中层以上社会阶层的消费者那样购前广泛收集信息,而就是利用商店以内的信息,不作事先计划,随时需要,随时购买。这一阶层显然是折扣或优惠商店的主要目标市场。

(三)低阶层的消费特点

低阶层在消费心理上常常表现出立即获得、立即满足,是一种"实用型消费"模式。在消费行为中的特点是非常关注消费品的质量及价格,希望以最小的花费换取最大的使用价值,并满足其实用性要求。其主要的消费特点有:

1.经济实惠型消费,由于收入不高,大部分收入用于必要的生活开支,只有少量的节余和储蓄,故较注重对日常生活必需型消费品的购买。

2.强计划型消费,因为收入不高,消费行为有很强的计划性,精打细算,追求物美价廉的消费品。在购买前往往三思而行,购买速度较慢。

3.忠诚型消费,对质量稳定的老字号商品、老厂家、老牌子有较强的忠诚感,不盲目追求时尚或名牌。除非价格的诱惑,较少会率先去尝试新型消费品。对旅游不太热衷,日常只在周围适宜地带锻炼,只有在特别的节假日才到周边地区做短暂的游览。

同一社会阶层成员在消费行为上除了有相似性之外,同时还存在着差异性。主要体现在对消费品种类和品牌选择的差异性上。对于高、中级阶层,这种差异性仍然是"炫耀性"与"形象性"消费的外在表现,体现在标新立异或是维护自身形象的"个性化展示"。所以,同一社会阶层成员的消费行为的相似性是本质的,差异性是表面的。

不同阶层的社会成员,由于收入水平、教育程度、价值观念、生活习惯等方面存在着明显的差异,因此,旅游消费行为也会有较大的不同。以受教育程度为例,接受不同教育的人接触的媒介就会有明显的不同。受教育程度是媒介利用水平的最好预示,受教育程度越高,所选用的媒体种类越多,对媒体的使用效率也越高。一般来说,受教育程度越高,接触到的信息越完备,越能理解和接受旅游这种偏重于精神享受的消费活动。

不同社会阶层的人对旅游地、交通工具、饭店、活动方式的选择也有显著的区别。这一方面是由于经济收入与社会地位的悬殊造成的,如高阶层选择豪华舒适的交通工具、饭店以及高档次的服务规格,以满足其享受需要和炫耀心理;

而低阶层考虑更多的是经济、省钱。另一方面,不同阶层消费行为的差异来自文化教育程度的差异,如高阶层社会成员知识结构较复杂,偏重于对事物的理性理解,在审美标准上较为复杂而含蓄,因此,他们中的多数倾向于高雅温和而有意义的旅游活动、含蓄宁静的田园风光、诗一般的意境等等。而较低阶层的社会成员,知识结构较为简单,对美感的理解多依赖于感性的主观体验,在消费中也更加青睐于刺激性的活动项目和色彩鲜艳醒目的产品外观等。在现代社会里,文化水平对不同阶层的消费行为差异的影响甚至超过经济收入。

不同社会阶层的成员虽然在消费心理与行为上存在着巨大差异,但是,由于消费本身所具有的社会大众性特征,加之现代社会无处不在的信息传播,从而使不同社会阶层的成员,在消费行为的某些方面还会带有大众性、攀比性特征。但这种共性并非建立在牢固的物质基础之上,因而偶然性强、普遍性弱。

案例 1
不同社会阶层消费行为差异比较

改革开放的不断深化和社会经济的急剧变化,使中国的社会阶层结构发生了深刻变化。中国社会阶层结构已不再是简单的工人阶级、农民阶级和知识分子阶层,中间阶层、企业家阶层和私营企业主阶层正在兴起和壮大。以职业为基础的新的社会阶层分化机制逐渐取代过去的以政治、户口和行政身份为依据的分化机制。这些迹象表明,社会经济变迁已导致了一种新的社会阶层结构的出现,并且这种结构正在趋于稳定。以下是中国网发布的一份关于不同社会阶层消费差异的调查数据表。

表 9-1　不同阶层家庭及其成员(被调查者)的消费偏好(%)

(重庆调查 2003 年)

		最贫困阶层	贫困阶层	中下阶层	中间阶层	中上阶层	富裕阶层	最富裕阶层
样本数 N		121	154	236	260	202	124	88
服装偏好	方便舒适	46.3	55.2	61.4	57.7	49.5	50.8	44.3
	体现个性	4.1	6.5	7.6	8.5	11.4	16.1	11.4
	款式新颖	2.5	4.5	4.2	6.9	7.4	7.3	6.8
	名牌时髦	0	0	2.1	1.2	2.0	2.4	4.5
	面料质地	9.1	6.5	4.2	7.3	9.4	6.5	9.1
	保暖实惠	26.4	18.8	10.2	8.5	8.4	8.1	9.1
	价格合适	5.8	5.8	7.6	7.7	7.9	6.8	6.8
	做工讲究	0	0	0.4	1.2	0.5	0	1.1

续表

		最贫困阶层	贫困阶层	中下阶层	中间阶层	中上阶层	富裕阶层	最富裕阶层
饮食偏好	吃饱就行	62.8	57.1	63.6	43.8	43.1	40.3	31.8
	讲究营养	28.1	33.1	27.5	44.2	41.1	33.9	40.9
	方便省事	4.1	5.2	4.7	6.2	5.4	10.5	4.5
	山珍海味	0	0	0.4	0.8	2.5	2.4	3.4
	饮食文化	0	0	1.3	0.8	1.0	3.2	1.1
	满足新奇	0	0.6	0.8	0.4	2.0	1.6	4.5
	其他	1.7	1.9	0.4	0.8	0.5	0.8	5.7
住房面积	10 平方米以下	37.3	35.3	32.1	31.2	27.3	23.9	18.1
	11～20 平方米	49	49	49.3	48.9	49.5	50.7	40.4
	21～30 平方米	10.1	11.4	14.2	15.4	17.7	20.2	24.5
	31～40 平方米	1.9	2.5	2.5	2.6	3.2	2.2	10.6
	41～50 平方米	1.7	1.8	1.9	1.5	1.7	2.3	3.2
	50 平方米以上	0	0	0	0.4	0.7	0.7	3.2
对交通工具的选择	私人汽车	0	0	0	0.4	1.0	1.6	2.3
	出租汽车	0	0.9	1.3	1.9	2.0	3.2	8.0
	单位班车	1.7	2.6	3.4	1.5	2.5	2.4	1.1
	小公共	0.8	0	2.1	3.1	1.0	7.3	2.3
	摩托车	0	0	0.9	0.4	2.0	0.8	1.1
	公共汽车	10.0	22.9	24.3	33.1	35.6	41.1	33.0
	步行	24.2	22.9	25.1	22.3	23.3	16.1	22.7
	其他	4.2	5.2	2.6	2.7	1.5	0.8	4.5
上下班路途耗时	不适用	58.3	45.1	40.4	33.5	31.2	26.6	25.0
	30 分钟左右	8.4	9.4	10.6	13.6	12.2	10.4	11.7
	60 分钟左右	8.3	10.2	17.7	18.7	25.2	25.5	20.0
	90 分钟左右	8.3	16.8	10.8	14.3	9.0	21.5	13.8
	100 分钟左右	57.7	55.7	44.8	30.0	28.8	25.2	26.6
电子媒体与通讯设备	电话	56.2	63.0	69.5	74.6	72.8	79.0	76.1
	传真机	0	0	0	1.5	1.0	0.8	5.7
	有线电视	81.8	87.0	91.5	91.9	90.1	87.9	84.1
	卫星电视	24.0	26.6	25.4	33.8	27.7	24.2	30.7
	手机	2.5	7.8	8.5	15.4	22.3	33.1	44.3
	BP 机	16.5	32.5	35.2	45.0	56.4	56.5	59.1

资料来源：李培林等.各阶层的消费差异.中国网 www.china.com.cn/chinese/zhuanti.2003.04.16

附表分析：

从各阶层的消费差异表中可以看到，在饮食消费中，阶层差异最大的是"吃饱就行"、"山珍海味"和"满足新奇"三项选择。最贫困阶层家庭对"吃饱就行"的选择最高，占62.8%，随着层级的升迁，人们对"吃饱就行"的选择渐次降低，在最富裕家庭仅为31.8%；而对"山珍海味"和"满足新奇"的选择，变化是相反的，即伴随阶层等级的降低，选择的比例也呈下降趋势，而贫困阶层的这两项选择都为0。在服装消费上，现代社会虽然淡化了衣着穿戴方面的等级差异，但经济收入水平、职业特征和生活观念等仍然可以在人们的衣着消费选择上得到反映。在住房方面，目前中国城市家庭多数居住在公房或按福利价（成本价）购买的公房，而公房的分配是以行政级别或技术级别为等级标准的，所以，无论是居住公房还是私房，住房状况上都存在着层级化的特点，这种层级化的特点可以量化为不同家庭人均居住面积的差异。从表中可以看出，从最富裕阶层到最贫困阶层，随着富裕程度的降低，人均居住面积也呈规则的下降趋势。

通过以上分析可以得出，不同的社会阶层在价值观念、生活方式和旅游能力等方面存在明显的差异，这会影响他们的需求实现和购买决策。

据赵毅、叶红《新编旅游市场营销学》（清华大学出版社2006年版）第132页相关内容整理。

案例2
"五一"节的不同选择

中国官方的统计数字表明，从1999年第一个黄金周开始，7年来的14个黄金周（包括"十一"）的旅游总收入为4292亿元，中国人出游共10.7亿人次。

按此增速，到2020年，中国将成为世界第一大旅游目的地国和第4大客源输出国。而旅游收入在中国GDP中的比例，也将从2002年的5.44%上升到2010年的8%。中国黄金周旅游经济的威力由此可见一斑。

虽然旅游经济十分兴旺，但并非所有中国人都能支付得起旅行费用。这个已经进入"七年之痒"的7天假期，对不同的人有不同的意义。

中产阶级的"五一"节

对于中国有车族来说，合家驾车出游成为大多数人的选择。资料表明，在大中城市出游的人当中，约30%选择自驾车，北京市自驾车出游的比例达到53%。相当一部分有经济实力的人表示，不想同时和几千万人一起出行。庞大的流动人群通常会引发交通拥挤、旅游服务质量下降等现实问题。而过去的经验也表明，通常"五一热"过后，就是"五一投诉热"。在汲取了"一窝蜂式"的出游教训后，错开"黄金周"出游成了一部分中国人的选择。此外，与远程旅游相比，周边游正成为越来越多人的选择。朝发夕还的"一日游",开始受到中产阶级的青睐。

富豪的"五一"节

上海一家知名出租车公司的总经理"五一"期间无福休假。秘书表示,"五一"当天,他要慰问服务在第一线的员工,并在另一天召开新闻发布会(这意味着一部分记者也将牺牲部分节假日)。7天的假期,至少有3天以上用于工作。

一位靠经营培训行业起家的亿万富翁称,"五一"期间他打算待在家里,和4岁的儿子玩耍。因为他觉得对他而言,"你看,你老爸懂,你不懂吧!"已经是他生活中最大的乐趣。

民工的"五一"节

对于农民来说,旅游目前还是一件过于奢侈的事。"黄金周"期间,他们得以从繁重的体力劳动中解脱出来,和亲友们吃吃饭,逛逛街,买点便宜衣服。

从四川来北京的小廖,目前是一对瑞典夫妇3岁儿子的全职保姆。今年"五一"她希望瑞典雇主回国度假,这样她可以回一趟四川老家。她已有多年没有回去了,因为"路费实在太贵,如果回去的时间太短不划算"。

大学生的"五一"节

中央民族大学大三学生小乔,很盼望"五一"到来。大一那年,前5天她找了份手机促销的兼职,赚了250元,然后去天津玩了两天。大二,她跟十多个大学生志愿者,去了河北史家沟村。7天中他们跟村民同吃同住同劳动,虽然很苦很累,却是她最难忘的"五一"。今年她准备去拍北京幸存的胡同。她在网上了解到有一群人在致力于保存北京胡同的完整风貌。对她来说,"五一"意味着自己做主安排时间。

明星的"五一"节

今年"五一",中国名模兼时装设计师马艳丽,希望可以实现一直以来的心愿,去一家老年人福利中心或者孤儿院做义工:"老是谈生意,在名利场待久了,真想过一个单单纯纯的名副其实的劳动节!"而更多的明星,则仍然忙碌在各个剧组。对他们来说,无论是"五一"、"十一"还是春节,只能意味着更忙碌。

外籍人士的"五一"节

随着在中国工作、生活的外籍人士数量的日益庞大,部分外籍人士也加入了中国黄金周的旅游人潮。一些在中国工作的欧洲人则抱怨假期太少,一位在上海法国商会工作的法国女士说,自从来中国后,她和普通中国人一样,只能在春节、"五一"、"十一"享有长假,除此之外还有10天年假,但因人手不够,通常没机会休假。而以前在法国,她每年会有长达8周的假期。她发牢骚说:"只有7天时间,简直哪里都去不了。"

资料来源:邹东言.中国各阶层的五一节.人民网 http://travel.people.com.cn/2006年04月16日

案例分析

　　由该案例可以看出,不同的社会阶层,在黄金周期间的消费行为是大不一样的。中产阶级注重生活质量的提高,喜欢出去旅游,是旅游队伍的主力军,一般喜欢自己组织旅游的方式:自驾车旅游、探险旅游、时尚旅游等,是中低阶层效仿的榜样;学生群体属于特殊的群体,经济来源主要依靠父母,所以一般会选择近距离、短程的地方作为自己的旅游目的地,并且一般消费不高,但是它是一个很有潜力的旅游市场,旅游企业应该给予高度重视;高层群体的消费带有炫耀性,一般会选择入住高星级的酒店,以显示自己的身份;而低收入阶层的群体只能满足自己的日常生活需要,旅游人数相对来说较少。所以旅游企业可以有针对性地进行宣传,针对自己的目标顾客群体制定合适的旅游项目,促进旅游者进行合理的旅游消费。

思考题

1. 社会阶层的影响因素有哪些?
2. 不同的社会阶层对旅游消费行为有什么影响?
3. 中产阶层旅游消费的内容以及特点是什么?
4. 当前中国社会阶层结构的基本形态是怎样的?其旅游消费行为有什么样的特点?
5. 你是怎样理解社会阶层与旅游消费行为之间的关系的?

第十章 旅游消费行为中的文化因素

旅游是人们暂时离开常住地前往异地进行的旅行和逗留活动,旅游活动首先是人的活动,人是所在区域文化的负载体,因此,旅游消费行为受到消费者文化属性的影响。本章主要介绍文化和亚文化的概念和特征,分析不同文化价值观下的旅游消费行为的差异。另外,旅游作为一种跨文化的交流活动,当旅游接待量超过目的地承载力时,多种文化之间会发生冲击现象,本章最后将介绍跨文化旅游消费行为对旅游者和旅游目的地造成的文化冲击。

第一节 文化、亚文化的概念和特性

一、文化的概念和特征

(一)文化的概念

文化是一个极为抽象的概念,学术界对文化的定义有很多:

1.英国人类学家泰勒(E.B.Tylor)最先提出了文化的定义,他在 1871 年出版的《原始文化》一书中将文化定义为:文化是一种复杂的整体,其中包括知识、信仰、艺术、道德、法律、习俗、以及人作为一名社会成员所获得的任何其他能力与习惯在内的复杂的综合体。[①]

2.早期功能派人类学家马凌诺夫斯基在其著作《文化论》中将文化定义为:文化是一个组织严密的体系,同时它可以分为基本的两方面,即器物和风俗。这一套器物和风俗可称为人体的或心灵的习惯,它们都直接地或间接地满足人类的需要。

3.社会学关于文化的视角主要有两种:一种将文化看作是一种包括价值观、

[①] Yvette Reisinger, Lindsay·W.Turner 著.旅游跨文化行为研究.朱路平译.天津:南开大学出版社,2004年.第 7 页.

规范、习俗以及传统在内的观念的实体;另一种将文化看作是一种观念与物质要素的结合体,如人们吃什么、怎么吃、穿什么、用什么等等。

4.美国人类学家克罗伯(A.Kroebrer)和柯鲁克洪(C.K.M.Kluckhohn)在其《文化:概念的批判考察》一书中提出了一个文化的综合性定义:"文化是通过符号而获得,并通过符号传播的行为模型,这种模型有显性和隐性的;其符号也像人工制品一样体现了人类的成就;在历史上形成和选择的传统思想,特别是其代表的价值观念,是文化的核心;文化系统一方面可以看作是行动的产物,另一方面又是进一步行动的制约因素。"该定义说明后天的文化获得与传播是靠符号实现的,为了获得和传播文化就创造了这种文化载体的符号,通过它来传达传统文化的内涵、交流人们的思想、感情和意图。

5.《辞海》中将文化定义为:"文化是指人类社会历史实践过程中所创造的物质财富和精神财富的总和。从狭义来说,文化指社会的意识形态,以及与之相适应的制度和组织机构。"

国际和国内的学者对文化的定义可以分为广义和狭义两种,由于消费者行为学更侧重从社会心理和个体心理的角度对个体的消费行为进行分析,因此,本书更倾向于狭义的文化定义。笔者将文化定义为:文化是在长期的社会生活环境中形成的文学、艺术、宗教、哲学、法律、道德以及被社会普遍认同的思维方式、生活方式、价值评判标准、风俗习惯等因素的综合体。

(二)文化的特征

通过对文化概念的分析,可以看出文化渗透到社会的方方面面,渗透到社会成员的意识之中,每个人的行为都体现了一种文化倾向和文化心理。文化作为一种社会现象,具有以下特征:

1.文化的相对稳定性

由于文化是在长期的社会生活环境中形成的文学、艺术、宗教、哲学、法律、道德以及被社会普遍认同的生活方式、价值评判标准、风俗习惯等因素的综合体,这些因素是一个地域在长期的自然、社会条件下逐渐形成的,并且文化通过家庭和学校教育代代相传,所以在较长时期内当地的文化具有了某种固定性,不可能发生大的改变。例如,中国深厚的民族文化虽然也在不断吸收和借鉴外来文化,但是中国博大精深的儒家文化和中国人普遍认同的价值观仍然稳定地存在着,并赋予中国人一种象征的符号意义。

2.文化的习得性

文化不是先天得来的,也不是通过遗传获得的,而是人们在后天学习得来的。学习有两种途径:一种是"文化继承",即通过家庭的熏陶和学校教育,学习自己本民族的文化,保持民族文化的传承性。中华民族在几千年的文化积淀中,形成了独特的民族性格和文化心态。即使在全球化的背景下,在西方文化的影响下,中国人中庸、忍让、谦逊的民族性格仍然保持着。二是"文化移入",即学习外来文化。一个民族的文化在形成和演变过程中,由于民族之间的政治、经济交往甚至战争,本民族的文化会不断地吸收借鉴其他民族的文化,最后这些外来文化被本民族成员普遍接受时,就自然成为本民族文化的一部分并世代相传。例如:我国历史上民族大融合时期,汉族和少数民族之间的交往不论是以和平的形式还是冲突的形式,其文化都发生了变迁和涵化,各民族的文化也因此得到了大发展。如,中国的传统服装——旗袍,就是融合满族和汉族服装风格的结果。

3. 文化的规定性

文化建立起一个社会普遍认同的价值观、行为方式、生活方式以及解决问题的方式,文化教会人们在社会交往中的礼仪和规范,在文化的基础上社会形成了一系列不成文的,但社会成员必须遵守的规则和观念,文化决定了哪些行为被社会认为是正确的,哪些行为被认为是错误的。这些规则和标准对社会成员具有指向性的作用。因此,文化对人的行为具有规定性,规定了个体的行为导向,个人的价值观必须符合所处社会的文化价值观,个体的日常行为必须与他所在的社会环境相互兼容,否则将会被社会认为是异类,得不到社会的认同。

4. 文化的无形性

文化的无形性或者抽象性,主要是指文化对社会成员的影响是潜移默化的,很少有人会在平时的言谈举止中意识到自身文化的巨大力量,只有当人们置身于异域文化、真切感受到文化震撼或者文化冲击时,才能真切体会到自己行为背后的文化特征。如旅游者来到一个陌生的旅游目的地,他们往往发现在自己常住地被认为是理所当然的事情,在目的地的意义完全变了。如英国人并不喜欢被统称为"英国人",而喜欢被称为"不列颠人";在韩国,妇女很少握手,而是鞠躬问候。只有当旅游者身处异地时才能感受到自己的群体文化对自身的思维方式、行为方式和价值观的影响。

5. 文化的地域性

文化地域性实质上是文化的地域差异性。人类自诞生以来,出于生存的本能,不断地迁移,寻找适宜生存和居住的生活环境,最后基本定居下来。因此在世界的不同的地域形成人类的聚集地,各种人群在自己的地域范围内开始生活,并渐渐形成了具有各地特色的地域文化。由于各地的地形、气候、植被、土壤、水文等自然条件的不同,人们在利用和改造自然的方式上产生了很大的差异,从而形成了层次分明和丰富多样的地域文化。如在世界上有东方文化、西方文化、亚洲文化、欧美文化等。随着国际化的推进,虽然各个地域文化之间的交流更加频繁,各地域之间都相互吸收融合外来文化,但是文化的地域性特点仍然很显著。

6.文化的共享性

文化是特定群体所共同拥有的。处于同一文化影响下的群体具有相似的思维和行为模式,以及相似的身份认同感。大到国家、民族,小到企业和家庭都形成了所属成员共同拥有的独特文化。相应地形成了特定的民族文化、城市文化、企业文化、家庭文化等。就民族文化而言,在民族繁衍和发展中形成了自己独特的语言、文字、仪式、风俗、习惯、民族性格、生活方式、民族传统和价值观。例如,英国文化的典型特征是经验的、现实主义的,由此导致英国人重视经验,保持传统,讲究实际;法国文化则是崇尚理性的,更喜欢有个性、反映人精神意念的东西。就企业文化而言,美国企业注重员工个人价值的实现,鼓励个人创新,企业的管理体制比较开放,强调顾客至上、树立企业形象;日本企业则注重团队合作精神,明显不同的一点是日本企业实行终身雇佣制,注重员工的资历、学历和经验并以此作为发放工资的标准。由此可见,文化在一定程度上确定了不同社会群体、阶层之间的界限。

7.文化的动态性

文化是在长期的社会生活环境中形成的文学、艺术、宗教、哲学、法律、道德以及被社会普遍认同的思维方式、生活方式、价值评判标准、风俗习惯等因素的综合体,属于上层建筑的范畴。上层建筑以社会经济为基础并随着社会经济技术的发展而发展。当一个社会经济、政治发生变革时,常常伴随着文化的变革,只是这种变革比较缓和罢了。因此,文化是动态的,是不断地进行调适与更新的,唯有不断更新的文化才能与环境融合。例如,在20世纪初,在西方人的意识中,节省时间的观念并不重要,追求休闲、安逸是许多人的信念。但在近几十年,随着商品经济的高度发展和工业化程度的提高,人们的生活节奏加快,时间观念增强,竞争意识也不断地强化。在生活方式上,人们开始接受方便、省时的产品和服务,如快餐、速溶咖啡等。这反映了人们的消费内容、消费观念以及生活方式会随着社会环境的变化而变化。

二、亚文化的概念和特征

(一)亚文化的概念

亚文化是文化中的一个可识别的亚系统。亚文化是亚系统中人们共同创造的文学、艺术、宗教、哲学、法律、道德以及共同享有的思维方式、生活方式、价值评判标准、风俗习惯等因素的综合体。亚文化既有其母体文化中所共有的核心信念、价值观和风俗习惯,又有所属次级群体中特色的信仰、价值观念、生活方式等。

亚文化有很多的分类方法,目前最常见的也是被国内外营销学者普遍接受的是按照民族、宗教、种族及地理区域的划分方法。

1. 民族亚文化

几乎每个国家都由不同的民族构成。不同民族在保持所在国家文化传统的基础上还有自身民族特有的文化传统和价值观念。如我国有56个民族,各民族虽然都处于中华民族大文化圈内,具有中华民族的一些文化共性,但是各民族同时又保持着自己的传统文化、宗教信仰、风俗习惯、审美意识和价值标准。例如,回族人不吃猪肉,信奉伊斯兰教;蒙古人喜欢烈性酒、奶茶等。从不同民族在生活方式上的较大差异上可以看出,民族亚文化对于消费行为有很大的影响。因此,企业在产品开发和营销上一定要进行准确的市场细分,尤其是针对那些少数民族地区。

2. 宗教亚文化

不同的宗教在宗教信仰、文化习俗和宗教禁忌方面存在较大的差异。宗教信仰规范制约着其信徒的某些行为,并且宗教的教规、教义通常对社会产生深远的影响。例如日本、韩国被称为后儒教国家,虽然这两个国家的大多数人都不信奉儒教,但是过去儒教中关于成就和工作、家庭和国家的态度已经渗透到社会文化之中。日本人和韩国人在工作上非常敬业,具有很浓的家庭观念和强大的民族凝聚力,这些都是受到儒教的影响。

3. 种族亚文化

白种人、黄种人、黑种人由于生活的地理环境的差异,各自形成了独特的文化传统、文化风格和态度。他们即使在同一个国家或者同一个城市,也会有自己独特的消费习惯和产品偏好。黑种人和白种人在产品种类、产品品牌、购买价格、选择媒体上都有显著的差异。就购买的产品种类来看,美国黑种人在衣服、家具和个人服务上的支出比例比白种人要均匀得多,白种人在医疗服务、食物和交通上的花费更多。

4. 地理亚文化

由于自然地域条件、自然资源以及社会经济历史发展结果的差异,导致不同地域的人们在语言、服饰、饮食以及生活方式、风俗习惯、社会心理方面的不同。例如我国的菜系,是由于不同区域内的气候、地理、历史、物产及饮食风俗的不同,经过漫长历史演变而形成的一整套自成体系的烹饪技艺和风味,并被全国各地所承认的地方菜肴。不同地域的饮食习惯也有很大的不同,同样是面食,北方人比较喜欢吃饺子,而南方人喜欢吃包子,西北人则更喜欢吃饼和馍。中国文化的形成和延续以及文化的异质性都与中国多样化的地理环境有关,自然地理环境不但直接决定一个地区的产业和贸易格局,而且还间接影响一个地区消费者的生活方式和消费结构。总之,每一个人、每一个群体,都生活在一个特定的区域内,地域、地理、地缘的特性都会在生活于其中的人们身上烙上深深的印迹。

5. 年龄亚文化

首先,不同的年龄具有不同的生理特征,从而不同的年龄段具有特定的行为模式,形成了相应的群文化。老年人、成年人、青年人和儿童由于年龄的原因,在个人的学习经历、交往人群、价值观念、生活方式上存在较大差异。相反,同龄人之间一般具有共同的兴趣、爱好和价值,往往比较容易达成共识。例如,老年人生活一般比较节俭,受传统思想影响较深,喜欢安全稳定的生活环境;而青年人则不同,他们虽然收入不高,但是也不会像老年人那样节俭,提倡"今天花明天的钱",他们喜欢接触新事物,追求时尚,富有激情、好冒险。这些不同的特征将文化划分出了相应的文化次群体。

其次,年龄不仅是一种生理状态更是一种心理状态。就年龄对行为的影响而言,一个人的心理年龄对其行为的影响比生理年龄对行为的影响要大得多。因此,消费行为研究中不仅要关注消费者的生理年龄,更重要的是要了解消费者对自己年龄的心理感知。

6. 性别亚文化

性别差异不仅体现在生理方面,更重要的是性别差异会造成心理上和社会角色的不同。女性在心理方面往往比较感性,有时会比较冲动、情绪化,关注事物的细节方面,喜欢稳定和安全的生活;男性则比较理性,侧重对问题的理性分析,侧重于对事物的整体的宏观把握,喜欢具有挑战和冒险的生活,追求人生的成功。在社会角色方面,男性的社会责任比女性要重,男性在家庭中多为决策制定者;而女性在社会上没有男性的压力大,在家庭中也主要是处理一些日常的家庭琐事。不同的性别文化导致了男性和女性在行为上的差异,例如,在旅游活动中,男性通常是旅游决策的制定者,男性在选择旅游产品时偏爱那些体育旅游项目和充满刺激的活动;而女性则更喜欢购物,倾向选择成熟的旅游目的地。男性和女性不同的消费行为决定了企业应该实行不同的营销策略。

7. 社会阶层亚文化

社会阶层亚文化是指由于教育背景、收入水平、职业以及地位声望的不同,形成社会不同层次群体之间的文化。产生社会阶层的主要原因是人们获得社会资源和发展机会的不均等。相应的,不同社会阶层在价值观念、生活方式上是不同的,在消费行为上表现为消费结构、品牌偏好、购物方式的差异。

就旅游消费行为而言,一般来说,高阶层的人有充足的经济条件参加休闲活动,他们是高端旅游市场的主要客源,在旅游需求上比较注重产品的高品质、高标准、名品牌;中等阶层的人多数拥有成功的事业,也是旅游市场中不可忽视的主要客源,他们在心理上有较强的自豪感、虚荣感,虽然他们也追求产品的高标准,但是与高阶层的人相比,更注重产品的内涵和品味,希望通过旅游增加自身的经历和提升自我形象;低阶层大多为普通的民众,由于收入和时间的限制,他们外出旅游考虑的因素较多,对于产品的标准和档次要求不高,外出旅游的目的多是为了开阔自己的眼界,满足好奇心。旅游项目多以观光为主。因此对于旅游企业来说,应该开发多元化的旅游产品满足不同阶层旅游者的需要。

以上只是列出了亚文化中较为常见的几种分类,这些分类经常在消费者行为学研究中用到。另外,根据不同的标准亚文化还有相应的分类,由于篇幅所限,在这里就不一一列出。

(二)亚文化的特征

"当我们思考亚文化和亚文化所属的文化之间的关系时,我们称后者为父母文化。""一种亚文化,虽然在重要方面——其'核心关切'、其特定的形式和行为等方面不同于它产生于其中的文化母体,但它也将分享与'父母文化'共有的一些东西。""亚文化必须表现出足够独特的形式和结构以使它们清晰地区别于它们的'父母文化'。它们必须集中在特定的行为、价值上。"[①]这说明亚文化作为文化的一个次级群体,一定具备文化所具有的群体性、地域性、动态性、规定性、习得性等特征,但同时由于亚文化是文化划分后的更小单元,在这些单元内亚文化还存在着自身一些特质,主要表现在:

1. 某些亚文化的存在具有暂时性

亚文化是在一定的社会文化和文化生活领域中形成的。一些亚文化具有固定的、连续的特征。但是还有一些亚文化是特定历史阶段的产物,它们仅仅是在特定的历史时期出现,一度是公众关注的焦点,并引领时尚,但是随着时间的推移,它们渐渐淡出、消失或者被大众化失去了独特性。例如,中国历史上的民族大融合时期,汉族与少数民族人民互相交流文化,互相学习生产技术,在长期的共同生活中,他们的思想一致了,生活一致了,习俗也无多大差异了,结果这些民族也就渐渐融合为一体,一些少数民族的文化甚至逐渐消失。再如,旅游开始只是在一些贵族内部流行的一种消遣活动,当时的旅游更多地是一种炫耀财富和地位的象征,随着社会经济的发展,旅游已经变得日益大众化,虽然一些旅游者也是出于炫耀社会地位的目的,然而,旅游在更多意义上已经成为一种生活方式,变得越来越普及。

2. 同一个体可以同时属于多个亚文化群体

由于亚文化有不同的划分标准,以及人们在社会中扮演着不同的角色,按照

[①] 阿雷恩·鲍尔德温等著.文化研究导论(修订版).陶东风等译.北京:高等教育出版社,2004年.第339页.

不同的标准而言,一个人会同时属于多种亚文化群体。例如:一个年轻的旅游者可以同时属于东方亚文化、青年亚文化、女性亚文化、伊斯兰教亚文化、学生亚文化等多个亚文化群体。

3.亚文化是一个相对的概念

亚文化作为文化的次级系统,只是一个相对的概念。在一个亚文化内部还可以按照不同的标准进一步划分为更小的单元,这里的亚文化相对于更小单元的文化而言,则转变成了母体文化。相反,一定情况下母体文化也会转变为亚文化。所以亚文化与母体文化之间是可以相互转化的。

4.亚文化的开放性

不同亚文化群体内部的价值观、生活方式和风俗习惯虽然有很大差异,但是不同亚文化之间不是封闭的,并不是各自固守自己独有的特色,而是相互开放的,信息是在不同亚文化之间流动的。亚文化的开放性决定了亚文化之间的交流和互动,使得不同亚文化之间的界限变得越来越模糊。例如,在全球一体化的大趋势下,中国不断借鉴外国的现代化的理念,同时西方人也在研究中国的儒家思想和传统文化,相互之间取长补短,弥补各自文化中比较欠缺的因素;一个国家内部各民族在交流、学习过程中也不断地融合了其他民族的文化元素。

第二节 文化价值观对旅游消费行为的影响

一、文化价值观的含义

价值是客体能否满足主体需要的一种评价。价值观是作为评价主体的人对客体的态度以及评价标准。价值观体现了主体对客体的感知程度。文化和价值观之间密不可分,价值观是文化的核心,在某种程度上体现了所在区域的文化特征,相同文化背景的人必然有着相似的价值观。文化价值观具体是指在一个社会中,人们对自我、对他人以及对周围事物总的看法,并且形成了一个较为固定的评价标准。这些评价标准使不同的文化得以区分,同时也是个人价值观能够被所在社会认同的基本准绳。

文化价值观反映的是一种文化最基本的态度和信念,决定了社会成员对真善美的评判标准和价值取向,对消费行为的影响往往是潜移默化但又是深层次的。影响消费行为的价值观主要有:关于社会成员之间关系的价值观、人类和环境关系的价值观以及社会成员自我感知的价值观三大类。

(一)关于社会成员之间关系的价值观

社会成员之间关系的价值观反映的是一个社会如何对待个体与群体以及个体与个体之间关系的看法。关于社会成员之间关系的价值观主要有：

1. 对待个人与集体关系的价值观

在一个社会中，崇尚个人成就和个人价值，还是鼓励集体协作；个人的标新立异得到肯定，还是遭到批评；荣誉或成就归于集体还是个人……对于这些问题的看法都反映了一个社会的文化价值观。例如，在美国、英国、加拿大等西方国家强调的是个人主义的价值取向，而中国、韩国、日本等亚洲国家则更多地表现出一种集体主义的价值取向。

2. 对待成人与孩子关系的价值观

在家庭中，是以孩子为中心还是以大人为中心，孩子在家庭消费决策中起到怎样的作用，对这些问题的态度反映了一个社会对待成人与孩子关系的看法。例如，在中国，随着独生子女的增加，父母对孩子十分宠爱，父母所作的决策会更多考虑到孩子，因而孩子对家庭消费决策影响增强，因此，儿童市场成为具有潜力的需求市场。

3. 对待男性与女性关系的价值观

不同文化对待男性和女性关系的价值取向主要表现在：男性与女性的社会地位的不同；男性和女性在家庭消费决策中扮演角色的不同。例如在西方国家中崇尚男女平等，家庭的购买决策是由夫妻双方共同作出的，因而广告的促销活动也应该是以夫妻为共同目标的。但是，若是在沙特阿拉伯等穆斯林国家，家庭的购买决策通常由丈夫作出，在广告中则会更多地针对男性的喜好。在当今的中国，妇女的地位有了很大的提升，家庭中的很多重大决策也是由夫妻共同作出，这种价值取向的变化必然也会带来企业营销策略的调整。

4. 对待老年与青年关系的价值观

不同的文化在对待老年与青年的关系问题上表现出不同的态度、观点和价值取向。例如，美国社会是典型的年轻人导向，青年的地位和作用得到肯定，反映年轻人生活方式的产品和服务很受欢迎。但是在中国和韩国，尊老被认为是整个社会的传统和美德，老人是富有经验的代名词，受到社会的尊重，银色市场受到重视并颇具开发潜力。

5. 关于竞争与合作关系的价值观

如何对待竞争与合作的关系，是突出竞争还是注重合作，不同的文化背景下有不同的认识。西方文化崇尚竞争，奉行"物竞天择，适者生存"；而在中国，则崇尚和谐、共赢，奉行"和为贵"。

(二)关于人类与环境关系的价值观

主要是指社会对经济发展与自然、社会环境之间关系的态度、观点和价值取向。这些价值观影响消费者对消费品的选择倾向。

1.对待个人成就与家庭出身关系的价值观

是突出个人奋斗还是关注家庭背景,一种文化对待个人成就和家庭出身之间关系的态度,反映了社会权力的差距状态。权力差距大的文化,人们易于接受社会权力、地位和财富的不平等,个人成就往往得益于家庭出身和社会地位。在强调家庭出身和社会地位的文化环境中,消费者偏爱优质高价的知名品牌,知名品牌带给消费者更多的是荣耀。例如在中国、日本等亚洲国家,名牌产品得到消费者的追崇,而权力差距小的国家,强调个人奋斗和个人成就,消费者更多看重产品的功能、效用和价格的实惠程度。

2.看待传统和变革的价值观

这种文化价值观反映在消费行为上表现为,以传统为导向的消费者往往表现出对新产品的抵触情绪,对知名品牌具有很高的忠诚度。相反,崇尚创新的文化价值观的消费者则喜欢尝试新产品和新品牌。

3.对待风险和安全关系的价值观

有的文化鼓励冒险精神,有的文化则倾向于规避风险,维护传统。这种文化价值观差异影响消费者对待产品创新的态度,在崇尚冒险的社会中,新产品受到普遍欢迎,而在崇尚安全的社会中新产品在进入市场初期,仅仅占有很小的市场份额。

4.看待乐观与悲观的价值观

一种文化如何看待乐观与悲观,集中表现在对待困难的观点上。在消费行为上表现为,乐观的消费者对产品或服务不满意时,会主动投诉,积极维护自己的合法权利;而悲观的消费者则通常采取息事宁人的态度。

(三)关于社会成员自我感知的价值观

这种价值观体现在社会成员对理想的生活目标及其实现方式的感知和追求上。主要表现在以下几个方面:

1.看待今天与明天的价值观

是"今天花明天的钱",还是"居安思危""以备不时之需",反映的是不同文化价值观对待今天与明天的观念。这种文化价值观反映在消费行为上主要是消费者对待信贷和储蓄的态度和观念。例如:中国人受传统观念的影响,崇尚勤俭节约,主张量入为出,喜欢存钱,中国信贷市场发展缓慢与中国人的消费观念不无关系;而美国信贷的普及与美国人主张借钱消费的观念有很大的关系。

2.看待物质与精神关系上的价值观

在崇尚物质财富的国家,消费者比较注重商品的实用性和社会象征,而在崇尚精神财富的国家,人们希望商品与自己的理想追求和信念相联系,如韩国消费者支持民族品牌的原因就在于此。

3. 对待工作和休闲关系的价值观

有的文化将工作看成是一种光荣,认为休闲是一种既费时又消极的生活方式,而有的文化则认为工作是为了得到更好的物质条件去享受生活。最典型的是在一些欧洲国家,人们认为工作是为了享受到安逸的生活,因而对他们而言工作和休闲同样重要。

二、文化价值观对于旅游消费行为的影响

每个人都生活在特定的文化环境当中,从小就受到该文化的熏陶,并建立起与该文化相一致的文化价值观,这种价值观对于一个人来说是起中心作用的持久的信念。它对一个人的志向、扮演的角色、与别人的关系、感知事物的方式及其消费行为都产生深刻的影响。在旅游消费市场上,有很多现象表明,文化是旅游消费环境中影响旅游消费行为选择的强大力量。例如与他人保持良好关系、受人尊重、获得地位和成功、生活中的乐趣和享受、自我实现、归属感等价值观,成为相当数量的旅游者选择旅游项目的出发点。在旅游消费活动中,旅游者由于价值观的不同在选择旅游产品上存在很大差异。一般来说,归属感强的人喜欢参加集体性强的娱乐活动;那些赞同生活中应充满欢乐和刺激的消费者则更多地参加兴奋性的活动;平静安宁生活的人则喜欢选择到空气新鲜、环境优美、能够得到充分休闲的地方去旅游。

随着经济社会的发展,文化价值观也会随之发生改变,从而产生了新的消费行为方式。众所周知,传统观念认为工作才是成年人的正事,旅游总是与轻浮、游乐、小孩等相联系。但在现代社会中,这种价值观念和生活方式将不会受到社会的认同。如今在发达社会中,生活情趣和生活质量已取代了生活水平这一名词。在一地居住和工作,到另外一地度假和休闲已经成为人们普遍公认的生活方式,假日旅游已不再是少数人的专利而是成为一种生存状态。相反,一些人如果不外出旅游就会觉得自己的地位在下降,因而追求社会地位、摆脱卑劣感也成为旅游消费行为发生的巨大动力。

消费行为包括消费前的信息搜集、消费决策阶段以及消费后的产品评价阶段。文化价值观对旅游消费行为的影响具体可以从这三个方面来理解:

其一,文化价值观对旅游产品购前行为的影响。

文化价值观对于旅游需要的强化或削弱。例如,中国文化中的勤俭节约的观念很长时间以来一直影响着旅游者的消费观念,他们认为旅游是一项奢侈性的消费,往往会把可自由支配收入储蓄起来而不会花费在旅游上。

文化价值观对旅游者信息搜集过程的影响。一旦旅游者决定外出旅游，首先是搜集旅游地的旅游信息。中国传统文化重视亲情、友情和人际关系，这导致消费者信赖意见领袖和口碑效应。由于中国人比较注重面子和他人对自己的看法，在旅游地选择上具有从众心理，旅游者通常会选择一些知名度高或者开发成熟的旅游地。

其二，文化价值观对旅游购买决策的影响。

不同社会的文化价值观导致了不同的消费决策倾向。中国人在消费决策上表现为集体决策的倾向，反映在家庭决策上，在传统的中国家庭中，男性往往在家庭重大消费决策中具有决策权，但是随着中国社会的发展和家庭结构的变化，女性逐渐成为旅游决策的参与者或制定者。特别是随着中国家庭的小型化和核心化，家庭成员集体决策成为家庭制定家庭决策的主要形式。而且，由于中国女性地位的提高，"男女平等"取代了"男尊女卑"，家庭购买决策由男性决定型转变为女性决定型购买模式。另外，很多中国家庭只有一个孩子，通常全家在消费决策上以孩子为中心，会经常考虑到旅游对孩子的作用，如他们会选择一些娱乐性强的旅游项目或者是修学旅游产品。

其三，文化价值观对旅游购后行为的影响。

这类影响主要表现在旅游者对旅游过程中不满意的投诉问题上。中国受传统儒家思想影响，主张"和为贵"，通常对旅游中的不满意采取"息事宁人"的态度，不会投诉。但随着旅游者旅游经验的增多和法律意识的增强，越来越多的旅游者也会利用法律武器维护自己的合法利益。

三、旅游消费行为中的文化差异比较

同一种文化背景下的成员具有相似的价值取向和行为标准，同一种文化符号在不同的地区，对于不同的人群会产生歧义，这便是文化差异。旅游是旅游者前往异地进行的旅行游览活动，本身就是一项跨文化的活动。旅游者与目的地居民及当地旅游接待人员的接触过程实质是不同文化的交流过程，他们之间的文化差异直接影响到旅游者对旅游目的地形象的感知。文化差异是由于区域、种族、宗教、性别、代际以及社会阶层等方面的不同而产生的，最为典型的文化差异存在于东方和西方社会之间。

（一）文化差异造成了旅游者在旅游动机上的不同

由于传统文化中的中庸思想的影响，亚洲国家的民族性格比较注重群体意识，强调对个人、对社会、对自然的顺应和妥协，而西方民族的性格注重个体意识，注重表现自己并在表现中寻找快乐。这使得两者的旅游性格大相径庭。亚洲国家中，如日本、中国的旅游性格表现为稳健内敛；而西方民族则表现为冒险勇进,外向探求。这种由于中西方文化差异而形成的中西方民族旅游性格的差异对旅游者消费行为产生了极为深远的影响。在旅游动机上,中国人强调顺应自然、人与自然的和谐、推崇伦理等级关系、和谐的人际关系与社会的平衡稳定,这都对中国人的出游动机产生了阻碍作用;西方文化强调支配、改造和征服自然,以个人主义为中心,追求享乐,塑造了西方民族明显的外张性格。这使得西方人较中国人更愿意出游,更愿意探求和感知外面的世界。与东方人相比,西方人外出旅游,体验文化差异的动机更为强烈。

（二）文化差异造成了旅游者与接待人员对旅游服务感知的偏差

文化差异是产生旅游的主要原因,但同时也产生了不同文化之间的摩擦,带来了旅游者与目的地居民在服务感知方面的误解。例如,同样的旅游服务项目对中国游客可能很重要,但是美国客人可能对之感到不能理解。中国的旅游企业会为来访的美国游客精心编排旅游线路,并派遣资深导游全程陪同,中国旅游企业会认为自己为游客提供了优质服务。但是,对美国客人而言,他们更喜欢旅游行程中的随意、自由和放松,认为在这次旅游活动中旅游企业没有充分考虑到他们的旅游期望,没有给他们留下独自体验中国文化和生活方式的机会。因此,由于文化差异的存在,在中国看来是热情周到的服务却被美国人视为一种侵犯和缺乏尊重。

（三）旅游消费者购后评价及所采取的行动中表现出的文化差异

由于中国受传统思想的影响,讲求和气,对旅游服务的不满意,通常不会采取主动投诉或者向旅游社反映的方式,只是自己跟家人或者对朋友抱怨。而西方人会采取法律的手段维护自己的权益。现在虽然中国人在这方面的意识已经逐渐加强,但是与西方相比仍然有很大差距。

第三节　跨文化旅游消费行为中的文化冲击

一、旅游与跨文化

旅游是一种跨文化的交流活动。旅游是人们出于移民和就业以外的其他原因离开自己的常住地前往异国他乡的旅行和逗留活动,以及由此所引起的现象和关系的总和。[①] 该定义体现了旅游的两个重要的特性:旅游的暂时性和异地

---

① 李天元.旅游学概论(第五版).天津:南开大学出版社,2003年.第47页.

性。旅游者是其常住地文化的载体,他们前往异国他乡的旅行实际上是旅游者的主体文化与旅游目的地的客体文化之间的跨文化交流的过程。无论是旅游团队还是散客旅游者,人们一旦跨入了异国他乡,就必然与当地的人们接触,不论他们意识到与否,他们的言谈举止都在接受和传递信息,除语言外,旅游者的外貌、穿戴打扮、举止表情和行为也都在给当地居民传递信息,相反亦是如此。

旅游促进了一个地方的跨文化交流的能力。旅游促进了不同国家,不同地区之间人们的接触和沟通,促进了彼此文化之间的交流和理解,有利于消除不同文化之间的某些误解。旅游促使人们去学习并试着理解旅游地的文化价值观、民族性格以及生活方式,增长了人们对外部世界的认识,人们通过旅游学习和掌握了与不同国籍、不同文化背景的人打交道,从而培养了人们跨文化交流的能力,在国际化的大趋势下,这些能力对于国际间经济、政治的交流是十分必要的。

跨文化交流的增多,使人们接触到更多的外界信息,减少了人们旅游过程中的陌生感和不安全感,从而扩大了人们选择旅游目的地的范围,增加了外出旅游的距离。在全球化和对外开放的大背景下,国与国之间的政治、经济、文化交流活动越来越频繁,以及信息和通讯技术的发展,使得人们获得外界信息的数量和速度大大提高,这在很大程度上激发了人们外出旅游的动机和愿望,促进了现代旅游活动的大众化。

二、文化冲击的概念与表现

(一)文化冲击的概念

"文化冲击"作为一个术语于1958年由美国人类学家K.Ober首次提出,他认为文化冲击是对异质文化心理和生理上的反应过程,是指一个人到了一个与自己文化截然不同的文化环境中产生的焦虑、紧张、无所适从等心理上不适应的状态。这是一种从个体在异质文化中的感受来定义文化冲击的方法。

另一种文化冲击的定义是指不同性质文化之间的矛盾和对抗,主要是从不同特质文化之间差异的角度来定义。这两个定义分别从个体和社会两个层面解释了文化冲击,为分析旅游者和旅游接待地的文化冲击奠定了基础。

(二)文化冲击的表现

1.个体层面上的文化冲击

个体视角下的文化冲击是由个体常住地的文化与所到之处的文化之间的差异造成的,这些不同因素包括:气候、饮食、语言、服饰、教育制度以及风俗习惯;人生观、价值观、世界观以及思维方式;制定计划、做出决定的方式、解决问题的方式、消磨时光的方式、面对冲突的态度以及情绪的表达方式;说话时的手势语、礼貌用语的使用等。对于个体来说,这些因素在一个崭新的文化环境中会有很多与自身文化不同的地方,初到异地自己的一些行为常会被当地人误解,使得受冲击者无所适从,甚至个体原有的内心平衡机制和价值判断标准完全丧失。个体在异质文化中受到的文化冲击表现为心理和生理两个方面。初到一个陌生环境,情绪上很沮丧,一时还不能接受新的文化,心理上表现为:

(1)精神压抑,感到孤独、委屈、无助;

(2)性情改变,变得容易消沉、脆弱和无能为力,失去原来生活中的兴趣,失去原有的幽默感;

(3)容易产生愤怒、急躁、怨恨等情绪,尽量逃避与他人接触和交往,竭力地躲避在公共交际范围之外,或者把自己封闭起来;

(4)在自己原有文化的影响下容易产生思维定势,倾向于用自身文化下的价值评价标准衡量客居地的一切事物,并通常对其持否定态度甚至是敌对态度;

(5)刻意地去吸收异地的各种文化形式,努力融入当地的文化、社会环境,但是收获不尽如人意;

(6)迷失自我,缺乏信心,甚至无法解决简单的问题;

(7)常常感到紧张,无所适从,产生不安全感;

(8)无缘无故感到自己不受重视,不能融入集体,缺乏归属感,经常感到很迷茫,被别人利用或者受到不公正待遇;

(9)经常思念家乡,回想家庭的温暖;

(10)生活、工作压力大,经常无法全神贯注地投入工作。

以上的心理问题常常导致个体身体上的不适,主要表现在以下几点:感到头痛、头晕、胃痛、过敏等;因过于焦虑导致的食欲不振、失眠或者睡眠不足,感到压抑疲倦。

文化冲击对于个体而言,是初到异地必须经历的一个过程,经过一段时间后,人们会慢慢适应当地的文化。一般来说,文化冲击经历三个阶段:

(1)接触与崩溃阶段。表现为对新文化产生强烈的兴趣,感到好奇、兴奋、喜悦、新鲜。但渐渐会表现为对陌生地的不适应,以前良好的感觉转化为紧张、低沉和困惑。

(2)恢复与自立阶段。通过与当地人的接触,掌握了与当地人交往的技巧,对当地文化的态度也有所改观,表现为对当地文化的欣赏,心情也恢复平静,紧张逐渐减弱。

(3)适应阶段。固有文化与新文化达到融合,思想和行为趋于协调。

总之,由于不同文化的社会行为准则不同,人在接触陌生文化后,都要经历一定的文化冲击。但不同的人因在年龄、经历、教育水平上的差异,受到文化冲击的感受会有强弱之分。

2.社会层面上的文化冲击

社会层面上的文化冲击主要包括两方面：一是纵向的，即新旧文化之间的文化冲击；二是横向的，即一个社会群体与另一个社会群体在接触过程中，出现的本地文化与异地文化之间的文化冲击。

(1)从纵向方面看

社会政治、经济的发展，必然带来文化的演变，新旧文化之间的差异会引起文化冲击。新旧文化的冲击首先表现在社会生产方式的变革上，进而引起人们行为改变，最后是人的思维方式的改变。

(2)从横向方面看

不同民族之间的文化差异而产生的文化冲击现象。不同民族由于长期生活在不同的自然和社会环境中，在生活方式、风俗习惯、宗教信仰以及生活禁忌方面都有很大的差别，这样不同民族在接触过程中必然会发生文化冲击。

不同地域间的文化差异引起的文化冲击。首先是因价值观念不同引起的文化冲击。每一种文化形态都有自身特有的价值评价标准和体系，在一种文化下司空见惯的行为，可能在另外一种文化下会引起强烈的不满和反对。例如，中国人认为受到别人称赞时，谦虚是必要的回应方式，而对于美国人来说，这种谦虚被认为是不真诚的表现；中国人在初次见面时会问到对方的年龄、收入、孩子学习情况等，在中国人看来这是关心对方的表现，然而美国人则认为这是在窥探别人的隐私。其次，思维方式的不同导致的文化冲击。例如，中国人在阐述问题时，是一种归纳性的思维模式，先罗列出依据，最后得出结果；而美国人则喜欢演绎推理，先是提出自己的观点，然后进行一系列论证。因此，在一些情况下，美国人很不能理解中国人的思维模式，认为中国人的这种方式是浪费时间。

不同阶层之间的文化冲击。由于不同阶层具有不同的文化背景、职业、收入水平和所接触的微社会群体，在社会心理、价值观念和生活方式上形成了自身的特点。不同的社会阶层在交往过程中有可能产生两种亚文化之间的冲击。

不同宗教之间形成的不同信仰之间的文化冲击。例如，佛教徒和伊斯兰教徒的信仰有很大的不同，这些文化差异在某种情况下有可能以非常激烈的形式表现出来。即使在佛教内部，也有八大宗派如慈恩宗、密宗、禅宗、华严宗、天台宗等，各宗派教义上的差异也会产生冲击。

另外，在横向上的文化冲击还表现在不同企业、不同学术团体、不同年龄人群等不同亚文化之间的冲击。

三、跨文化旅游消费行为对于旅游者的文化冲击

文化冲击对每一个进入异文化区的外来者都存在。在一定程度上，旅游者

需要这种文化冲击,他们希望体验异地的文化差异,感受文化冲击带来的刺激,从这个角度来看,文化冲击是人们前往异地旅游的拉力因素。缺少了这种吸引力,旅游也就失去了意义。但是这并不表明旅游者就受不到文化冲击,只是由于旅游者按安排好的路线去旅游,接触的异文化空间相对比较狭小,在异地停留时间相对较短,所感受到的文化冲击要小一些且表现形式不同而已。

旅游过程中的文化冲击表现为:旅游者到一个社会制度、文化背景完全不同的国度或地区,一开始可能会有一种好奇感,但渐渐地就变得对当地的文化价值观念难以接受,甚至是比较排斥,对于当地的一些风俗习惯和人际交往方式难以接受,感到无所适从,从而失去了旅游的乐趣。一般来说,对文化冲击的感受,来自落后国家的旅游者比来自发达国家的旅游者更加强烈,散客旅游者要比团队旅游者强烈。

旅游者初到旅游目的地,希望并努力适应旅游目的地环境时会产生紧张感。例如,总是担心自己的言谈举止不能被当地人理解和接受,经常注意自己的行为是否违背当地的行为准则。

失去原有的环境和社会地位而产生失落感。虽然旅游目的地的环境很有吸引力,但是脱离了自己的常住环境,总觉得这里某些风俗习惯和生活方式难以接受甚至是感到厌恶。另外,在异质环境中的旅游者一般在自己原来的地方是受人尊重的,有一定的社会地位,在较发达的旅游目的地,他们发现这些优越感都不存在了,他们和当地的普通居民没有什么区别。旅游者理性上也很清楚这只是短暂的旅游,但是一切交往活动都使得旅游者感到一种不能适应的文化氛围,缺乏一种原有的身份认同感。

面对旅游目的地的繁荣而产生自卑感。自卑心理最容易发生在发展中国家旅游者到发达国家旅游过程中,国与国之间的贫富差距,反映在旅游活动中是一种"权势关系",旅游者在与当地居民相处时会产生一种自卑感。另外,旅游者自身综合素质低下或者知识缺乏也可能导致自卑心理。

当旅途结束,旅游者回到了自己的居住地,返回到原文化环境中,这时自身在旅行中渐渐适应的新文化与自己的主体文化也会发生非常短暂的冲击。

四、跨文化旅游消费行为对于旅游目的地的文化冲击

前面我们已经提到,旅游是一种跨文化的交往活动,旅游者追求文化上的差异性是旅游者外出旅游的根本动因。旅游者作为文化的承载者将客源地的文化带到了旅游目的地,单就一个旅游者或者一个旅游团来说,旅游者的文化对当地不会产生较大的影响,但是对于旅游目的地而言,每年要接待大量的旅游者,多种文化长期性地在这里汇集、交融、摩擦、碰撞,旅游目的地不可避免地受到旅游

客源地文化的影响。

在旅游业发展初期,旅游促进了当地经济的发展和居民生活的改善,促进了当地旅游部门对传统文化,尤其是对那些濒临消亡的文化的保护和开发,使得当地居民对于本地的文化产生了认同感和自豪感,这对于文化的发展和传承是有利的。但是随着目的地旅游业的发展,旅游接待规模不断增大,旅游者消费需求与当地文化发展之间的矛盾逐步显现,如果旅游目的地在经济利益的驱动下对这种现象采取了漠视的态度,长期下去必然会导致旅游消费行为对目的地的文化冲击。

跨文化旅游消费行为对旅游目的地文化的冲击,根本上是目的地接待的游客数量超过了当地旅游承载力而造成的。另外,旅游者与当地居民的交往更多是一种商业性的交易关系,双方一个是服务者,一个是被服务者,双方关系的不平等使得旅游者在游览和消费过程中产生了优越感,由于这种现象的长期存在,旅游客源地文化在旅游目的地渐渐占了上风,当客源地文化势能高于当地文化势能时,就造成了旅游消费行为对旅游目的地的文化冲击。

旅游消费行为对旅游目的地文化造成的冲击具体表现在:

其一,特色的传统文化受到外来文化的冲击,被逐步淡化甚至同化。

一般来说,当两种异质文化相遇时,个体常常只接受与自身文化相近或吻合的部分,而拒绝接受或排斥与自身文化不相容的部分。在旅游消费行为中,旅游者与目的地居民处于不平等的地位,目的地居民是一种旅游接待者的身份,他们的行为大多数情况下要服从于旅游者的需要,这种社会现象造成了当地文化的仆从性和妥协性。由于刻意的迎合,当地文化不断受到外来文化的冲击,当地的传统文化或者被弱化或者被同化,甚至变形。例如:丽江古城作为纳西族主要的生活聚居地,在发展旅游业的过程中,由于与旅游者交往的需要,当地居民开始学习汉语,从小就教小孩子学习汉语已经成为当地的一种风气。现在丽江城内讲纳西语的人越来越少,约70%的当地居民已经不再说纳西语,而且当地年轻人所说的纳西语中,大量的传统词汇已经消失。

目的地之所以对旅游者产生强大的吸引力,很大程度上是源于当地落后的社会状况,正是当地的落后保护了文化的原生态。相对发达地区的旅游者来到较为落后的旅游目的地时,当地的居民会对旅游者身上体现的文化价值观产生一种盲目的崇拜,并争先效仿。从而潜移默化地改变了当地居民的日常行为和价值观,最初是在服饰、外貌上刻意模仿,最后变得对自己原有的生活方式感到厌倦,以至于完全抛弃。例如,泸沽湖的摩梭人拥有丰厚独特的传统文化,最具代表性的是遗留至今的走婚制和母系家庭结构,但是随着近年来旅游的开发,大量游客涌入泸沽湖,一些风俗已经被汉化,男性服饰也有汉化的倾向。又如,丽江古城里原来满街的妇女都身着"披星戴月"的民族服饰,但如今除了老年妇女以外,已经没有人在日常生活中穿民族服装了。

其二,旅游目的地居民原有的价值观念、风俗习惯、生活方式发生巨大的变化。

价值观是一个地区传统文化的本质内涵,随着旅游业的发展,旅游者带来了各种不同的价值标准,势必对目的地的价值观带来很大的冲击。目的地古老的乡俗民风、风俗习惯、社会风气都发生了很大的改变。原来纯朴、热情、好客的民风不见了,为了自身的经济利益,人与人之间缺失了基本的信任。另外,崇洋思想泛滥。旅游者的高消费能力,使当地居民产生误解,他们在过高地评价客源地社会的同时,贬低自己本国的社会,认为外国的一切都好;看到旅游者闲情逸致以及富有的、时尚的外表,会积极地模仿他们的生活方式,同时产生一种文化自卑感;受西方性自由思想的影响,传统的道德观念受到冲击,其结果是婚姻破裂的增多和离婚率的上升,家庭结构不再如以前那样稳固。

外来旅游投资者的大量涌入也对旅游目的地的价值观念、生活方式造成了冲击。因为落后地区在发展旅游业过程中缺乏资金,当地大规模地吸引外资对旅游项目进行开发,一些旅游企业也看中了当地旅游资源的特色,利用资本优势纷纷涌入旅游目的地,旅游开发商利用自身的资金优势,不断地扩大规模。当地居民想要分得旅游业的一杯羹但又缺少资金,故他们经常把自己的房屋出租给投资开发商,从中获得小额利润,离开了自己原有的生活环境和文化生存的土壤,居民原有的生活方式必然不复存在。

其三,目的地传统文化的载体失去了传统赋予的意义。

由于经济利益的驱使,目的地旅游开发项目因过分迎合旅游者兴趣而忽视了对当地社会人文化的特征和原真性的保护,旅游者不是人类学家,不会像人类学家那样关注旅游目的地文化的真实性,他们仅仅是从猎奇的角度、审美的角度、追求新鲜的角度欣赏当地的文化,这些文化只要以符号的形式展示出来很容易就满足了游客需求。这就不可避免地造成了一些民俗节日被商品化、舞台化。那些只有在特定时间、特定地点、由特定人参加的民族节日、节庆、仪式被重复地表演。例如云南傣族的泼水节。每年4月份的泼水节是傣族人民的新年,它起源于印度婆罗门教的一种仪式,之后从缅甸传入云南傣族地区,是一个典型的宗教节日。在这一天,傣族的男女老少都穿着盛装,把清洁的水泼在佛教的寺庙和佛像上,然后彼此相互泼水,因为他们认为水能祛除邪气,给他们带来吉祥和幸福。但是随着旅游业的发展,傣族的泼水节已经变成了一种大众性的民俗文化活动,甚至是日常化的活动,完全是为了迎合旅游者的需要,只要旅游者前来就会"上演"泼水节,其原有的寓意早已不复存在。有些地方将一些少数民族不愿意展示的诸如纹面、天葬、水葬等相对比较隐秘的文化习俗完全商品化,向游客展示,这不仅破坏了习俗的文化内涵,而且也伤害了民族感情。

目的地的传统手工业受到冲击。为了满足旅游者的需要,一些少数民族的纯手工工艺品采用了机器化的生产,文化价值已经大打折扣,失去了收藏价值。例如,作为纳西族传统文化代表的纳西文字是纳西族的灵魂,为了满足旅游者对这一古老文字的好奇心,利用东巴文字被誉为"世界上唯一活着的象形文字"为最大卖点,将临摹的东巴文字染制或刻制在各种布料、木片上,成排地放在大小店铺里,充斥于大街小巷,浓重的商业化大大贬低了这一古老文字的内涵和价值。

案例 1
小庄村的民俗旅游

青海互助土族自治县隶属青海省海东地区,是全国唯一的土族自治县。土族作为青藏高原上最古老的民族之一,其民族文化极具特质,在歌舞、饮食、服饰、建筑、婚嫁、礼节等方面均具有较高的观赏性、参与性、知识性。通过几年的发展,互助县已初步形成了"一心、两牌、四大区"旅游发展格局。即以威远镇为中心,重点突出土族民俗风情和北山生态旅游两个品牌,挖掘土族民俗、自然生态、宗教人文、青稞酒文化四大区。2002年全县共接待国内游客26.7万人次,创收663万元,占全县国内生产总值的5.1%。(根据互助县旅游局的统计数据)

互助县的土族民俗旅游接待点主要分布在小庄村。小庄村位于县城威远镇的西南,距县城1公里,省城3公里,是西宁至县城的必经之路。小庄村隶属古城行政村,是以土族为主的自然村,含3个社、132户、530人。据县旅游局的统计资料,互助县现有注册的土族民俗旅游接待点16家,12家在小庄村。小庄村成为互助县宣传土族民族风情的金字招牌。

小庄村的民俗旅游接待始于20世纪80年代,最初是免费的行政接待,后逐步发展起十几家村民自主经营的民俗接待点。2000年互助土族故土园被国家旅游局评为4A级旅游景区。2005年全县旅游人数达到40万人次,旅游综合收入达到1651万元,其中民俗旅游30万人次,民俗旅游收入达1230万元,占旅游总收入的75%。发展旅游业以来,村民的生活水平明显改善,95%的村民盖起新房,80%的村民家中安装了电话。同时,增加了不同民族之间的来往,让更多的民族了解土族,促进了当地与外界的交流,促进了村内年轻人对于本民族文化的了解和热爱。发展旅游业后,农民的道德文化修养和个人素质有所提高,更加注重文明礼貌和接待礼节。

但是,随着旅游业的发展,小庄村的贫富差距拉大,尤其是从事旅游接待和不从事旅游接待的人家之间差距很大。由于竞争关系,邻里关系也大不如以前。一些老人反映,现在的年轻人没有以前尊敬老人,见面也不怎么打招呼。刺绣品在品种和数量增加的同时,质量有所下降,土族特有的刺绣工艺——盘绣面临失传的危机。部分村民对于外来投资者有抵触情绪。村民对于位于村口的西部土族民俗文化村意见很大,认为其表演者和接待者并非土族,不了解土族的文化和传统习俗,以小庄村的名义招徕客源,却未让村民参与。

资料来源:刘晖.青海互助小庄村:一个土族自然村的社会文化变迁.旅游民族学.北京:民族出版社,2006年.第345页.
秉玉.互助县民俗游渐成规模.青海旅游网.www.qhly.gov.cn.2006.07.27.

案例分析

民族旅游地独特的民族文化和社会风情造就了目的地与客源地之间的差异,从而吸引了大量的旅游者。跨文化旅游消费行为一方面促进了旅游目的地居民生活水平的提高,提高了当地人对本民族文化的感知;另一方面目的地文化与客源地文化在长期的接触过程中,当地的社会风气、价值观念、民间艺术、社会道德都失去了原本的面目。在本案例中,小庄村发展旅游业后,和睦的邻里关系被激烈的竞争关系所取代,尊老的社会风气也大不如以前,民族手工艺品面临失传的危险,民俗文化也成为商品被随意地摆上舞台。

案例2
从日本的国内旅游看日本社会

美国伯克利加州大学人类学教授格拉本在其早期的代表性著作《祈祷,花费和游玩:日本国内旅游的文化结构》中,通过研究日本人在"工作—家庭生活"与"休闲—旅游"之间的关系,发现日本的国内旅游产品侧重自然、人文以及宗教方面。在旅游活动中,喜欢接触自然并且具有像朝圣者那样的宗教情结。其次,格拉本还注意到日本旅游的一个非常显著的特点,就是出游形式多为大规模的团队旅游,小规模的、个体性的旅游活动很少。大规模的旅游团类型主要有以下几种:亲属组织式的旅游团、学校旅游团、工作旅游团(同一单位的同事、工作人员组织的旅游)和朋友旅游团等。他们中的每一个个体在工作时间大都以个人形式工作着,这些个体一旦得到假期和空闲时间,就毫不犹豫地投身到一个大的旅游团去参加他们的旅游活动。他们对于团队精神有一种明显的渴求。格拉本这样写道:"我看到个人在一些时候急匆匆地加入到一个大的旅游团之中,似乎他们并不在乎他们去哪里,也不关心他们的旅游目的地。"

在日本的亲属式旅游团里盛行着一些有意思的"礼物流动",成员在出发前举行一个送行会,旅游团成员会得到亲属赠送的钱、旅行用品,还有一种类似于礼物的东西,即具有祝福性质的饰品,它的价格明确标在商品上。旅游团成员在旅游过程中必须购买回赠礼物。旅游结束时还要举行欢迎晚会,旅游者要向亲友赠送礼品并且分享自己的旅游经历。

虽然,日本当代旅游出现了一些新的变化,个人旅游、情侣旅游、小团体旅游日益发展,但是日本当代旅游所出现的"小规模"和"个人化"趋势与欧美社会的小规模和个人化旅游不可同日而语,日本的传统习俗所表现在大团体旅游中的总体情况并未发生根本变化,尤其对于那些中老年旅游者而言。

资料来源:彭兆荣.旅游人类学.北京:民族出版社,2004年.第331~333页.

案例分析

旅游者是其文化的负载体,旅游的消费行为受到旅游者当地社会文化价值观的影响。

日本大和民族强烈的集体意识和团队精神这样的一种价值观念影响了日本人外出旅游的形式,即以团队旅游为主。在许多亚洲国家里,人们的家庭观念比较重,崇尚礼仪,因此在这些国家中亲朋好友一起出游就很普遍。而在西方国家,人们的独立意识比较强,喜欢自由、自主,许多人更倾向于选择背包旅游的形式。这些涉及旅游消费行为中的文化差异。由此也说明,旅游经营者对于不同文化背景下的旅游客源市场应该采用不同的市场开发战略。

思考题

1.阐述旅游和文化的关系。

2.举例说明旅游消费行为中的文化因素,以及文化因素对于旅游消费行为产生的影响。

3.试述中国文化的特点及其对旅游消费行为的影响。

4.你是怎样理解亚文化的?你认为亚文化有哪些特征?

5.举例说明由不同文化价值观引起的旅游消费行为的异同。

6.阐述旅游与跨文化的关系。

7.在跨文化旅游消费行为中,文化差异能够对旅游者产生吸引力,但是也会产生文化冲击,你怎样看待这个问题?

8.你怎样看待旅游目的地在旅游消费过程中遭受到的文化冲击?举例说明。

第十一章 营销刺激对旅游消费行为的影响

行为主义心理学认为,人的行为是外部刺激作用的结果。事实也表明,在具体的营销刺激下可以引起具体的消费行为。切实有效的旅游营销刺激需要遵循旅游消费者的心理活动和行为规律;反过来,旅游消费者的心理活动和行为又会受到旅游营销刺激的直接作用而发生变化,如果营销刺激满足消费者的需要,消费者就会产生消费行动。本章将探讨怎样的营销刺激具有实用性的意义,即具有影响旅游消费行为的价值。

第一节 新时代下的旅游产品设计与旅游消费行为

任何产业都要依托一定的产品形式,通过营销最终创造价值。旅游产业也不例外,资源的优势要转化为经济的优势,关键在于能否形成消费者所接受、市场所认可的产品。这也是旅游产品设计所要遵循的核心原则。

好的产品设计本身对旅游消费者而言就是一个容易引起注意的营销刺激。从当前和未来的发展趋势看,要做到这一点,须达到两个基本标准:一是满足甚至超越当代人不断发展变化的旅游需要,二是满足个性化时代下的个性需要。

一、满足甚至超越当代人不断发展变化的旅游需要

旅游的需求不断升温,旅游消费者日益成熟。许多传统的旅游产品已显得不相适应而受到越来越大的挑战。现代旅游呼唤着现代旅游产品,现代旅游产品需要注入现代元素,有研究者将旅游产品的现代元素归纳为以下十个方面,值得旅游经营者借鉴和参考。

1. 旅游产品的体验化元素

经济社会的发展趋势正由产品经济、服务经济向体验经济演进。旅游业本质上是以出售体验和经历为主要产品,应是能率先跨入体验经济的产业之一。

因此,在产品的设计上应该以资源为舞台,以环境为背景,以文化为内涵,以设施为载体,以服务为支撑,为旅游消费者制造独特的体验和经历。旅游产品的价值在于能为顾客提供何种经历和体验的程度,通过调动人们的视觉、味觉、嗅觉、听觉、触觉,而使之获得身心愉悦的感觉和感受。缺少体验设计的产品将是不合时宜的、落伍的产品。

2. 旅游产品的休闲化元素

当今的人们在感叹科学技术进步给我们的生活带来巨大变化的同时,似乎也别有一番滋味在心头,那就是人与自然的陌生感和疏远感,置身激烈竞争的漩涡中,精神不堪重负。于是,度假休闲成为人们生活、生存的迫切需求。从社会的角度来看,休闲是一种关爱;从文化的角度来看,休闲是一种精神追求;从经济角度看,休闲是社会发达程度的标志。许多专家断言旅游正面临由观光型向度假型转化升级。似乎度假是比观光更高层次、更高阶段的旅游。其实不然,观光旅游也有高档低档之分,度假也有短期长期、廉价高端之别。观光也是人们选择的度假方式之一。关键的一点是人们都期望赋予更多休闲的内涵。旅游消费正日渐成熟,人们已不满足于走马观花、"到此一游"式的旅游。换个环境放松身心成为旅游的主要诉求。传统的标准化、格式化、流水作业式的旅游产品令人乏味疲惫。新一代旅游产品要求更休闲化,注重休闲设施、休闲活动、休闲空间的布局配置。强调体验参与,讲究环境的营造和氛围的设计。

3. 旅游产品的生活化元素

旅游将成为人们生活方式的重要组成部分。旅游就是旅行中的生活,是换个环境的继续生活。现代旅游者更青睐融入生活元素、生活气息、生活情趣的产品。人们期望不仅观景、观光,而且能观察生活,甚至能有异地生活的亲历。在观光中观察生活,在度假中体验生活,在休闲中品味生活。因此,现代旅游产品在设计中要注重对社会生活资源的挖掘。集市、家庭、社区、幼儿园、学校、监狱、婚俗、村落、农事……,皆可作为旅游资源深度利用整合组成产品。浓郁的生活元素已成为现代旅游产品不可或缺的部件。

4. 旅游产品的参与性元素

传统的旅游产品模式是以景观为中心设计,以观光为主线展开。人们被组织计划安排,被动地消费产品。旅游消费者的成熟使消费心理、消费行为发生变化。人们已不再满足于被动地接受程式化的产品,而是希望主动地参与产品的设计和生产的全过程,注重参与过程中的感受和体验。旅游者的参与、社区的参与、与自然人文的交流互动的程度,成为旅游产品的重要品质。

5. 旅游产品的原真性元素

随着旅游者的成熟,缺少生活渊源、文脉根基及原真性的旅游产品不再具有生命力。在旅游产品规划开发中应少些大拆大建的仿建品,少些陈列式展示式的假文化,少些商业化表演化的伪民俗,少些人工化公园化的人造景观。现代旅游者更倾心于真山真水、真史真迹、活的文化、真实的生活,更珍惜以自己的视角获得真实体验和真实的经历。

6.旅游产品的精致化元素

旅游市场趋向成熟的标志,是市场的细分和消费的分层。需求的分层和细分必然要求产品的精致化、管理的精细化。人们已难以接受粗制滥造的产品和粗放的经营管理。旅游产品精品化已成为产品换代、提升品质的重要手段。国外的不少旅游产品在资源的禀赋上并不及我们,但注重产品设计的细节,服务的细节,管理的细节,细部的雕琢,产出的效应效果大不一样。所谓细微之处见精神,细节决定成败,细节构成完美,细节出精品。而这正是我们在产品上的主要差距和弱项所在。

7.旅游产品的乡土化元素

旅游产品需要特色化、个性化,但在市场条件下,由于信息不对称与不完全,个体的理性选择往往导致集体的非理性。尽管标新立异追求产品的新、奇、特,但雷同化的重复现象难以避免,并成为竞争的常态。商业化社会使一切趋于同化,但地域文化是不可替代的。愈是乡土的愈是个性的,愈是本土的愈有特色。快速城市化的进程,使人们的压迫感更甚,渴望归真返璞来抚平内心的焦躁不安,呼唤现代的旅游产品更多地糅入地域的乡村民俗、怀旧的节事、农事农活、家乡菜等乡土化的素材。

8.旅游产品的娱乐化元素

从一定意义上来说,旅游就是一种娱乐方式。旅游产品的主要功能是为了放松身心,享受生活,追求快乐,愉悦自我。因此在旅游产品的设计中也应引入经济学的快乐指数的概念。旅游产品以所能提供的愉悦程度,使消费者物有所值而以本取利。旅游能给人们带来快乐制造欢乐就是一种文化。旅游是为了在资讯爆炸的时代缓解工作生活的压力,为人们提供一种暂时逃避的轻松愉快的娱乐方式。因此,"寓乐于游"的旅游产品将受到欢迎。

9.旅游产品的"绿色"元素

出现于20世纪80年代、90年代的"绿色消费者"如今已经成为一个时尚的名词。在当代和未来,环境保护已经并仍将是一个日益重要、引人关注的问题。旅游与环境有着密不可分的关系。环境已经成为旅游目的地吸引力的一个重要因素。身处环境受到威胁的都市里的人们对空气清洁、没有污染的环境有更加迫切的要求。对现代旅游而言,旅游产品的设计与环保、"绿色"的理念融为一体不仅是追逐时尚的表现,更是当前大有可为的重要课题。这样的产品设计既为旅游消费者发扬爱护自然保护环境的爱心提供了渠道,又可成为把旅游塑造成为环境友好型产业的提升路径。

10.旅游产品的自组化元素

旅游的方式正发生变化:从团队主导型转向散客主导型;传统的旅游方式趋向自主、自组、自助式;旅游产品的主导权逐步转向消费者。人们不愿被动接受定型的标准化的产品,追求更能体现个性化、多样化、自由化的旅游;更倾向于自己做主、自行组合、自由行动的产品。传统的旅游方式生成的产品,市场份额会逐步缩小,主要为自理能力弱的人群所接受。旅游产品是由吃、住、行、游、购、娱等各项子产品组合而成。在旅游产品的设计上,既要考虑各子产品的相对独立形成菜单式模块化,又要使各子产品能够自由拼装无缝连接。充分考虑为自助旅游提供自驾车营地、汽车旅馆、宿营地、引导标志系统等相关服务和设施,使旅游者能自主便捷地计划、设计、组合、组装中意的旅游产品。

观念的更新,消费的升级,推动旅游业的转型和旅游产品的更新换代。新的旅游产品的设计需要注入现代元素,以引导和适应新的旅游观念、旅游方式、消费模式。传统的旅游产品也只有通过注入现代元素创新提升,延伸产品的生命周期。

二、满足个性化时代下的个性需要

在新的时代,伴随着信息时代的到来,人类在充分体验信息、网络等高新技术带来的物质成果的同时,比以往更加注重人文关怀,强调人性回归,关注人的精神需要和个性的充分满足。旅游需求作为满足人类高层次精神需求的特殊形式,其人性化、个性化发展趋势体现得更为明显。

在传统的大众旅游时期,旅游者的需求表现为"我要参加旅游",即愿意参加任何大规模旅游团队,进行标准化、同一化的旅游活动。旅游企业仅需加大制作大批量、易于操作的旅游产品的力度,提供统一的规范化服务,即可满足大多数旅游者的需要。此时,旅游者的个性化需求由于经济技术条件、旅游业发展水平及旅游者自身成熟程度的限制而受到严重压抑,以至呈隐性状态。

而新时期的旅游者需要的是"参与体验满足个性需要的旅游经历"。他们从被动的服从者转为主动的参与者,不仅要求享受到高质量的旅游产品和服务,而且要参与到旅游产品的设计制作和信息服务中,获得"我喜欢的"或"单独为我定制的"产品与服务,从而使自身的个性化需要得到最大限度满足。这种个性需求反映了现代旅游者对传统的模式化旅游方式的厌倦和反叛,也体现了随着消费水平提高旅游需求趋向高级化的发展趋势。

旅游者需求的上述变化呼唤着旅游市场营销思路与营销方式的转变。显然，按照具有同质需要的旅游者群体细分市场，并据此选定目标市场、制定营销组合的传统方式，已经无法适应旅游者各个相异的需要。只有在现有细分市场的基础上进行再细分，直至细分至旅游者个体，并为其专门定制旅游产品和服务，才能真正满足每个旅游者的个性化需求。

第二节 广告刺激对旅游消费者的心理影响

一、广告对消费者的影响力

现代心理学认为成功的广告对消费者一般具有六种影响力，它们是：

1. 吸引注意力。广告以新颖独特的方式给消费者以一定的震撼并吸引其注意力。
2. 传播信息。广告向消费者传播商品信息，以使之形成对商品特别是品牌的认知和印象。
3. 情感诉求。广告以情感方式打动消费者的心理，引起其情绪与情感方面的共鸣，使其在好感的基础之上进一步产生信赖感。
4. 进行说服。广告可以传播商品信息，引起消费者情绪共鸣，逐渐影响消费者的态度，并说服消费者改变原来的态度，促使消费者逐渐喜欢并购买某商品。
5. 指导购买。广告中宣传模式化的消费与购买行为，大力渲染消费或购买商品之后的美妙效果，给消费者明显的示范作用，指导人们的消费与购买行为。
6. 创造流行。广告常以完全相同的方式，向消费者多次重复同样的内容和诉求，利用大众流行的社会心理机制创造轰动效应，激发更多的消费者参与购买。

广告实践表明，要实现广告对消费者这六种影响力，一个重要方面就是研究广告心理学，并据此创意、设计与实施广告。广告心理学就是广告中广告与消费者相互作用中产生的心理现象及其心理规律。它旨在说明，广告对消费者的影响主要表现为消费者对有关广告内容（如产品或服务）心理倾向或品牌态度的影响而并非购买行为，也就是说，广告效果不能仅从经济效益来考虑。

二、广告的魅力来自何处

成功的广告富有魅力，激发情感，令人难忘。成功的广告一定是依据消费者心理规律策划出来的。主要包括以下八个方面的内容：

1.善于应用消费者的心理机制。广告所期望达到的目标是销售产品,但实质上是要对消费者心理产生影响,因为消费者在受到广告影响后才可能采取购买行动。只有了解消费者的心理活动和行为规律,才能以适当的广告刺激激发消费者的反应。

2.分析广告诉求的心理依据。广告通过向消费者"说什么"来引导消费者的思想、情感和行为变化。但要使广告"说什么"有的放矢,这就要了解消费者需要什么、对什么事情比较敏感,哪些问题会引起他们的兴趣,哪些问题会使得他们置若罔闻。也就是说,要探讨消费者的需要、动机以及影响他们购买、消费的原因等。在广告诉求过程中除了研究"说什么",还要研究"如何说",这也是至关重要的。

3.掌握消费者对广告的认知规律。人们受外界事物的影响是从认识外界事物开始的。广告对消费者的影响也是从消费者对广告的认知开始的。消费者对广告的认知过程涉及对广告的注意、感觉、知觉、理解和记忆等方面的内容。

4.广告媒体接触心理。广告信息是借助于媒体送达消费者的,广告信息能否有效地送达消费者不仅取决于广告本身,还取决于媒体和媒体内容的吸引力。于是了解媒体的心理特性,了解消费者接触媒体的意图、目的以及心理活动,比较各种媒体在受众心目中的差异等,也是做好广告必须解决的问题。

5.广告构成要素与广告效果的关系。广告作品的基本构成要素包括语言(解说词或文案)、画面(图像和插图)和音响。一般平面广告包括标题、副标题、小标题、图面和正文等。画面包括构图和色彩,构图中又有人物、景物和商品之分。音响包括音响效果、音乐。一则广告作品的构成要素有很多。广告效果的产生是广告各个构成要素共同作用的结果,但是不同的构成要素在广告中所发挥的作用可能不同,对广告效果做出的贡献也可能不一样。因此,需要很好地掌握各种广告构成要素的作用及其运用原则。

6.广告效果及其测量方法。好的广告必须考虑广告活动究竟产生了哪些效果,对消费者产生了哪些影响,对社会、文化的进步和发展起到什么样的作用,这些问题的研究不仅对广告实践具有重要的意义,而且对检验广告效果也有直接的意义。

7.消费者的心理差异。广告通常对特定的消费者进行宣传,那么向哪一个消费者群体作宣传呢?如何来识别广告所要面对的消费者群体呢?某一特定的消费者群体具有什么心理特点呢?他们与其他消费者群体在心理上有何不同呢?这些都是必须回答的问题。

8.消费者对广告的反应。广告会对消费者产生影响,但是消费者如何看待广告也是测量广告效果的重要方面。随着时代的进步和广告业的发展,人们对广告的看法、意见、态度和处理广告的方式方法也会不断地变化,这就需要广告营销策划者密切关注和及时了解这方面的信息。

三、旅游广告应注意的问题

人们出门旅游是为了休闲、商务或其他的目的,离开他们惯常的生活环境,追寻新奇的事物,获得各种精神上的刺激,从而更新自己对世界的观点。正是由于对未知事物的新奇感,引领他们去不同的旅游目的地,因此旅游广告的定位及广告元素的选择,必须以"特色"为主,包括:特色自然景观;特色人文景观;特色民族文化;特色民族习俗与人文风情;以及特色产品与服务。

中国旅游广告要实现跨地区、跨国界的传播,说服和吸引更多的旅游消费者,在确定广告诉求的主题理念、模特形象、符号形式、信息内容和表达方式时,尤其不能忽视旅游广告的跨文化交流特征。这一特征要求旅游目的地和企业在确立广告诉求信息时,必须重视以下几点:

1.关注不同国家与不同民族的文化背景和价值观念。旅游广告在面对来自国内外不同民族与不同文化背景的群体时,必须重视和尊重不同文化的多样性,根据对象群体的文化背景和价值取向,应选择不同的传播方式和符号体系。

2.了解不同国家、不同地域与不同民族的社会规范。社会规范是文化要素之一,是指人们应该做什么、不应该做什么,可以做什么、不可以做什么的规则。这种规则构成了一种文化群体的特点。社会文化的具体形式有风俗习惯、道德规范和宗教规范等。它们是跨文化交流中引起误会和冲突的重要因素,也是旅游广告诉求中必须重视的要点。

3.分析不同文化背景消费者的心理需求。不同的人会选择不同的旅游目的地,那么不同的旅游目的地的广告就应该体现不同的文化诉求,以满足不同的文化背景的消费者的心理需求。

4.关注不同国家与不同社会的语境差异。旅游广告实际是一种符号的传递过程,在旅游广告信息元素的选择中,怎样用合适的广告词语,含蓄还是直白等,都应该根据不同地域、不同国家与不同民族的语境状况加以正确选择,以尽量达到诉求与解读的一致性。

第三节 情感服务对旅游消费行为的影响

众所周知,服务在旅游过程中是至关重要的。所谓服务,是一种用以解决或减轻困难的行为,是援助某人或有益于某事的行为,服务可满足被服务者生理或心理的需求。旅游服务是旅游企业向旅游者提供的一种无形的互动活动,是一种情感劳动。

一、情感劳动的概念

20世纪80年代初,美国社会学家霍切查尔德首先提出了"情感性劳动"(emotional labor)的概念。她对民航乘务员进行了研究,指出乘务员不仅从事体力劳动,例如为乘客指引座位、提供饮料、在紧急情况下做出迅速反应,而且需要向顾客表现正面情感,即微笑。

霍切查尔德认为,服务性企业员工在服务过程中,不仅要从事体力和脑力劳动,而且还须从事情感性劳动,为顾客营造良好的情感氛围,从而提高顾客满意度。她把服务人员的情感劳动定义为员工通过情感管理来压制或强装某种情感,以形成交往对象可观察到的面部表情或肢体语言,影响交往对象的心理感受。

情感劳动的类型包括:

(1)表面表演。表面表演指员工在工作中不改变自己内心的情感,尽力按照企业的情感表现规则来表现企业需要的某种情感。在这种情况下,员工内心真实的情感感受与他们表现出来的情感是不同的。

(2)深层表演。深层表演是指员工努力改变自己内心的情感,使自己内心经历企业要求他们表现的某种情感。在这种情况下,员工通过调节自己内心的感受,尽力达到企业对他们情感表现的要求。

(3)自然表演(加拿大学者谢福斯和赫姆费雷提出)。当员工需要表现的情感与他们内心实际经历的情感一致时,就会自然地表现出企业需要的情感,不必努力调节自己的情感,即自然表演。

情感劳动具有以下特征:

(1)情感性劳动是在员工与他人交往的过程中发生的。

(2)员工表现的情感影响交往对象的情感、态度和行为。

(3)员工表现情感应遵守某些规则。例如:酒店服务、导游服务、景点服务等。服务员接待顾客时要彬彬有礼,面带微笑,即使当他们面对挑剔的、令人不快的顾客时,也应表现出这些情感。

二、情感劳动的重要性

研究结果表明,员工内心的真实情感与他们表现的情感的一致性程度是决定情感劳动成败的关键。员工在服务工作中真实自然的情感表现(自然表演和深层表演),有助于提高员工的服务业绩,增强顾客的满意感。相反,员工表现虚假的情感(表面表演)会引起顾客的反感,降低他们感知的服务质量和满意度。而且,如果员工长期在工作中表现与自己内心感受不一的情感,会引发员工的情感疲惫,降低员工工作满意感,增强员工的"跳槽"意向,造成员工离职率的上升。

三、情感性劳动对消费者的影响

首先,情感性劳动最核心的作用在于服务人员可通过自己表现出来的情感,影响消费者的态度、情绪、情感及行为。

其次,情感性劳动的意义在于它可以丰富消费者的消费体验,满足消费者的情感需求,并为他们创造一份美好的回忆。而旅游产品就是游客花费了一定时间、费用和精力所换取的一次旅游经历。

作为服务业的旅游业也可通过应用情感劳动以为游客提供更优质的服务,为企业创造更好的经济效益,进而促进产业发展。

有这样一个真实的故事:

一天,某社一位导游员接待了一个由18人组成的新加坡旅游团,其中有一位81岁的老人偕女儿同行。他是下肢瘫痪的残疾人。该团由某城入境,当老人坐着轮椅出机场时,该城的一位地陪见了大为惊讶:"你怎么这付样子来旅游?让我怎么办?为什么不早来呀?!……你就呆在宾馆吧!"老先生听了这番话顿时脸色变白,显得十分难过。到该城的第一天下午,他就一个人默默地在房间里度过。

当晚全陪导游到客房去看望老先生。老人深情地告诉全陪:"41年了,这是第一次批准我父女两人回祖国观光。我有个心愿,在我走前一定要看看长城,不到长城心不死啊,可是,……"全陪听罢,对老先生说:"您克服这么大的困难不远万里来祖国观光,我一定设法使您尽量多看看。"一路上,全陪不厌其烦地与各城市的机场、饭店联络,请求提供轮椅和方便,自己不怕劳累地满足老人的心愿。在西安她亲自推车让老人看兵马俑;在北京,当汽车抵达长城脚下时,全陪先带领全团客人登上长城,然后又跑下来,找了四位解放军战士,向他们说明了情况,请求他们帮助。解放军战士听了深受感动,欣然前来把老人连同轮椅一起抬上长城第一层敌楼,老先生感激地说不出话来,但见老泪纵横,一把拉住解放军战士的手,往他们手里塞美元,解放军战士把美元还给了老人,微笑着敬了个礼就走了。目击者无不为之感动。待全团客人到齐,大家在此留影并拍摄录像。老先生坐在中间,拉着全陪的手,热泪满面地笑着说:"这样的好导游员只有中国才有,此次来祖国真正感受到了人间的爱……"领队将此录像带回了新加坡,作为宣传中国导游员优质服务的见证。

资料来源:杜炜.导游业务(第二版).北京:高等教育出版社,2006年.第28页.

第四节 价格策略与旅游消费决策

一、边际效用模式

经济学理论认为,旅游消费者的购买行为是理性行为。理性旅游者会在产品的价格及自己的收入之间进行合理的购买决策,以便最终最大限度地满足自身的需要。在既定的价格下,消费者总是力求使每元钱购买的商品能使自己的边际效用最大化。

产品的效用是产品对消费者使用欲望的满足的能力,边际效用是指每增加一单位产品的消费所导致的效用的增加量。随着购买者消费产品的增加,产品的边际效用总是趋于递减的。由于边际效用是递减的,因此购买者不会把所有的钱都花在一项产品和服务的消费上。购买什么产品则取决于哪一种产品能在相同的支出下给消费者带来最大的边际效用。当消费者面对多种需要购买的产品时,对每种产品购买后则会出现一种均衡状态,即在每种产品上的相同花费都会产生相同的边际效用,用公式表示为:

$$\frac{Mu_1}{P_1} = \frac{Mu_2}{P_2} = \cdots = \frac{Mu_n}{P_n}$$

其中,P_1、P_2、$\cdots$、P_n 为各种产品的价格;Mu_1、Mu_2、$\cdots$、Mu_n 为各种产品的边际效用。

通过以上分析可以看出,旅游营销人员应力求提高每种产品的效用,并尽可能地降低价格,这样就可以刺激购买行为的产生。

然而,在现实生活中,不同购买者的效用观差异很大,而且价格并非限制购买的最核心的因素。

二、消费者对价格的诉求

从消费者的角度来看价格,最重要的决定因素是消费者对于质量和物有所值的预期(John Swarbrooke & Susan Horner, 1999)。消费者必须看到价格与产品质量之间的联系。旅游企业制定较高的价格,这种价格就必须通过设计、服务等方面的独特之处体现出来。不同的价格策略将会刺激消费者选择不同的市场。价格策略既可以鼓励消费者选择一种市场,也可以用于防止消费者过度浪费自然资源和设施。

例如：从2005年6月开始，武夷山景区实行新票制，将武夷山景区门票分为三类，即110元人民币的一日有效票、120元的二日有效票和130元的三日有效票；九曲溪竹筏漂流票价未发生变化，还是每人100元。与原先的111元景点通票或126元的所有景点票相比，新票制在价格上并未发生太大变化，只是把原先的景点游改为景区游，这样可更有效地兼顾到景区、游客、旅行社等各方的利益，实现"多赢"。

实行新票制后，游客无论买任何一种门票都可游览景区所有景点，且多次进入景区不需重复购票，从三类门票的价格上看，旅游天数越长越划算，真正体现了"游超所值"，同时也可避免游客受蒙蔽未游精华景点，减少游客投诉。按原来旅行社设计的游览线路，游客通常在武夷山平均逗留1.9天，而实行新票制之后，游客在武夷山逗留至少3天，无疑会给旅行社增加收入。不仅如此，武夷山还将采取资金补贴的形式，鼓励国内外旅行社组织游客包机和旅游专列到武夷山旅游观光。另外，实行新票制后，还将对武夷山人游武夷提供更为方便、灵活、人性化的优惠政策。

这一举措将原有的景点游改为为景区游，不仅实现了经营形式的创新，更重要的是以人为本，从旅游者的角度出发提升了产品质量。

案例
针对中产阶层旅游消费特点的营销策略

在世界各地的现代化进程中，阶层变动尤其是中产阶层的兴起和壮大是一个具有普遍意义的现象。中产阶层在欧美社会中已占80%，成为稳定社会的主要力量。而在中国，中产阶层正以一个新兴的社会阶层出现，他们拥有较高的收入，受过良好的教育，具备专业知识和较强的职业能力及相应的家庭消费能力，有一定的闲暇，追求生活质量，是引领社会消费的主要力量。这个阶层正日益受到社会各界的关注，尤其经济领域，如房地产、餐饮行业正以这个阶层为细分市场，进行产品开发。中产阶层在旅游消费中对其他阶层也起着引导作用，在这里对他们的旅游消费特征进行分析，以便旅游企业采取合理的营销措施引导中产阶层的旅游消费。

雅虎中国公司通过网上调查预测中国未来将有2亿人进入中产行列，更乐观的估计是3.5亿，报告认为这样一个庞大的富裕群体将构成中国社会稳定的中间力量。

一、中产阶层的消费观念

中产阶层在消费上是前卫的。由于他们中的大部分是在他人公司或国家公务机构中工作，工作—收入的人生模式，决定了他们的消费一般不会在生产资料领域，而只能在生活资料领域（所以，有房有车常常是他们有产的标志），加之他们看中社会声望，所以常常是时尚性传播媒介的主要受众，因此同其他群体相比消费上的前卫性比较明显，主要表现在：第一，时尚消费。十分关注国际、国内流行趋势，有选择或盲目地跟进，以保持始终前卫。尤其是35岁以下的青年中产群体，他们的消费水平总是会略高于收入。第二，品牌消费。中产阶层大都关注品牌并选择性地拥有品牌。第三，品位消费。在中国目前没有哪个阶层比中产阶层更强烈地关注和学习品位，在日常生活中有意无意地流露出某种品位标志，一方面是为了突出个性特征，另一方面是想显示一种身份的区别。第四，休闲消费与享受消费。关注健康与生活质量，学会享受生活，这已成为大多数中产阶层生活方式的基本原则。

二、中产阶层的旅游需求特点分析

（一）旅游动机以休闲、放松身心为主

中国中产阶层处于社会中间层次，他们希望通过自己的努力向上流社会跃进，防止自己跌落到社会下层。因而他们的工作压力很大，生活节奏紧张，需要有机会放松身心。雅虎中国公司通过对北京、上海、广州等大城市的高收入者进行在线调查，表明未来5年内疲于奔命的中产阶层希望把休闲时间更多地花在与家人、朋友的相处上。这也说明，中产阶层开始更重视亲情关系，在选择旅游项目时，会选择与亲友共同到环境优美的度假区休闲度假，放松身心。而2001年的调查发现，对于普通的国内居民来说，观光游仍是其主要动机，占39%；其次是探亲游，占25%；度假游仅占18%。

（二）在产品偏好方面，追求时尚、新潮的旅游项目

中产阶层是引领消费的最主要群体。他们看重社会声望，同其他阶层相比消费上更前卫，在消费方面还表现出明显的追求生活品位和格调的趋势。所以，他们追求高质量、时尚性强的旅游项目，以显示他们的社会地位。据雅虎调查，月收入5000元以上的被调查者选择东南亚、欧美、南美及非洲游线路的占25%，同时，选择穿过藏北无人区旅游，超过了东南亚休闲游、拉斯维加斯幸运之旅以及纽约、米兰购物之旅，仅次于欧洲游。

（三）出游方式上，以散客自助游为主

一方面，中产阶层消费前卫，追求个性和时尚；另一方面，"有房有车"在很大程度上是中产阶层"有产"的标志，私家车在中产阶层中会以较快的速度普及，据雅虎调查的11万白领中，拥有汽车的占20%，其余的80%都有买车的倾向，所以，未来中产阶层的出游以自驾车为主，尤其是短期旅游。

(四)追求旅游的便利性、决策的迅速性

中产阶层是时尚传播媒介的主要受众,获得信息的渠道比较广泛,同时自身有较高的经济收入,对工作有一定的支配权,可以更自由地安排休闲时间。所以当现阶段旅游对普通居民还是一种相对高消费行为的时候,其对中产阶层而言可能已成为一种基本生活需要,因此他们会在旅游购买时表现出冲动性、即时性,特别是在短途旅游购买中,这种特征尤为明显。

(五)旅游需求呈现价格刚性

在大多数的旅游学著作中,都强调旅游产品是一种需求弹性较高的产品,消费者对价格较为敏感,但那是对普通的消费者而言。对中产阶层则不存在这种情况,因为中产阶层有稳定的职业和较高的收入,他们在消费上又比较前卫,依靠消费来体现他们的身份和地位。所以,在旅游产品消费上,他们对价格不会太敏感。

资料来源:左珈.中国中产阶层的旅游需求特征及营销对策分析.商务营销.2005年10月

案例分析:

针对中产阶层的旅游消费特点,可以通过适当的营销手段对消费者施加外部刺激,引导中产阶层的消费行为,最终达到满足旅游消费者需求、扩大销售的目的。

一、产品策略

1.开发高品质的休闲度假产品。对于老式中产阶层来说,休闲是他们旅游的主要动机,满足他们这种需求的一个主要选择是发展度假型旅游产品。而分时度假是一个很有潜力的旅游项目。目前学者对分时度假的定义不一,但无论怎样的定义,都无法改变其本质,即指开发商出售给消费者的一种度假地房产分时使用权,它可以用来交换,并且附有专业化的旅游服务项目和其他专业性服务。在国外,分时度假已发展成为一个成熟的旅游产品种类,目前世界100多个国家的5 000多个风景区共有900多万个星期的分时项目。而在中国,虽然20世纪90年代开始引进这种产品,但由于市场不严密和缺乏完善的法规,消费者权益受到损害,这种产品并没有得到良好的发展。但这种产品却迎合了中产阶层的需求,在消费不起私人别墅的情况下,这种将房产和旅游相结合的产品对中产阶层来说,无疑是一个良好的替代品。

2.开发时尚、高雅、冒险性旅游项目。中产阶层消费上前卫,是引领时尚的最主要群体,旅游项目的开发应投其所好。西部探险、漂流等这些特种旅游项目会受到中青年中产阶层的青睐;而画展、博览会等这种以艺术为主的旅游也会受到讲求品位、时尚的中产阶层的欢迎。

二、价格策略

产品的价格不仅仅是价值的表现,而且具有社会心理价值。通过购买旅游产品的价格,可以表明自己的社会地位、文化修养、生活情操等。因此旅游开发商应制定合理的价格策略。

1. 高价策略。对于已经形成品牌的和有声望的旅游产品,尤其是刚推出的独一无二的旅游产品,针对中产阶层追求新潮、尝试新产品的心理制定高价。一般来说,中产阶层作为较高的收入阶层,尤其是中上层,只要产品能满足他们的心理要求,对价格的敏感度较低。

2. 适中价格策略。对于中中层和中下层来说,对产品的价格还是相对敏感的。在传统旅游项目和特种旅游项目之间存在着许多具有替代性的旅游项目和产品,诸如中价位的"购物天堂香港之旅"是高价位的"法国巴黎购物之旅"的替代品,而这个替代性产品可能是中下层的选择。

三、宣传促销策略

旅游产品的生产者和旅游线路的设计者如何有效地利用媒体及时把有关旅游信息传递到中产阶层的消费空间中是至关重要的。而传递的关键是根据中产阶层获取信息的途径选择正确的媒体和设计符合他们审美观的宣传广告。

1. 媒体的选择。根据消费者行为理论,"阶层越高的群体看电视的时间越少,因此电视对他们的影响较小;相反,较高层消费者订阅的报纸、杂志比较低层消费者多,所以,印刷媒体信息更容易到达高层消费者"。据雅虎调查,未来5年白领期望的休闲方式中读书看报占10%,并且他们偏爱与自己职业有关的报纸、杂志,还是时尚媒体的主要受众。另外,中产阶层的工作和生活与网络密切相关,网络是他们获取信息的主要来源。所以,发展旅游电子商务是旅游企业一个不可避免的选择。

2. 传播信息的设计。不同社会阶层的消费者所使用的语言各具特色。一般而言,越是上层消费者,使用的语言越抽象;越是下层消费者,使用的语言越具体,而且更多地伴有俚语和街头用语。西方的很多高档车广告,因为主要面向上层社会,因此使用语句稍长,语言较抽象,画面或材料充满想象力。而中国的中产阶层受过良好的教育,有较好的修养,所以在设计面向中产阶层的宣传资料时,可以相对抽象的语言、富有想象力的画面为主。

思考题

1. 营销刺激对旅游消费行为会带来哪些方面的影响?有何特点?
2. 举例说明旅游产品设计带给旅游消费者的刺激作用。
3. 怎样认识旅游广告的宣传促销功能?哪些广告吸引你?为什么?

4.如何理解旅游服务中的情感要素？这一要素对于旅游消费者和旅游服务人员双方有何特殊意义？

5.针对特定的旅游消费群体，还有哪些有效的营销刺激手段可以应用？举例说明并加以分析。

第十二章 旅游消费行为过程

旅游消费者从消费需求、消费动机到购买决策、再到购买的实现要经过一个由心理到行为的转换过程,这便是消费者的购买决策过程,也是旅游消费行为过程。从旅游消费者的角度划分,这一过程包括五个阶段:旅游需要识别阶段、旅游信息搜寻阶段、旅游购买方案选择阶段、旅游经历阶段和旅游后阶段。每个阶段都需要解决相应的问题。整个过程是个循环往复的过程,本次的消费行为结果不仅关系到本次购买,其结果还会影响到以后的购买。因此,有必要对旅游消费者在旅游消费行为过程中所要解决的问题及其一般规律进行探究,进而找到促使旅游者作出有利的、正确的旅游消费决策和行动的有效途径。

第一节 旅游需要识别阶段

一、旅游需要识别的含义

旅游消费决策首先是从对旅游产品消费需要的认识开始的。这种认识是基于消费者对物质或精神要素感到某些不足,意识到期望状态和实际状态之间存在不一致,进而产生对某种需求的确认。如果消费者认为这些不一致的程度不强,就认识不到消费需要的问题。也就是说,对该问题的感知应该超过阈限水准。例如,某消费者从事的是很有规律的比较平稳的机关工作。时间长了,他或许会感到有些乏味,如果他感受到一种强烈的乏味感,他便会产生变换环境、调剂生活的愿望,外出旅游就可能成为他意识到的一种需求,或者考虑通过另外一种方式实现他的愿望。如果他对这种稳定单一的生活比较偏爱,很可能就不会产生这种认识。对消费问题的认识既有瞬间形成的,也有经过长时间形成的。

在认识问题的过程中,消费者往往会追求新的满足、更大的满足,解除或者部分解除对产品的不满。这一过程与信息处理和动机激发高度相关,旅游消费者必须通过对内部和外部新的处理意识到当前的需要,并受到这种需要的激励。

需要识别过程意味着消费者被唤起并主动投入到购买决策活动之中。

解决某一特定需要的动机取决于两个因素:一是理想情境和现实情境之间的差距有多大;二是被意识到的需要本身的重要性。

要想使消费者采取有意义的行为,还必须使被识别的需要或问题非常明确。在许多"需要识别"的形势下,问题很明确,使消费者能够很容易地采取行动,如一位专业人员得知近期有一个会议他必须参加,那么去哪、住哪、怎样去等一系列问题都很明确。但在另一些情形下,消费者可能对问题没有这么明确的认识,例如一个人紧张地工作一年后觉得自己需要一些身心的调整,但采取什么方式并不清楚。在这类情况下,他首先要做的是要把问题搞清楚,弄清自己需要什么。

二、需要识别的类型

需要识别的过程具有不同的类型,有的研究根据需要解决的紧迫性和需要的产生是否在预料之中这两个因素把识别需要的过程分为常规的、紧急的、计划的和发展的四种类型。

1. 常规性需要是指那些理想情境与现实情境之间的差别在预料之内而且需要立即解决的问题。例如生理需要是个体的基本需要,旅游者无论身在何处,到一定时候就会产生食物和水的需要,而且要立即解决。

2. 计划性的需要是指此类需要的发生在预料之内,但并不一定要立即解决的问题。例如消费者打算明年到夏威夷度假,那么从现在起他就开始注意度假广告,与朋友讨论,收集一切有关信息。

3. 紧急性需要是指那些出乎意料,却又需要立即解决的问题。例如,消费者突然接到公司要求立即返回的电话或参加紧急会议的通知,也就没有时间详细地计划购买哪家旅行社的服务,或乘坐哪家航空公司的班机,而是选择任何能够解决当前需要的旅行社和航班。

4. 发展性需要是那些未在预料之中又无需立即解决的问题。对一些新产品或新项目的接受过程就是这样一种情况。对于许多消费者来说,接受某种新的旅游项目需要一段较长的时间,虽然消费者意识到了新项目的存在,但开始并没有想尝试的愿望,过一段时间之后,尝试这种新项目的人越来越多,消费者的理想情境和现实情境之间的距离增加,到一定时候他才会决定尝试这种项目。

三、旅游需要识别的主要影响因素

有许多因素或情况可以导致旅游需要识别的发生。主要有四种情况:

1. 假期的到来。据相关统计,在比较发达的国家和地区,周末的到来会使人们把娱乐消遣提到日程上。三天以上假期的来临会使人们产生旅游消费的愿望,15天的带薪年假则可能导致人们考虑中远程旅游。我国的情况也是如此,通常情况下,节假日、黄金周已不可避免地成为旅游消费的高峰期。

2.环境的变化。消费者生活和工作环境的变化也会导致旅游消费需要的识别。例如,家庭处于生命周期的不同阶段就会产生不同的旅游需求,需要识别。参照群体也是一个重要的环境影响要素,当消费者与某一群体发生共识,或某一群体的生活方式成为自己的理想情境时,该群体的旅游消费形式就可能使他产生需要识别。

3.经济状况的变化。消费者经济地位的提高和收入的增加与旅游消费需要识别有很大关系。在上世纪90年代,一般来讲,年收入达到8 000美元就会诱发国际旅游的需求。收入提高使人的理想情境进一步发展,与现实情境差距加大,对于缩短这种差距的需要一般比较容易被消费者意识到。

4.促销活动。市场人员经常通过促销努力使消费者发现自己的潜在需求,并向他们提出满足需求的建议和方法。虽然市场促销的努力可以导致消费者的识别需要,但并不一定能让消费者接受被推销的产品和服务,其原因是消费者本身具有处理信息的能力。所以,只要旅游营销活动能使旅游消费者意识到需求就已经是巨大的成功。

四、旅游经营者对需要识别的应用

消费者的需要识别过程可以进行测量,也可以用来发展和评估营销策略,所以,消费决策的这一阶段对市场开发人员有很大的意义。

(1)需要识别的测量

目前,评估需要识别过程的最好方法还是通过量表技术测量消费者的购买倾向。购买倾向与消费者对产品或服务的态度相联系,可以看作是购买前的先兆。消费者的态度可以折射出消费者识别需要的不同倾向和解决问题的意图。

例如,2005年1月,笔者组织的课题组以天津市的居民及其他常住人口为考察对象进行了抽样调查。此次调查共发出问卷426份,收回问卷423份,其中有效问卷410份,有效回收率为96.2%。由于主要采取了访问调查法,所以问卷的有效回收率较高。为了保证样本的代表性,我们调查的地点覆盖了居民社区、政府机关、学校、企业、大众消费场所及公共场所等。样本中,男性占51.46%,女性占48.54%;21~30岁年龄段的占56.59%;有大学学历的占47.07%;国有企业职员占25.12%,其他类型(外资与合资、民营)企业职员占21.71%,公务员和医、教、军职人员共占25.37%,学生占13.41%;家庭月收入5 000元以下的占87.07%。

我们请被调查者按照想去的程度将东北亚 4 个国家和其他国家进行从 1 到 5 的排序,选项 1 代表最想去,依此类推,并且给排序 1 赋予 100 分的分值,排序 2 为 80 分,排序 3 为 60 分,排序 4 为 40 分,排序 5 为 20 分,然后按照各个国家各个选项的人数计算每个国家所获得的总分和平均分值,最后以平均分值为标准对这些国家进行排序。总体上看,被调查者最想出游的国家依次为日本、韩国、俄国、蒙古和其他国家,见表 12-1。

表 12-1 被调查者出国旅游计划倾向

排序	蒙古		韩国		日本		俄国		其他		最大值
	总计	得分	总计	得分	总计	得分	总计	得分	总计	得分	
1	32	3200	74	7400	130	13000	57	5700	117	11700	日本
2	48	3840	151	12080	121	9680	85	6800	5	400	韩国
3	73	4380	125	7500	72	4320	135	8100	5	300	俄国
4	186	7440	53	2120	60	2400	103	4120	8	320	蒙古
5	71	1420	7	140	27	540	30	600	275	5500	其他
总分		20280		29240		29940		25320		18220	—
平均分		49.46		71.32		73.02		61.76		44.44	
按平均分排序	4		2		1		3		5		
注	设:排序 1 为 100 分,排序 2 为 80 分,排序 3 为 60 分,排序 4 为 40 分,排序 5 为 20 分。										

资料来源:杜炜、黄晶.环日本海地区各国旅游软环境研究——天津课题调研报告.2005.3

(2)需要识别的激发

促销的目的就是激发潜在消费者识别其需要。为此,促销活动可以集中在两个方面:第一是影响理想情境,强调某种旅游消费可以给人带来的利益,并与现实情境进行对比,如在某处处于盛夏季节时宣传气候宜人的避暑胜地,促使消费者意识到摆脱酷暑的需要。第二是影响对现实状态的知觉。消费者的现实状态常发展成为一种常规的、习惯性的和不被注意的行为方式。例如,购买者习惯性地购买某个品牌的产品,于是根本不考虑是否有更好的品牌。市场开发就是试图打破这种自动化的决策程序,让消费者意识到那些已经司空见惯而且被忽略的问题。

(3)利用需要识别信息

消费者购买倾向的信息对市场开发具有重要意义。通过测量不同消费市场对某种产品购买可能性变化的速度、方向、幅度等可以发现消费趋势以及对销售产生影响的时间和大小。

第二节　旅游信息搜寻阶段

一、信息搜寻的概念和意义

旅游消费者在对旅游需求进行识别之后,为找出解决消费问题的答案就需要搜寻信息。搜寻信息是指有意图地激活记忆里储存的知识或者在周围环境中获得信息的过程,即消费者为解决消费问题而在自己的记忆中或者通过外部信息来源搜寻各种必要的信息所付出的努力。前者称为内部信息搜寻,后者称为外部信息搜寻。消费者一般都是在外部信息搜寻之前先搜寻内部信息。消费者过去的经历与当前决策的关联性越大,外部搜寻的必要性就越小。以往一次非常美妙和非常糟糕的旅游经历都会首先作用于旅游消费决策。不过,在大多数情况下,消费者的决策依据是内、外部信息的结合。

通常消费者的购买决策会存在不确定性。消费者的购买决策的不确定性可以分为知识不确定性和选择不确定性。知识不确定性是在对购买方案理解不够的时候产生的。也就是说,消费者不太了解具体的购买方案的时候,就会对方案的可靠性、方案的评价方法、能否获得必要的信息的问题产生忧虑。

选择不确定性是在选择哪个购买方案才能解决自己消费问题的时候产生的。也就是说,在不太了解产品和市场情况方面知识的时候,或者认为还会有比自己备选方案更好方案,但自己尚不知这种方案的时候就会产生某种忧虑。

消费者搜寻有关解决消费问题的信息,如关于某一产品属性和购买场所的信息,通过信息搜寻便可以在一定程度上消除购买决策的不确定性。

二、内部信息搜寻

这只是大脑的活动过程,回忆、搜寻贮存在记忆中的与当前购买决策相关的各种信息。例如,某人打算去某旅游目的地旅游,决策时可能会回忆起自己的一个朋友曾在几个月前向自己描述过他在那个地方的旅游经历,而且回忆朋友的评价是肯定还是否定。应该注意的是,这些评价是储存在消费者记忆中的,但是在影响消费者对旅游目的地形成态度方面起了很重要的作用。消费者在解决当前问题时首先会依靠记忆中任何可以回忆起来的态度、信息和经历,因此说,内部信息是消费者购买策略的重要组成部分。

由于以前的经验或者体验,生活在消费文化环境中的消费者通常会在记忆中对许多产品有一定的认识。当面临一项购买决策时，消费者可以通过回忆进行内部搜寻，集结有关不同备选产品的信息。

解决消费问题的类型不同内部搜寻的程度也不同。一般的规律是，在高卷入消费决策时，消费者会更多地检索长时记忆中的信息，例如，消费者打算利用10天到欧洲旅游，他就会首先回忆以往对欧洲的一些知识和相关信息；在低卷入程度的购买决策中，消费者仅在极其有限的范围内检索记忆中的信息，如消费者要到一家经常住宿的酒店，他无需更多地检索记忆中的信息，因为已经非常熟悉，而且不需要再选择。在情感性卷入或冲动性购买时，消费者主要依据自己的感觉或购买情境。

影响内部搜寻的因素主要有两方面：一是记忆里储存的信息量，二是信息的适合性。储存的信息量取决于与购买相关的以前的学习，而信息的适合性则取决于对购买结果的满意度与购买间隔。如果对购买结果的满意度高，就很可能回想起购买过的产品品牌或企业名称，从而作出习惯性的购买决策。就购买间隔而言，通常购买间隔越长，购买者改变原来购买方案的可能性就越大。

从消费者的角度观察，影响其信息记忆的因素主要有以下几方面，旅游经营者可以采取相应的措施以帮助旅游消费者将自己的企业和产品信息纳入长时记忆库。

第一，记忆的线索。消费者提取信息的线索直接与获得信息的情境有关，特别是消费者获得信息时所形成的心情与提取信息时的心情类似的时候，就容易提取其信息。例如，海南的旅游广告中所传播的美丽风景的意境，使旅游者看到大海或者想到大海就会想起海南岛。因此，向旅游消费者提供旅游目的地产品和服务信息要达到好的效果，精心设计记忆线索是非常必要的，如梦幻般的色彩、如诗般的情境、美妙上口的广告词等。

第二，刺激的熟悉感。在一般情况下，消费者对某刺激越熟悉，就越容易回忆起该刺激。这也是企业为什么会反复做广告。但是，消费者并不一定提取所有的熟悉信息，而只是处理其中的部分信息。

第三，刺激的突出性。这是与其他类似刺激相比较而言的。刺激越突出，越容易引起消费者的注意，也越有益于与其他信息刺激的辨别，就越有益于长时记忆。

第四，信息的视觉性。比较而言，视觉性刺激比语言性刺激更容易被记忆和提取。但是，视觉性刺激与语言性刺激各有利弊。视觉性刺激刺激强度大，生动灵活，可以调动人们更多的感受器官。而语言性刺激在信息的丰富度和易于保留方面占有优势。

三、外部信息搜寻

(一)外部信息搜寻的过程和意义

外部信息搜寻一般是在内部信息搜寻完成之后进行的,可以分为积极的信息搜寻和被动的信息流入。积极的信息搜寻是指为解决当前消费问题而积极主动走向相关信息的活动。假日即将来临,有出行意愿的人们会主动地通过搜寻报纸上或网络上的旅游广告信息,以便为自己的旅游决策提供参考依据。被动的信息流入是指消费者无意间获得信息的过程,是一种偶然的学习的过程。例如,消费者到超市购物时碰巧遇到旅游咨询服务活动,活动很吸引人,消费者情不自禁加入其中并在这个过程中获得了相关信息。

消费者外部信息搜寻对于企业来说非常重要,因为企业可以通过观察消费者的外部信息搜寻行为把握潜在消费者的情况。但是,消费者外部信息搜寻的程度并非我们想象得那么高。由于消费者平时已经积累了一定的相关产品的信息或知识,消费者首先会利用储存于记忆库中的相关信息,外部信息搜寻是有限的。外部信息搜寻的努力程度也和消费者所要解决的问题的类型及难度以及对旅游信息感兴趣的程度有关。

例如,在笔者所做的相关项目调研(同上)中,调查了被调查者对旅游信息感兴趣的程度。

我们采用 t 级语意差异量表(1=丝毫没兴趣,2=没兴趣,3=稍有兴趣,4=有兴趣,5=很有兴趣)就被调查者对旅游信息的兴趣进行评估。调查结果及描述性统计特征如表 12-2 所示。在被调查者中,有 48.78% 的人表示对旅游信息有兴趣,25.6% 的人表示很有兴趣,只有约 5% 的人显示对旅游信息没兴趣。

表 12-2 被调查者对旅游信息兴趣程度的统计

兴趣程度	总计	百分比%
丝毫没兴趣	7	1.71
没兴趣	13	3.17
稍有兴趣	85	20.73
有兴趣	200	48.78
很有兴趣	105	25.60
平均值	82	
标准偏差	78.82	

资料来源:杜炜、黄晶.环日本海地区各国旅游软环境研究——天津课题调研报告.2005.3

(二)外部信息的类型

在外界环境中,存在着各种各样的有可能使旅游消费者发生兴趣的信息,大致可以分为三类:

1.有关现有可供选择的各种旅游产品和服务的信息

这些信息也可以称作效用性信息。消费者通过这些信息来理解新的旅游产品或品牌能够提供哪些利益,并且把握这些方案的特性。例如某个度假地打出"快乐随我行"的度假项目。消费者需要进一步了解该项目究竟安排了哪些活动内容、环境如何、安全性、趣味性如何等。

2.关于建立评估各种旅游产品和服务的标准的信息

这些信息可以称作评价性信息。主要是指那些对于旅游产品或方案的相关评价方面的信息。消费者通过这些信息对所考虑的产品或方案进行比较。

3.与可供选择的各种旅游产品的特点和品质有关的信息

这些信息属于强化置信信息,是指能够使消费者置信的信息。例如,一家人第一次拿出一笔不小的预算想做全家出境游,想去的地方不少,但到底去何处为最佳选择尚不可知,为达到这个目的,消费者会去做多方了解,以便使自己确信作出最佳决策。

通常,消费者收集哪类信息主要依赖于消费者的需要和已知的信息。

(三)外部信息的来源

1.按照信息的来源出处划分,主要包括:商业性来源和非商业性来源。商店信息、广告信息是商业性来源,亲朋好友、新闻报道则是非商业性信息来源。

(1)商店信息来源。消费者通过访问商店等方式获取信息。

(2)广告、示范性等商业信息来源。通过广告获取信息,包括电视、收音机、报纸、网络、杂志、电影、广告牌、车载广告等。这一来源的信息对于企业而言可控性最强,但是消费者常常认为其可信度低于非商业性信息。

(3)周围人信息来源。通过朋友、亲属、邻居、同事、同学、同乡等自己周围人获取信息。人际接触方式的信息反馈是迅速而且直接的,所以,一般比非人际接触的信息更有说服力。对于消费者而言,最能相信的信息来源为周围人,然后才是广告、商店。

(4)中性信息来源。政府或消费者团体发布的有关产品的信息。

2.按照外部信息的内容可以划分为:

(1)偏向市场开发者的信息。这些信息主要是由推销员、企业和促销展览、广告等传播的信息,受企业经营者的控制。

(2)偏向消费者的信息。主要通过消费者之间的相互交往传递的信息,不受企业的控制。

(3)中介信息。主要指大众媒介的报道、政府有关部门的报告、科学研究者的调查结果等。

从消费者对信息的利用上来看,偏向市场开发者的信息在使消费者意识到某种产品或服务的初始阶段作用很大,在决策的最后阶段却偏向于后两种信息来源。

2006年我们针对意欲前往天津的潜在旅游者的调研结果表明,有超过96%的游客都是在小学或是中学阶段就已经知道了天津。这表明天津市旅游具有巨大的潜在市场。

对于传播途径,调查显示(见表12-3):人们主要是通过电视/广播、书籍/报纸/杂志等方式了解天津的,其中电视/广播和书籍/报纸/杂志各占1/3,这说明近些年天津的"上镜率"很高,宣传比较到位。但是,几乎没有人是通过旅行社/宣传手册来了解天津的,这确实反映了天津在宣传上还存在很大问题。尤其是没能够将天津的旅游资源很好地推销给大众,这说明天津的旅游宣传处于比较被动的地位。再有,网络的宣传亦不尽如人意,只有不到1/10。而现如今已有超过50%的旅游者通过网络搜索目的地信息,这点充分说明天津这些年在网络宣传上的努力并未成功。而亲友的传播扮演着比较重要的角色,这一方面说明天津的口碑还好,另一方面说明务必尽力提高游客的满意度,以创造更好的口碑,进一步挖掘口头宣传的潜力。

表12-3 天津市潜在旅游者旅游信息来源状况

网络	电视/广播	书籍/报纸/杂志	旅行社宣传手册	亲友	其他
8.5%	30.7%	29.4%	2.6%	27.5%	1.3%

资料来源:南开大学第四届本科生创新科研百项工程立项项目"天津市旅游形象测量与分析",负责人:赵亮.指导教师:李天元、杜炜.2006.6

四、影响外部信息搜寻的因素

影响消费者外部信息搜寻的因素很多,主要归纳为以下几方面:

1.市场环境

消费者能利用的备选方案(品牌、产品、商店等)数量越多,消费者就会搜寻更多的信息。但是在方案之间的类似性比较大的时候或者商店之间的距离比较远的时候,消费者搜寻信息程度就会低。如日本旅行社的店铺大多设在火车站、购物场所、社区旁,店头陈设大量精美的、信息丰富的、可供行人免费取走的旅游图册,非常便捷。

2.产品的特性

产品的特性包括价格、可感知风险、方案之间的差异以及重要属性的参数等。产品的价格越高,消费者可感知的风险越大,所以为减少或消除这些风险,消费者就需要搜寻更多的信息。在产品之间有显著差异的时候,消费者也会搜寻更多的信息。一般情况下,消费者购买感知风险大的产品的时候会搜寻更多的信息。如消费者只是到周边一日游一般不会进行太多的信息搜寻,而若要进行中长途旅游则需要搜集大量的相关信息。

3.情境因素

情境因素主要包括时间、空间、利用信息来源的可能性以及其他临时性的一些状况。如果在较短的时间内需要解决消费问题,消费者就会来不及搜寻更多的信息。

4.个人因素

个人因素主要包括过去的经验与知识、解决问题的方法、搜寻信息的方法、参与程度、对搜寻信息的感知利益与感知风险以及消费者个人的收入水平、教育程度等。

在前面进行的调研中,笔者在数据初步分析的基础上,运用列联分析对被调查者的收入变量和旅游兴趣变量进行了相关性检验。根据 χ^2 分布的期望值准则,即应有超过 80% 的单元期望频数大于 5,我们把"丝毫没兴趣"和"没兴趣"两类合并,并运用 Excel 软件在 0.05 的显著性水平上进行 χ^2 检验。分析结果表明,p 值为 0.0215,χ^2 值为 23.821,$\chi^2 0.05(12)$ 值为 21.026(12 个自由度),$\chi^2 > \chi^2 0.05(12)$,说明对旅游信息的兴趣和收入之间存在依赖关系,对旅游信息的兴趣受收入的影响,如表 12-4 所示。这也说明由于旅游信息的兴趣来自于对旅游的喜好和意愿,而对旅游意愿的强度在一定程度上与收入水平相关,故而对旅游信息的兴趣与收入相关。

表 12-4 被调查者对旅游信息的兴趣与其收入相关性检验计算表

观察值表						
	2000 元以下	2000 元~3000 元	3000 元~5000 元	5000 元~10000 元	10000 元以上	合计
没兴趣	12	8	0	0	0	20
稍有兴趣	27	25	20	7	6	85
有兴趣	50	64	61	19	6	200
很有兴趣	28	30	32	13	2	105
合计	117	127	113	39	14	410
期望频数表						
没兴趣	5.7073171	6.195121951	5.512195122	1.902439024	0.68292683	20
稍有兴趣	24.256098	26.32926829	23.42682927	8.085365854	2.90243902	85
有兴趣	57.073171	61.95121951	55.12195122	19.02439024	6.82926829	200
很有兴趣	29.963415	32.52439024	28.93902439	9.987804878	3.58536585	105
合计	117	127	113	39	14	410
0.021509	23.821417	21.02605538				

资料来源:杜炜、黄晶.环日本海地区各国旅游软环境研究——天津课题调研报告.2005.3

第三节 旅游购买方案选择阶段

旅游消费者在收集旅游信息的同时也在积极地对信息进行评估活动。信息收集过程决定了都有哪些选择,而评估则是将这些选择进行对比以便作出决策。

一、旅游购买方案评估标准

消费者是在某些标准的基础上对旅游方案做出筛选的。这些标准有的是客观的,有的则是主观的,如旅游消费者在选择目的地时会以距离、时间、价格等客观条件作为衡量标准,对于有些方案则考虑是否符合自己的社会地位、形象等主观标准。对于消费者个体而言,旅游产品和服务的哪些特点更重要是因人而异的,因为消费者的需求不一样。对每一个消费者来说,评估标准可能会有许多,但通常只有一两个是最重要的,对决策起决定性的作用。所以,市场开发人员必须很仔细地分析每一个目标市场的感知标准,准确地识别起决定作用的因素。

二、旅游购买方案评估的基本方法

（一）缩小方案选择的范围

众多的选择并不一定都能被旅游消费者所意识到。消费者的选择标准确定以后,选择范围也就相对确定了,而且标准越明确,选择范围也就越明确。例如,一位旅游消费者打算去度假;他既想去大连,也想去黄山,还想去江南。这时他的选择范围还不十分明确。如果该消费者再增加一个选择标准,如他的旅游预算为2 000元,他希望在2 000元之内达到最大满足,而且不想超支。假设去大连每天需要300元,去黄山每天需要200元,去江南每天需要400元。那么,旅游消费者的选择范围就被基本确定为,在大连呆6、7天,在黄山呆10天,在江南待5天。随着选择标准的增加,如果该消费者还从来没有看过大海,而这一次他想圆了这个梦,那么,他就有可能将方案选为去大连度假。

了解到消费者的评估标准以后,第二步就是测量每个标准对消费者的相对重要性。对这类信息的调查了解一般都是通过各种调查量表,如对每种标准都在"重要"和"不重要"之间设若干个等级(一般为5到7个等级),让消费者根据自己的情况进行选择。或者用百分制来排定每项标准重要性的次序。

（二）评估可选方案

消费者把选择的范围确定以后,会进一步搜集信息对选择的方案进行评估和处理。评估的方法一般有两种：一是对企业品牌和产品品牌进行评估选择，二是对产品特点进行评估。通常的规律是，消费者一般都是先选择某个产品牌子，然后再审查这个品牌的几个特点，然后对其他品牌产品所具有的同样的几个特点进行审查。然后把几种牌子的产品进行对比，以确定哪一种产品在这一点上更为突出。例如，消费者如果打算通过旅行社购买产品，通常他会首先选择旅行社的品牌，然后对几个品牌加以比较。如果消费者注重的是产品特性而不是牌子，那么他就会先确定一两个他认为很重要的特点，如线路的设计是否合理、是否包括他一定要去的景点或项目。在现实生活中，评估品牌的策略更为常用，尤其是产品知识非常丰富的人更是倾向于使用品牌评估的办法。

三、影响方案评估的因素和方法

（一）影响旅游方案评估的因素

影响评估的因素包括多方面，突出的有三点：

1. 需要越紧急，对评估的需要就越少。
2. 选择对消费者的意义越重大，评估也就越多。如消费者为自己购买短程或为时不长的度假服务时可能不需要做很多的评估。但是如果为重要的客户安排食宿就要对若干家酒店进行认真的比较和评估。
3. 选择越复杂，需要的评估就越多。一般来说，旅游消费者前往陌生地或偏远地区或购买不熟悉的旅游产品和服务时，因为存在诸多的不确定因素，就需要旅游企业提供更多的信息和咨询服务。

成功地开发市场需要有成功的营销组合，而要设计出成功的营销组合就必须了解消费者在评估过程中使用的评估标准以及这些标准对消费者的重要程度。

为确定消费者使用哪些标准来衡量所有的选择，许多企业都是采用发放调查问卷的方法直接询问消费者在比较各个选择方案时都考虑哪些因素。这种方法虽被广泛采用，但是也有不少缺点，例如消费者在回答问卷时往往很抽象，很概括，而不是描述自己的具体感觉和思想。为了避免这种情况，一些市场调查采取间接的方法，这种问题允许消费者以一种可以被接受的方式表达自己的态度。

（二）旅游企业影响旅游消费者方案评估的方法

当旅游产品或服务在旅游消费者的方案评估中处于不利的位置，也就是说给消费者的印象不好时，旅游经营者就要努力改变它。要做到这一点，一般有两种方法：

其一，改变线索的特点。改变起决定作用的线索的特点以对产品形象发生重大影响。这一点在消费者对类似产品进行评估时尤为重要。这种变化其实不必很大,只要达到消费者的差别阈限,即恰好引起消费者注意的程度即可。例如,同样是打出香港游的项目,为了区别其他类似的项目,特别强调该项目全程导购或者限定购物次数或者不安排购物的特点。

其二,改变信息的价值。如果不想改变产品自身的特点,则可以改变消费者评估产品的方法。大部分消费者只是根据直观的感觉评价产品和服务。经营者可以通过广告和宣传告诉消费者如何辨别产品的好坏,认识产品和服务的真正价值。

四、旅游消费者对购买方案的风险感知和规避方法

(一)对购买方案的风险感知

实践证明,任何旅游决策都包含有风险和不可知因素,这些风险和不可知因素常会带来预想不到的后果,令人感到不愉快。常见的风险有两大类:功能风险和心理风险。

功能风险是关于旅游产品的质量和服务优劣问题。在一般情况下,当购买的旅游产品和享受的服务不能像预料的那样满意时,就存在着功能风险。例如,飞机出现机械故障,不能在预期的目的地着陆,或出租车抛锚,或房间空调失灵,或电话不通,或水管滴漏等。

心理风险是指旅游产品或服务能否增强个人的幸福感、自尊心或改进别人对自己的看法等问题。服装、汽车、饭店、旅行社和服务都具有强烈的象征性,如所住饭店设备粗劣,乘坐的火车很拥挤,利用的旅行社服务质量不佳,导游服务不符合要求等,都会令人十分不快。这些都属于心理风险。

风险和不可知因素的存在,会严重影响人们的旅游决策。以下因素更容易使旅游消费者对购买决策产生感知风险:

1.购买目标不明确。也就是说,已经决定要外出旅游的人,对到什么地方去,或对乘坐什么样的交通工具,参加什么样内容的活动还没有作出决定。例如,是乘车到北戴河度假,还是坐飞机到海南岛观光呢?

2.购买酬偿不清楚。虽然购买目标已经明确,但还不能肯定这样的选择是否真正能满足自己的需要。例如,已决定去避暑度假,但是还会想到承德会不会比去北戴河更好呢?

3.购买经验缺乏。一个从来没有外出旅游过的人,常常会面对众多选择感到不知如何是好。这也是我们前文中谈到的旅游动机冲突现象。

4.积极和消极的后果并存。例如,乘飞机到达目的地是最快的方式,但不能观看沿途风光,坐火车旅行虽慢,但经济、安全。

5.群体伙伴的影响。个体在某一项购买决策上常常会听取群体伙伴的意

见,但购买后却发现该购买决策并非自己的本意。

6.旅游产品推销员的影响。在购买交往活动中,若销售人员表现出对商品知识的欠缺,对顾客态度的恶劣,以及他本身仪表的欠佳,消费者就会对他产生一种不信任感,从而觉察到风险。

(二)旅游消费者规避购买风险的主要方法

人们在作任何旅游决策的情况下都会感到有某种程度的风险,但人们都试图以某种方式来消除风险。常见的旅游消费者规避购买风险的办法有三种:

1.降低对旅游产品或服务的期望

在一般情况下,人们若对旅游产品或服务寄予较少的期望,从心理上确能得到一些安慰,但人们通常不会采取这种策略。在购买旅游产品或享受服务时,人们总是把产品或服务理想化,对产品或服务充满着幻想。如果不是这样,人们就不会有兴趣去旅游和接受其服务了。期望本身就意味着快乐,人们对旅游更是如此。从旅游业角度来看,既然人们对旅游充满理想,那就要鼓励人们对旅游要有丰富的想象和信心。但在推销宣传旅游产品或提供服务时,应当提醒人们对未来的旅游可能会遇到的困难有积极的思想准备,以免他们旅游返回后大失所望。

2.购买名牌旅游产品或享受优质服务

认定一种名牌旅游产品和知名度较高的旅游服务,是减少人们知觉风险较为普遍的一种策略,同时也是人们节省时间和精力的好办法。旅游产品的核心是服务,服务是无形的,在许多方面是难以捉摸和难以估价的。服务质量也不能像汽车和冰箱那样可以受到严格的质量标准的检验,也很难向消费者进行描述和演示,更难在宣传品中用插图表示。而且不同的消费者对服务质量的评价也存在差异。因此,消费者对旅游产品的选择容易心存疑惑,因此,常把认准旅游企业及其产品的品牌作为减少知觉风险的一种策略。这一点对旅游业来说十分重要,也就是说,只有向消费者提供真正的品牌产品或优质服务,才能稳住现有的旅客,争取更多的新旅客。

3.获取更多的信息

人们用以减少旅游消费风险最普遍的方法是获取信息。一般规律是旅游消费者获取的信息越多越可靠,他在购买时感觉到的风险就越少。在一般情况下,如果人们感觉到有很大的功能风险,即旅游产品或服务不能像他们所想象的那样理想时,他们将寻找产品功能性方面的信息,通过旅游业的推销部门所提供的宣传材料,获取与产品功能性有关的事实信息来减除风险;如果他觉察出有较大的心理风险,他将更多地依赖人际关系来搜集更多的信息以减除风险。

五、购买后疑虑

当人们作出购买旅游产品决定之后,仍然会在心中存有疑虑的感觉,这种状态被研究消费行为的理论家们称为购买后的失调。购买后的失调发生在旅游产品或服务被消费之后或之前。它有两种原因:一是决策时由于呈现在决策者面前的各种可供选择的信息太多,虽然经过努力筛选,但鉴于个人经验、价值观和知觉水平所限以及被选对象又是处在动态之中,因此很难作出一个理想的抉择。而且在决定之后,又可能发现更为理想、更为满意的购买对象。在这种情况之下,产生疑惑或后悔是不足为奇的。二是在决定之后,也可能出现意外变化的情况,如消费者经济状况发生变化、旅游地发生突然事件、其他信息的闯入、朋友或熟人的评论等,都可能再次引起消费者心理上的不适。总之,疑虑的出现如果发生在旅游产品被消费之前,消费者有可能改变主意或取消预定的行动计划。如果疑虑发生在旅游产品被消费之后,可能使消费者以后不再光顾。因此,减除疑虑十分重要。

从旅游消费者角度而言,可以通过以下方法减除疑虑:

一方面,有选择地接受新信息,就是利用有利的新信息来支持已作出的购买决定,以巩固自己的信念。在接受有利的新信息的同时,要避开已放弃的其他信息;记住用已放弃选择的不利信息,来巩固已作出的决定。这两种做法都是选择性接触。这对减少购买后的失调可能相当有效。

另一方面,坚信自己的选择。坚信自己的选择所导致的结果与改作其他选择所得到的结果基本上是相似的,从而为自己的决定辩护,维护自己的心理平衡。

从旅游业角度看,应当积极帮助旅游决策者减除购买后所产生的疑虑,从而增加旅游消费者继续惠顾的机会。一般来说,旅游业帮助旅游消费者解除购买后疑虑的有效办法是与旅游者直接沟通。直接沟通比间接沟通效果好,因为它能为旅游者创造直接对话的机会,能使旅游者直接谈论个人的经历、感受和要求,能够进一步了解和验证所作的选择是否正确等。旅游业推销人员在这种情况下若能主动与旅游者沟通,热情欢迎旅游者的咨询,回答他们提出的问题,就能稳定旅游者的情绪,坚定旅游者的信心,促进旅游者按预定计划继续行动。

第四节 旅游经历和旅游后阶段

一、旅游经历阶段

旅游经历属于购买的决策后行为,但却是整个决策循环中很重要的一步。购买旅游产品与购买一般物质产品有很大的区别。如果是购买普通的产品,消费者在评估以后进入实际购买阶段,除了对零售商店进行挑选以外还可以通过产品的外形、包装和对产品进行当场试验等方法进一步评估产品的质量,在众多的产品中进行取舍。但是旅游产品多半是一种经历,生产和消费同时进行,只有在消费之后才能评判其质量的好坏,即使质量很差也无法退还。所以,旅游消费的风险要更大一些。

旅游经历可以分为旅游初始阶段、游览活动阶段和旅游结束阶段。在不同的阶段,旅游消费者会有不同的心理需求和行为表现。

(一)初始阶段旅游者心理与行为

"好的开始是成功的一半"。在旅游过程中,初始阶段是一个旅游者对旅游企业建立形象概念的开始阶段,如果在此阶段旅游者接受到及时、热情、适当的服务,对以后整个旅游活动的开展都会产生极大的影响。

1.旅游消费者心理分析

参加旅游活动之初的旅游者,面对陌生的环境,其心理活动主要表现在以下几个方面:

(1)对安全、方便的期待

寻求安全、方便是每一位理性旅游者的基本心理,所有旅游活动的开展都是在此基础上进行的,因此,旅游服务人员必须对整个旅游过程胸有成竹,分析所有可能出现的状况,找到解决问题的最佳答案,并且通过不同的渠道为旅游者提供信息和解决困难。

(2)对服务态度的期待

旅游者参加旅游活动意味着要离开自己熟悉的环境,面对陌生的环境,旅游者不可避免地会产生一种茫然、不知所措的感觉,此时就会对旅游服务提供者寄予厚望。据调查显示,70%的旅游者希望到达某一旅游目的地时,能遇到一位通情达理、体贴入微、和蔼可亲的服务员。服务态度的好坏直接影响旅游者对服务效果的评价,因此要求旅游服务人员一定要抓住顾客的心理,提供热情、周到、及时的服务。

(3) 对服务效果的期待

参加旅游活动之前,旅游者对旅游企业、服务人员、旅游目的地都会有一种直觉的想象和判断,期望可以通过享用旅游企业提供的服务达到自己的旅游目的。这种期待是旅游者基于以往经验或者其他有此经历的人的经验的一种直觉判断。旅游者一般会根据自己接触到的服务态度、服务效率、企业设施环境等来进行比较,如果实际接受到的效果高于或者相当于期待的效果,旅游者就会感到满意;反之,旅游者就会感到失望。

2. 旅游服务策略

心理学认为,人的心理是客观现实的反映。顾客参与到旅游活动中,在不同的环境下会产生不同的心理需求。作为提供旅游服务的旅游企业来说,要不断地分析顾客的需求,以适当的手段满足顾客的要求。一般情况下可以从以下几个方面考虑:

(1) 美好的环境

旅游活动的开展必须依赖于一定的环境条件,而顾客最先接触到的环境往往影响他对旅游企业的第一印象,虽然接触时间可能是短暂的,但作为记忆表象却可以长久保存。所以,旅游企业自身环境的建设是非常重要的,企业环境不仅要使顾客感到舒适、惬意,而且要体现企业的文化特质,给顾客一种与众不同、耳目一新的独特感受。

(2) 良好的仪容、仪表

旅游服务人员是旅游企业与顾客进行交流的桥梁,在很大程度上代表着企业的形象和态度。因此,服务员要注重自己仪表、仪容。服饰要整洁大方,态度要亲切自然,服务要殷勤得体,这不仅仅影响顾客对服务员个人的判断,而且影响顾客对整个旅游企业的判断。

(3) 礼貌用语

语言是感情交流、信息沟通的媒介,是人际交往的一种重要的工具。礼貌得体的语言可以使旅游者感到被尊重和被关心,在一个陌生的环境中,旅游者更需要得到心灵的安慰,服务员的一言一行都会对旅游者的心理造成很大影响。

(4) 优质的服务

旅游者所希望的优质的服务,主要表现为:

第一,实用性、享受性。"实用性"指的是服务工作要为客人解决吃、住、行、游、购、娱等旅游过程中各方面的实际问题,设身处地为旅游者着想,不能只做表面文章,摆花架子。"享受性"则不仅要为客人解决实际问题,而且要通过旅游企业所提供的各种有形和无形的条件,使旅游者感到身心愉快。

第二，高效率。现代社会中，越来越多的人意识到时间的宝贵，旅游者在有限的时间里参加到旅游活动中来，渴望享受到旅游的乐趣，减少不必要的时间浪费，这就需要旅游企业提供方便、简洁的服务。

第三，标准化、个性化。从心理学的角度讲，标准化的服务可以体现旅游企业的一视同仁，使旅游者感到公平、合理。但这种服务也往往被旅游者视为理所当然的事情，不提供会不满意，提供了也不会感到超级满意，只有那些出乎客人意料，但又是客人急需的特殊服务才会使得客人感到"超级满意"。因此旅游企业一定要在提供高质量的基本服务的基础上，针对客人的不同需求提供个性化服务。

(二)游览活动阶段旅游者心理与行为

游览活动阶段是旅游服务工作的重点阶段，在这一过程中，旅游者与服务企业、服务员进行更深层次的接触，双方都要经历一个由陌生到熟悉的过程。各种矛盾冲突的发生和解决、心理差异的协调、优质服务的提供与接受、旅游者对旅游企业和服务员的最终印象的确定等等都发生在此阶段，因此，这一阶段的服务是复杂多样的，要求旅游企业和服务工作人员要针对顾客的需求和各种条件的限制来最大程度地满足顾客。

1.旅游消费者心理分析

游览活动阶段是旅游者旅游活动的主要组成部分，旅游者对此阶段的期望是最大的，他们希望通过此阶段的各种活动来满足自己旅游的主要目的。旅游者的主要心理由以下几个部分组成：

(1)实现美好的愿望

旅游者参加旅游活动出于各种各样的心理：放松心情，逃避现实；探索未知世界；健康疗养；追求自尊；学习知识；社会交际等等。无论出于何种目的，旅游者都期望在旅游过程中自己的愿望可以得到满足。

(2)寻求新奇

参加旅游活动意味着暂时脱离原来熟悉的环境、事物，旅游者往往希望可以有不同寻常的尝试。不同的环境、不同的人、不同的事物可以让旅游者有一种新鲜的感觉，通过这种新鲜感来体会旅游过程。

(3)舒适的服务

现代意义的旅游不仅仅是脱离原来的生活圈子到异地的一种活动，而是一种高层次的精神享受，追求心灵的放松、精神的愉悦，因此，旅游者希望整个旅游过程都可以在一种舒适的氛围里进行，可以使整个身心都得到放松。

(4)社交和友谊

一般来说，人们都希望自己的某种心情可以与别人共同分享。所以有些旅游活动的参加者希望会有伙伴共同享受整个旅游过程的乐趣,通过整个过程来满足自己与别人进行交流的目的。

2.旅游服务策略

(1)微笑服务

从心理学的角度看,微笑是最坦荡和最有吸引力的。微笑是一个人心灵美的外化,它可以使一个人更加光彩照人,把最美好的形象表现出来。微笑是诚恳态度的体现,它可以给人一种亲切友好的感觉。微笑是情感沟通的"桥梁",是人与人之间相互交流的一种有利的工具。旅游的服务过程是服务人员与顾客之间相互交往的一个过程,服务人员以微笑示人,顾客不仅可以感受到其美好形象,而且可以使客人消除紧张、陌生的感觉,促进相互之间的交流,为整个旅游过程在友好的氛围中进行提供有利的条件。

(2)尊重客人的服务

参加旅游活动的旅游者,来自不同的国家、地区、民族,具有不同的文化特点、风俗习惯、兴趣爱好,但有一点是相同的,即每位旅游者都希望得到足够的尊重,因此,旅游服务人员一定要通过对旅游者背景的了解提供适当的服务。首先,要礼貌地对待每一位旅游者。尊重客人的风俗习惯和宗教信仰;尊重客人的隐私;热情周到地为客人提供服务;耐心仔细地倾听客人的抱怨等等。其次,保护旅游者的自尊心。自尊心是人们的价值遭受到威胁时所产生的一种自卫心理。服务人员要通过换位思考,仔细地体会客人处在一定位置上的真实感受,对于客人的心理、行为要给予理解,给足客人面子。最后,要时刻谨记"客人总是对的"。这是旅游界一个较为响亮的口号,它深刻表现了服务人员对客人的尊重。这一口号要求服务人员要把"对"让给客人,包容客人的过错,主动承担责任。当然,服务人员也必须明白,把"对"让给客人也是有条件的,当他是"客人"时,他"总是对的",当他的言行超越一个客人的界限时,他就已经不是一位客人,要具体问题具体分析对待。

(3)针对性服务

为客人提供满足其需要的服务是每个旅游企业和每位服务人员的追求,由于顾客之间的差异性和其他旅游活动的客观条件的限制,所提供的服务未必尽如人意,因此,服务人员要采取灵活多变的方针,根据顾客的层次目标,在一般意义上设计服务标准。有针对性的服务往往能满足顾客的个性化需求,使顾客对旅游企业或服务员个人达到超级满意,为创造顾客忠诚打下基础。提供有针对性的服务往往要根据经验和理论对顾客进行划分,针对不同的顾客需求,尽最大努力来满足。

(4)正确处理客人投诉

当旅游者认为自己的利益遭到侵犯时,或者觉得自己得不偿失时往往会产生不满。客人投诉是旅游者发泄不满的一种方法,它对于旅游企业或者服务人员来说具有重要的意义,从一定意义上说,投诉是对服务的褒贬,是企业和个人提高服务质量的动力,必须引起足够的重视。处理客人投诉时一定要耐心、谨慎。首先,认真耐心地倾听客人的投诉,使客人的不满得到发泄,并以诚恳的态度向客人道歉;其次,深刻地调查投诉的原因,将责任落实到最底层;再次,解决投诉产生的原因,对企业自身或者服务员的过错要采取一定的奖惩措施,如果是旅游者自己的原因产生的投诉,要善于找到最恰当的言词来处理问题,使客人在自尊心不受到伤害的情况下意识到自己的过错;最后,进行总结,无论是哪一方面的原因产生客人投诉,都证明有问题的存在,企业或个人要从投诉中吸取教训,避免犯同样的错误。

(三)结束阶段旅游者心理与行为

结束阶段是旅游者即将离去,主客交往即将结束的这一段时间。在此阶段,顾客的心理紧张会再次高涨,服务人员和旅游企业将面对最后的服务机会,查漏补缺、塑造完美的形象对顾客的后续行为将产生重要的影响。

1.旅游者心理分析

(1)紧张、不安的心理

由于旅游者参加到旅游活动中来,在活动结束的时候,旅游者可能会想念原来熟悉的环境、熟悉的人,急切地希望回到原来的状态。因此就会表现出紧张不安,希望得到他人的帮助和关心。

(2)选择性记忆

在整个旅游活动中,旅游者接触到不同的人、不同的环境,往往会产生不同的感受,不同的旅游者对于同样的事情可能会有不同的反应:有的顾客会选择记住那些美好的事物,有的顾客可能会对一些矛盾耿耿于怀。美好的记忆会使旅游者产生留恋的感觉,并可能会促成以后的再次光顾。

(3)消费的衡量

旅游者在结束游览活动的时候,往往会对自己在这一阶段所接受到的服务进行整体的考虑,对自己付出的价值和接受到的价值进行比较和衡量,拿以前的经验或者其他人的经验与自己接受到的服务进行比较。每一位付出价值的顾客都希望自己得到最佳的服务价值。

2.旅游服务策略

(1)完美的结束语

为了消除或者弱化顾客的紧张不安,最后的结束语是非常重要的,它既要体现服务员对顾客的诚挚的祝福,又要表达对即将离去的顾客的留恋,同时还要强化顾客的美好感觉。

(2)灵活的送行

为了进一步强化美好的形象,要采取灵活的送别方式;对于老幼病残和行李较多的旅游者要主动地帮忙,对有特殊的合理要求的旅游者要尽可能满足。

(3)认真的善后

旅游者在离开之际,往往会有一些遗留问题,服务员要尽职尽责、一丝不苟地按旅游者的要求和企业的工作原则处理好这些问题。留下一个尽善尽美的结局不但可以为顾客留下一个完美的印象,而且对于扩大企业的积极影响具有重要的意义。

二、旅游后阶段

(一)旅游消费者对旅游经历的评价

旅游消费者在结束旅游活动后,通常会按照自己的期望对产品进行评估,评估的结果有三种可能:

1.现实与期望相符,消费者的感受是中性的,既不很满意,也不很失望。

2.现实超过期望,消费者的感受是积极的,即感到满意。

3.现实低于期望,消费者的感受是消极的,即感到不满意。

这里隐含着原始期望和满意(或不满意)之间的一个过程,是现实因素和消费者对现实的反应之间相互作用的过程。消费者对现实的反应分为两个阶段。开始是对目的地有意无意的适应,表现为一整套的行为,逐渐地,这些行为受到争取实现满意的愿望的支配。在原始期望与现实经历之间始终存在着差距,使用这一差距的能力成为消费者最终满意还是不满意的决定因素。差距的本质和严重程度也取决于消费者对问题的主观认识和消费者内在的调试过程。所以,在期望和满意之间,涉及大量的行为因素、环境因素和市场因素。

(二)旅游消费者的满意与忠诚

旅游活动结束以后,消费者或感到满意,或感到不满意。满意的消费者对旅游目的地、旅游企业和旅游活动都将产生积极的态度,并可能发展为忠实性的行为,成为该旅游目的地和旅游企业的常客。当然,这只是理论上的逻辑推理模式,旅游消费者的实际行为不一定就遵循这样的一个模式。旅游消费,尤其是观光型旅游消费本身就具有非重复性的特点,旅游者选择新的观光目的地不意味着他一定对原来的目的地不满意。但是消费者对他所满意的旅游目的地或旅游企业的宣传肯定是积极的。

不满意的消费者反应不尽相同。按照相关研究,平均来讲,每一位满意的顾客将向3个人谈论自己的满意经历,而不满意的消费者平均要对11个人谈自己对产品、服务或企业的不满,甚至有13%的人要对20个以上的人抱怨使他不满意的企业(Philip Kotler & Gary Armstron,1991)。可见,坏形象的传播比好形象的传播要快得多。

(三)旅游消费者的不满意和处理方法

对某一旅游目的地或产品品牌感到不满意的旅游消费者再次购买该品牌的可能性不大,甚至会向周围人诉说自己不满意的旅游经历和体验,这种行为称为消费者抱怨行为。消费者的抱怨行为是由对旅游目的地、旅游企业或产品不满意而引起的,所以抱怨行为是不满意的具体反映。旅游目的地和旅游企业的经营者和市场开发人员有必要了解不满意的消费者采取哪些方法处理自己的不满,以便了解消费者的不满,采取必要的措施,恢复形象。

通常,旅游消费者处理不满意的方法有采取行动和不采取行动之分。在采取行动的消费者中,有些会采取公开的行动,如向企业直接投诉、索赔,利用法律手段索取赔偿,向政府部门或有关组织进行投诉;有些消费者则采取不公开的行动,如决定不再购买该企业的产品或服务,提醒亲朋好友不要购买该企业的产品和服务。不满意的消费者一旦采取行动,一般不会在几种可能性中只选择一种做法,而是把几种方法结合起来。

案例
网上旅游者:新崛起的一代旅游力量

现代人在互联网搜寻旅游资料和订购旅游服务的现象越来越普及。据统计,有四分之一的加拿大家庭以及35%的美国家庭都有这种习惯,被称为"网上旅游者"(iTravellers)。

这些网上旅游者使用互联网来计划、订购旅游服务或游游产品,每个星期如是,年复一年。加拿大网上旅游者使用互联网最主要为了研究和计划的目的。

当"网上旅游者"在网上寻找旅游信息时,大约一半人的心目中已有了一个特定的旅游目的地,少于10%的人没有任何特定的目的地,而35%~40%的人心目中已有了多于1个的目的地。当然,那些连1个特定的目的地也没有的人,便被视为网上旅游的中坚力量。

在网上旅游者搜寻的过程中,搜索工具的使用、航空公司和住宿地点的选择起了十分重要的作用,尤其是在最初阶段。

若要开发"网上旅游者"的市场,业内人士对旅游目的地有如下建议:

(1)把目的地的互联网的地址放在目的地旅游宣传资料上最显眼的地方。

(2)不要忽视与主要旅游网站联网和利用网上搜寻器的重要性。目的地网站要主动与航空公司、饭店合作,并与它们的网站联网。这样,在网上旅游者搜寻资料的最初阶段便把他们吸引到一个特殊的旅游目的地。

(3)要在网站上提供网上资料,并方便游客打印出来,在旅途中使用。

(4)提供离线订购等其他订购方法,并确保对网上游客信息的绝对保密。

(5)大部分网上旅游者都属于旅游奖励计划,应该与其中一家机构合作,或购下有关机构的名单。

(6)提供游客关于旅游团或度假团的网上资料,刺激游客在网上直接产生购买行为。

(7)利用网上旅游者愿意提供姓名及电子邮件地址的特点,收集游客信息,以备用于日后发放有奖游戏、折扣优惠和宣传短讯等推广用途。

资料来源:中国旅游报.作者:中国驻多伦多旅游办事处.网上旅游者:新崛起的一代旅游力量.2007.08.20

思考题

1. 旅游消费行为过程分为哪几个阶段?每个阶段旅游消费者和旅游经营者主要处理哪些问题?
2. 旅游需要的识别受哪些因素的影响?哪些是旅游经营者可以利用的?
3. 旅游消费者的信息搜寻有哪些类型?信息来源有哪些?分别有何特点?
4. 旅游者的旅游体验是怎样形成的?旅游经历与旅游服务有何关系?
5. 举例说明旅游消费者对旅游经历的满意和不满意会给旅游目的地和旅游企业带来哪些影响?旅游企业怎样了解旅游者对旅游经历的评价?

参考文献

1. 杜炜.旅游心理学.北京:旅游教育出版社,2005年
2. 林南枝.旅游市场学(修订版).天津:南开大学出版社,2000年
3. 李天元.旅游学概论(第五版).天津:南开大学出版社,2003年
4. 郭德俊.动机心理学:理论与实践.北京:人民教育出版社,2005年
5. 符国群.消费者行为学(第二版).武汉:武汉大学出版社,2004年
6. 甘朝有.旅游心理学(修订版).天津:南开大学出版社,2001年
7. [英]约翰·斯沃布鲁克,苏珊·霍纳著.旅游消费者行为学.俞慧君,张鸥,漆小燕译.北京:电子工业出版社,2004年
8. 亚伯拉罕·匹赞姆,优尔·曼斯菲尔德著.旅游消费者消费行为研究.舒伯阳,冯玮译.大连:东北财经大学出版社,2005年
9. 吴清津.旅游消费者行为学.北京:旅游教育出版社,2006年
10. 国家旅游局政策法规司,国家统计局城市社会经济调查司,国家统计局农村社会经济调查司.中国国内旅游抽样调查资料2006.北京:中国旅游教育出版社,2006年
11. 张卫.旅游消费行为分析.北京:中国旅游出版社,1993年
12. 赵毅,叶红.新编旅游市场营销学.北京:清华大学出版社,2006年
13. 张树夫.旅游消费行为.北京:中国林业出版社,2004年
14. 薛群慧.现代旅游心理学.北京:科学出版社,2005年
15. 戴彦臻.旅游心理学.济南:山东大学出版社,2006年
16. Yvette Reisinger, Lindsay·W.Turner著.旅游跨文化行为研究.朱路平译.天津:南开大学出版社,2004年
17. 黄维梁.消费者行为学.北京:高等教育出版社,2005年
18. 林建煌.消费者行为学.北京:北京大学出版社,2004年
19. 李东进.消费者行为学.北京:经济科学出版社,2001年
20. 张晓萍主编.民族旅游的人类学透视.昆明:云南大学出版社,2005年
21. 章海荣.旅游文化学.上海:复旦大学出版社,2004年
22. 尹德涛等.旅游社会学研究.天津:南开大学出版社,2006年

23. 阿雷恩·鲍尔德温,布莱恩·朗赫斯特,斯考特·麦克拉肯等著.文化研究导论(修订版).陶东风等译.北京:高等教育出版社,2004年

24. 彭兆荣.旅游人类学.北京:民族出版社,2004年

25. 刘丽霞.中外文化差异与文化冲突初探.中国高教研究,1999(5)

26. 陈正伦,汤平.文化冲击视角下的乔治·奥威尔与《马拉喀什》.宜宾学院学报,2007(3)

27. 陆恒芹,苏勤,姚治国.国外有关旅游者家庭旅游决策问题的研究.旅游科学,2006(6)

28. 世一.家庭旅游的社会功效.家庭科技,1997(6)

29. 左珈.中国中产阶层的旅游需求特征及营销对策分析.商务营销,2005(10)

30. 韩建国,张捷.中国传统文化在北京奥运中的表达及其商业价值开发.旅游学刊,2007(9)

31. 杜炜.饭店优秀公关案例解析.北京:旅游教育出版社,2007

32. 杜炜.导游业务(第二版).北京:高等教育出版社,2006

33. 杜炜.旅游业公共关系理论与实务.北京:旅游教育出版社,2005

34. 杜炜,黄晶.环日本海地区各国旅游软环境研究——天津课题调研报告(中日合作项目,主持人:杜炜).2005～2006

35. 南开大学第四届本科生创新科研百项工程立项项目"天津市旅游形象测量与分析",负责人:赵亮.指导教师:李天元、杜炜.2006.6

36. Fodness, D. The Impact of Family Life Cycle on the Vocation Decision-making Process[J]. Journal of Travel Research, 1992, 31(2): 8—13

37. Wang, K.C. et al.. Who Is the Decision-maker: The Parents or the Child in Group Package Tours[J]. Tourism Management, 2004, 25: 183—194

38. Howard, D.R., Madrinal, R.. Who Makes the Decision: The Parent or Child? The Perceived Influence of Parents or Children on the Purchase of Recreation Services[J]. Journal of Leisure Research, 1990, 22(3): 224—258.

39. Swinyard, W.R., Sim, C.P.. Perception of Children's Influence on Family Decision Processes[J]. The Journal of Consumer Marketing, 1987, 4(3):25—38

40. 李培林等.各阶层的旅游差异.中国网 www.china.org.cn/

41. 青年时讯中国旅游周刊网站.蜜月游迅速升温旅行社何去何从[EB/OL].(http://www.51766.com)2005—09—13

后 记

又是一个金秋,每年的金秋都盼望着有所收获。

2008年的金秋收获的是《旅游消费行为学》,这是一颗历经耕耘、苦尽甜来的美妙果实……。她离不开我的同事、学生和家人的鼎力相助。

南开大学旅游管理专业研究生张俊贤(第二章、第十章)、平顶山工学院管理工程系教师唐书转(第八章、第九章)参加了部分初稿的编写。张洁、苏静、刘方方、于方和吕彬为此书的基础工作提供了有益的帮助,在此一并表示衷心的感谢。

杜 炜

2008年10月

于南开园